本书稿系邓志伟主持的上海市教委2018年本级财政项目
《发达国家教育督导制度与实践》的研究成果

发达国家教育督导制度与实践研究

RESEARCH ON DEVELOPED COUNTRIES' EDUCATION SUPERVISION SYSTEM AND PRACTICE

邓志伟 等著

SJPC

上海三联书店

目　录

前　言

加强教育督导制度建设已成为当今世界教育管理现代化的重要标志。国际大都市的上海，在教育督导的体制机制与实践方面形成了初步的体系且取得有目共睹的成绩，但仍然存在深化改革的课题。上海教育改革与发展，一方面在不断探索中寻求出路，另一方面非常重视对发达国家教育改革与发展成功经验的学习与借鉴。由此，分析、梳理且系统掌握发达国家教育督导制度与实践的最新情况和成功经验，对上海教育督导制度与实践的改革与完善具有重要的参考价值和借鉴意义。

为贯彻落实国家《教育督导条例》（2012）和《上海市教育督导条例》（2015），更好履行条例赋予的教育督导的主体职能（督政、督学、评估与检测），2016 年建立了“督政、督学、评估监测”教育督导智能体系，将教育督导工作范围扩大到各级各类教育。

为此，作为海纳百川的国际大都市，上海在教育上一如既往地积极主动借鉴发达国家教育督导制度与实践的成功经验，强化教育督导职能定位，积极完成教育督导的地方立法，深入推进教育督导体制机制建设，健全高效、专业的教育督导工作体系，努力构建依法有序、体制健全、机制优化、体系完备的教育督导工作格局，为全国教育督导提供可以借鉴与推广的区域教育督导示范性经验与案例。

《发达国家教育督导制度与实践研究》系华东师范大学国际与

比较教育研究所副所长邓志伟博士主持并承担的上海市教育委员会本级财政项目(2018 年度预算)。本项目选取了英国、法国、德国、美国、澳大利亚、加拿大和日本七个国家作为发达国家的代表性国家案例,对每一个国家教育督导制度的发展进行梳理,教育督导制度体系进行描述,制度特点进行分析,旨在总结主要发达国家基于法规的教育督导的制度框架的合理性、科学性与稳定性。

英国教育督导研究报告主要从英国教育督导的制度演变入手,详细介绍了英国教育督导的组织与功能,以及英国教育标准办公室的职能。在实践上,英国教育督导强调以学校风险评估为起点的诊断与地位,并强调督导的学校现场调研以及通过官方网站及时发布评估报告,着力于学校改进,报告还分析了英国高等教育质量保障的情况,报告最后总结了英国教育督导的特点与启示,强调以学习者利益为核心价值的教育督导观,强调教育督导的法治基础以及基于过程的评估等。

法国教育督导研究报告首先梳理了法国国家教育发展从分离到整合的历程,分析了法国教育督导制度的国家与地方共同管理的特性以及政策与实践结合的优势,详细剖析了法国督导制度的功能区分协同联动与功能连接,以及法国高等教育质量评估机制。

德国教育督导研究报告主要研究德国国家教育评价标准与教学发展、作为国家教育评价基础的国家教育标准及其实施过程、影响分析层面的教育督导。

美国教育督导研究报告分析梳理了美国教育督导的历史发展和当前重点,概括了美国教育督导的三大导向:融入体制结构和指向政策实施与问责的教育督导、教育结果的测评和基于结果的教育督导、指向教师专业发展和教学改进的教育督导。在高等教育方面,以《共同治理下的教育督导:以美国加州州立大学为例》进行了相关研究与分析,最后概括了美国教育督导的特点与启示。

澳大利亚教育督导研究报告介绍了澳大利亚教育行政与管理体制和澳大利亚基础教育督导制度框架并进行了中小学教育督导的案例分析，详细分析了澳大利亚高等教育基于质量保障和评估的教育督导实践、澳大利亚职业与成人教育督导，最后总结了澳大利亚教育督导的特点。

加拿大教育督导研究报告梳理了加拿大基础教育教育督导制度，分析了加拿大教育督导的目标与内容，并以教育督导员为切入点剖析了加拿大省级学区督导检查制度，最后总结了加拿大教育督导制度的经验及对我国的启示。

日本教育督导研究报告在梳理日本教育督导制度的发展历史基础上，介绍了日本中央教育督导制度，详细分析了日本地方教育督导制度——指导主事制度的法律规定、工作内容和总体规模等，并以东京都教育督导系统为例说明日本教育督导的实践运作情况，最后总结了日本教育督导制度的特点及其启示。

上海市委办公厅和上海市人民政府办公厅印发了《关于深化新时代教育督导体制机制改革的实施意见》，开启了上海深化新时代教育督导改革的新篇章，《实施意见》明确，到 2022 年，上海将力争建成机构规范健全、队伍专业高效、标准科学完备、结果运用充分、问责权威有力的教育督导体制机制。

他山之石可以攻玉，我们相信，对发达国家教育督导体制机制以及实践探索的丰富经验等相关研究成果，将会对作为全国教育督导改革排头兵和先行者的上海在教育督导先行先试与改革创新中有所借鉴和启迪。

第一章

英国教育督导的制度与实践研究①

英国教育督导制度的建立，与国家以补助方式介入教育活动有关。国家从绩效责任的角度，设定教育督导的目标，以求教育投资物有所值。加之其特殊的政治背景因素，在国家与教会团体的角力中，设置国家级的督学人员，由君主直接任命，独立于行政体系之外，享有较高的自主权。但英国的大学拥有较高的自治权，故高等教育质量保障署的工作思路不同于教育标准办公室，对大学内部的事务很少作出直接的督察。鉴于此，报告将分两部分阐述英国的教育质量管理，分别是聚焦于基础教育的教育督导及高等教育质量保障。而英国是由英格兰、苏格兰、威尔士和北爱尔兰组成的联合王国，其中英格兰自 1988 年实施国家课程，催生了不同的教育质量保障措施。故本报告大部分笔墨侧重于英格兰的教育督导或教育质量保障展开。

---

① 注：本章所有参考文献见本书主要参考文献。

第一节　英国教育督导的制度演变

英格兰教育督导机构和督学由 19 世纪国家干预教育的手段之一发展而来，在漫长的历史发展过程中其不断适应英格兰教育制度和教育实际的发展。1833 年，英格兰议会下院首次拨款资助初等教育，标志着中央政府对教育干预的开端。1839 年枢密院教育委员会成立，监督教育拨款的分配，对接受公款资助的学校进行监督。1840 年，枢密院教育委员会第一任主席詹姆斯·凯创建了女王督学团，中央一级的督导制度正式形成。1862 年，英国公布论绩计酬的学校补助法案；1898 年，此法案被取消；这些均影响了教育督导的职能界定，成为研究英国教育督导制度演变的重要时间节点。本报告侧重于描述英国现代教育督导制度，故时间从 1944 年英国皇家督学的转型发展论起。

一、央地合作关系中教育督导角色混乱(1944—1976)

英国学校教育的特色是国家化的学校系统与地方化的行政管理并行。此种模式的运作，强调中央与地方彼此配合的伙伴关系。皇家督学(Her Majesty's Inspector，简称 HMI)在此阶段的伙伴关系中面临着责任不清晰、功能日趋减弱的局面。

英国 1944 年公布的教育法案，确认皇家督学有权进入校园视察，并将皇家督学视为专业性质的机构。在此背景下，皇家督学处在 1945 年正式进行改组，具体行动如下：

1. 小学督学处、中学督学处及技术督学处统整为皇家督学处；

2. 任命六位首席督学，在其位阶之上增聘一位首席督学长；

3. 取消助理督学的层级；

4. 扩增督学人数。

皇家督学处的编制，在此阶段达到发展巅峰，皇家督学处与中央教育行政机关及地方教育当局维系着良好的伙伴关系。当时英国教育界面临着战后中等教育改革等尖锐的问题，皇家督学选择避免这些问题，连完全视导的工作也懈怠下来。随着地方教育局咨询功能的提升，部分评论开始质疑皇家督学存在的必要性。

1956 年皇家督学成立工作小组，检讨皇家督学的角色定位问题。这一内部检讨并未邀请地方当局、教育利益相关者（如教师）等，其所关注的议题是如何解决皇家督学与地方督学角色重叠的问题。最终的举措是象征性地削减皇家督学处的编制。1961 年全国教师工会要求撤销皇家督学处，成立学校咨询服务处。1962 年皇家督学处成立的课程研发小组，被教师，尤其是教师工会及地方教育当局，视为中央集权化的管制措施。随即在 1964 年，该小组被另一个研发课程的组织——学校课程与考试委员会（School Council for Curriculum and Examination）所取代。

1967 年国会成立了特别调查委员会。在听取多方声音后，特别调查委员会建议停止皇家督学的完全视导工作，并缩小编制，以精巧的组织发挥引领教育发展的功能。该委员会批评教育科学部不重视皇家督学处的专业意见，建议将首席督学长的地位提高到副部级，以赢回皇家督学的专业地位，而非重复地方教育当局的咨询服务工作，也不再是学校课程与考试委员会的附属单位。此报告并没有直接推动皇家督学的角色转型。此阶段发生了两件重要的事情，为皇家督学重返政治舞台，奠定了基础。一是 1972 年英国通过地方政府组织法，减少地方教育当局的数量，由此相对扩大了地方教育当局的管辖范畴，造成了官僚化与效率低上的问题，削减了地方教育当局的效能。另一件是学校课程与考试委员会在“共同课程规划”事宜上陷入了瓶颈，不愿采取全国一致的课程标准。

总体而言，20 世纪 70 年代之前，英国教育管理的权力大部分集中在地方教育局手中（Local Educational Authority，简称 LEA）。皇家督学在 20 世纪 60 年代中期，面临“生存”与功能调整问题，因其部分职能与地方辅导人员重叠，甚至有被取缔的危险。

二、中央集权化与教育督导角色转变(1976—1992)

1976 年，经济合作组织和英国国会经费审核委员会同时批评教育科学部的决策程序缺乏组织规划，建议教育科学部建立教育规划的观念，并考量皇家督学处的意见。在此背景下，教育科学部与皇家督学处共同致力于维护国家水准的管理新局面由此打开。皇家督学处开始以系统化的方式收集材料，作为政策分析、制定的基础。1977 年，皇家督学处正式出版《11 岁到 16 岁的课程》一书。1981 年开始，皇家督学处每年出版关于各地方教育当局资助教育经费的情况。1983 年所有的视导报告，除大学的访视报告，均出版发行。教育督导的影响力日甚。在此期间，皇家督学参与各项教育计划，减少完全视导学校，采用抽样调查的方式，以了解各地教育质量。

1988 年，英国颁布《教育改革法》，政府对教育作出了“标准、自由、选择”的承诺。在这前一年，教育科学部已着手研究究竟是地方视导人员，还是皇家督学承担学校评估工作。1989 年确定由地方视导人员承担，皇家督学继续监督全国教育质量。且英国教育科学部决定以五年为期，为地方教育当局提供经费，发展连贯的视导政策及增聘额外的视导人员。

简言之，20 世纪 80 年代，英国保守党执政，一方面引入了市场机制，重申英国的自由主义传统，一方面保持了国家对关键领域的控制或干涉。随着国家对教育干预意愿日甚，皇家督学活跃在教育改革的各个领域。但皇家督学的完全视导职能已经开始削弱，皇家督学站在更高位，对教育政策拟定具有咨询之责，对地方教育当局行使监督之责。

三、教育标准办公室的成立及标准化管理的开始（1992—现在）

1990 年底，梅杰接替撒切尔担任首相，为迎接即将到来的 1992 年大选，梅杰于 1991 年 7 月提出《公民宪章》作为竞选主轴，强调人民有权获得公共机构的讯息。公共机构必须公开且毫无隐藏地出版内部水准报告，人民可取得以简明方式呈现的所有资讯。故督导系统也需公开学校评估报告，家长有权知悉学校的运营情况。3 个月后，英国教育部将《公民宪章》中关于教育的部分，整理为《家长宪章》，明确提出了建立新的视导制度的构想。包括设立新的视导组织，由皇家督学来领导；减少皇家督学的人数，皇家督学负责监督学校视导的品质，为新的视导人员提供培训；各校每四年接受一次完全视导并出版视导报告……这些内容最终都体现在 1992 年的《教育（学校）法》中。

1992 年成立的“教育标准办公室”（Office for Standards in Education，简称 Ofsted）可视为皇家督学的进一步发展。Ofsted 独立于英国教育部，由皇家督学负责，形成了多个级别的督学体系，发挥不同的作用。首先是皇家督学，负责监控、训练、评估，并向议会报告，其次是注册督学（registered inspectors），由 Ofsted 委托专业机构培训，考评合格后方可聘用，常在团队督学中扮演“领队”的角色；第三类是团队督学（team inspectors），其服务于督学团队，表现绩优者，经考评后，可以成为注册督学；第四类是非专业督学（lay inspectors），通常具有工程、媒体等其他专业背景；第五类是额外编制的督学（additional inspectors），不属于 Ofsted 的在编成员，是 Ofsted 相关的外部组织机构的雇员。在上述督学中，可进一步划分学科督学（subject inspectors）和学科咨询员（subject advisers），主要对学校的教学进行评估、指导。所有的督学都需要接受培训检查。

作为 Ofsted 的主要负责人，皇家总督学以枢密令的形式任命，向女皇负责。除此之外，皇家督学需要向多个部门报告工作，除了向特别委员会（Select Committee）提交报告外，还需要接受议会、国家统计局（National Audit Office）、公共账目委员会（Public Accounts Committee）及部长办公室、内阁办公室、教育部等机构各种形式的检查。这样旨在保证皇家督学报告的公正性，免受政府意志的左右。总体而言，督学在政策建议中扮演着不可或缺的角色。督学（尤其是学科督学）的视导结果经常为课程与资格署（Qualifications and Curriculum Authority，简称 QCA）的课程、命题决策提供建议与依据（Mattews& Sammons，2004）。

Ofsted 的成立，促使原先由皇家督学执行的视导工作通过竞标方式（competitive tendering）转交到各个专业组织手中，Ofsted 对竞标者进行效益评估后，鉴定视导合约（inspection contracts）。地方教育局成为竞标者之一，内部设有质量保证科（Quality Assurance Division），并分设视导处（Inspectorate）和咨询服务处（Advisory Service），共同对教学进行监督、评估。具体的视导、评价工作一般由注册督学牵头形成视导小组，并形成具体的视导方案，统一向 Ofsted 投标以获得视导权。其中视导方案及视导实施的质量是竞标视导项目的重要依据。同时，督学通过讲座、文章、会议等方式对教师的学科教学产生影响(Mattews& Sammons, 2004)。

1997年新工党执政,进一步强化了问责的概念。以外部督导为主要方式的评估转向自评与外评相结合。1999年,Ofsted颁布了《中学督导手册: 自我评估指南》,指出自我评估是学校改进的关键。21世纪初Ofsted完善了学校自评框架,建立了国家统一的视导评估标准,对每个学校的课程、学与教、校风、领导与管理等多个领域考察学校达成国家的程度,对学校整体效能作出"卓越、良好、满意、不足"四级评判。如果学校被评为"不足",督学需要诊断问题,提出改进措施,通知学校改进。

在21世纪,英国教育局的角色也得以更新。《教育与视导法案》指出地方教育局应是家长与学生权益的"捍卫者",促进学生的潜能发展,应对家长的"不满意"等,并指出地方教育局应从公立学校中选拔教师,任命为"改进伙伴",为政府机构和校长提供建议,改进学校。"改进伙伴"必须满足地方教育局制定的相关要求,得到国务大臣(Secretary of State)或由国务大臣授权的相关人士任命。故英国各地方教育局与学校、教育者合作,推动教育的变革。其中,学校网络、学校联盟等都被视为提高教师教学水平,保障教育质量的重要工具。需注意的是,Ofsted的建立改变了国家与地方政府的关系。皇家督学与地方教育局的合作关系演变为Ofsted对地方教育局的监督。由于中间机制(地方教育局)的削弱,学校校长作为政策的直接诠释者与传递者时,距离政策制定过程遥远,使得改革的方案愈加脆弱与不稳定(Winkley, 1999)。

这一时期,学者们对Ofsted的实施理据与实施效果进行了进一步论证和检验。若将Ofsted的建立视作公共关系的调整,即国家通过专业人士为公民提供服务,那么Ofsted有助于教师专业化;若把Ofsted视作国家权力的延伸,那么其控制的功能重于教学改进，影响教师的士气与信任感，由此视导人员本身的角色冲突也被当做研究议题提出。

概而言之，英国自成立 Ofsted 以来，已经形成了一套严密的教育质量保障系统。较之以往的皇家督学，在机构属性与人员构成上都有显著变化。Ofsted 自成立之初，即确定了“专业领导者”的地位，并通过竞标的形式，将视导工作转移到专业组织手中。然而，Ofsted 的权力来源于女王，在人员聘用上受制于财政部，需要向多个政府部门汇报工作，故教育视导表现出国家委托管理的特征，具有“准权威”的性质，并承担教育质量保障的责任。从人员构成而言，教育视导综合了政府、专业人员、相关利益群体的声音。例如当 Ofsted 同意外行督学担任注册督学时，外行督学为非教育专业人员代表的象征性意义，引发了若干争议。但这也代表了由国家主导的教育视导已向市场开放。Ofsted 向市场开放的另一个现象是，原先束之高楼的视察报告向所有教育持份者开放，正如 Ofsted 在 2009 年的愿景中所言：聚焦于学校（教育的提供者）和学生、家长（教育的使用者）需求。所以，在英国，专业群体成为教育质量保障的主要人员，国家对市场的开发力度逐渐变大。

第二节　英国教育督导的组织与功能

Ofsted 的工作宗旨是提升标准，改进生活。其工作范围广泛，不仅负责学校的评估，还主持幼儿教育、非义务教育、教师培训机构、地方教育局的检查、评估。21 世纪初，Ofsted 逐渐将工作重心放在学校改进和儿童发展方面。2005 年出台了《每个孩子都很重要》的督导框架，强调问责功能与改进功能并举。2006 年颁布了《教育与视导法案》(Education and Inspection Act)，将教育标准办公室改名为教育、儿童服务与技能标准办公室(Office for Standards in Education, Children's Services and Skills,简称依旧是 Ofsted)。名称的更改反映了机构职能的转变:将已有的不同领域的视导组织统合成一个机构,为儿童、年轻人、成年人的学习提供服务。如将成人学习督导、儿童与家庭咨询服务(Children and Family Court Advisory Service)等并入皇家督学(Her Majesty's Inspectors of Education, Children's Service and Skills,简称 HMIC),减少重复督导的次数及其产生的负担。法案的内容中也设立了一个新的非执行董事会(non-executive board),主要功能是设定 Ofsted 优先策略与目标,并保证皇家督学的职能可以有效率地执行。

一、教育标准办公室的组织结构

截止到 2018 年,Ofsted 大致在英国八个地区(东中部地区,英格兰东部,东北、约克郡和亨伯,西北,东南,西南,西中部,伦敦),拥有雇员总数 1700 人。Ofsted 由皇家督学长(Her Majesty's Chief Inspector)领导,下设五个部门负责相关业务。

1. 行政服务(Corporate Service):包括董事、副董事,契约管理、人力资源与共同发展、信息服务、全国商业单位,研究分析与国际事务,策略沟通。

2. 幼儿教育董事会(Early Years Directorate):包括董事、副董事、幼儿教育总部、英格兰北部幼儿教育董事会、英格兰中部幼儿教育董事会、英格兰西南部幼儿教育董事会。

3. 教育董事会(Education directorate):包括董事、副董事、儿童服务视导部门,机构视导与框架部门,十六岁后教育视导部门,英格兰北部地区董事会,英格兰中部地区董事会,英格兰西南部地区董事会。

4. 财政董事会(董事)。

5. 改革视导团(董事)。

Ofsted会根据现实需要,与一些其他机构合作开展视导工作,表1-1是列举的合作机构及其合作内容。

表1-1 Ofsted的合作伙伴及其合作内容(例举)

组织名称	合作的工作内容
诺德安达教育集团 (Nord Anglia Education)	英格兰北部地区中小学视导 及英格兰地区继续教育视导
英国教师中心 (The Centre for British Teachers)	英格兰北部地区中小学视导
剑桥教育 (Cambridge Education)	英格兰中部地区中小学视导 及英格兰地区私立中学视导
部落教育 (Tribal Education)	英格兰中部及南部地区的中小学视导
前景集团 (The Prospects Group)	英格兰南部地区的中小学视导
成人学习视导 (The Adult Learning Inspectorate)	高等教育机构所提供的成人继续教育的视导

此外,Ofsted还和审计委员会、健康委员会、社会服务监督委员会、皇家治安督导、皇家监狱督导、缓刑监察局、法院行政监察长、皇家检察署一起合作,围绕儿童及青年服务展开跨领域视导,包括教育、健康、社会关护及社会正义。

二、教育标准办公室的功能

Ofsted 主要的工作是期望透过有效率的视导，为儿童与所有学习者提供更好的教育。当前，其官网界定的责任如下：

1. 对公立学校和学院、一些独立学校，以及高等教育系统外的教育机构和项目开展督导；

2. 对托儿所、收养和寄养机构，职前教师培养机构开展督导；

3. 发布报告，帮助教育和培训机构提升整体质量；

4. 管理一系列的幼儿社会服务，确保它们对儿童和易受伤害的年轻人是合适的；

5. 为政策制定者提供相关服务的效能报告。

Ofsted 确定所有的工作都是证据为本的，所有的评估工具和框架都是有效、可信的，体现了公平的理念。同时，Ofsted 尝试减轻视导负担，并确保其期待和发现都是清晰的，并将他们的时间和资源锁定在学校改进事务上。Ofsted 虽然注重标准引导，但具体到学校视导过程中，则以过程评估为重。学校的过程评估可以为课程标准、考试标准的确定提供咨询；同样结果评估也可以为学校过程性视导提供相关的背景资料。基于此，英格兰的教育质量保障机制表现为：由 Ofsted 负责对学校进行视导，形成视导报告，给教育部、学校、相关责任主体及独立机构 Ofqual 以反馈，为教育政策、全国课程考试标准的制定提供参考。具体流程及分工如图 1-1 所示。

根据图 1-1，课程质量保障的动力机制为 Ofsted，提供证据为本的决策信息；合作机构为 Ofqual，相关责任主体为资格与课程发展局（Qualification and Curriculum Deve lopment Agency，简称 QCDA）、地方当局（Local Authorities）和公立学校校长。

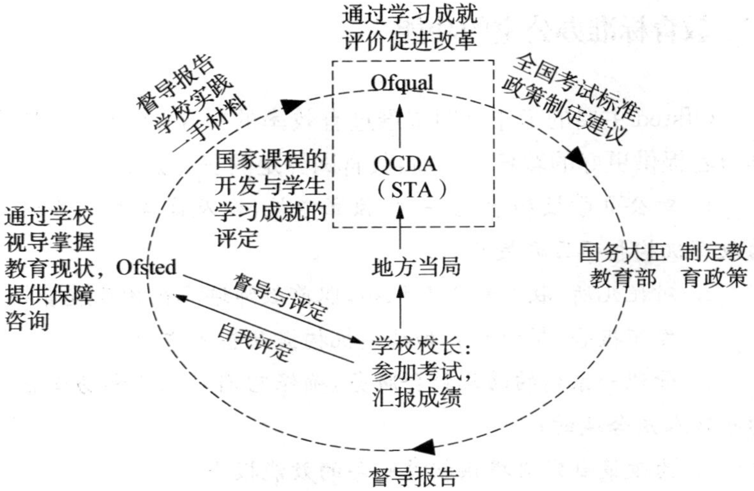

图 1－1　英格兰课程质量保障体系分工图

Ofsted 负责对相关责任主体中对影响国家课程标准的相关问题进行监控，并为 Ofqual 国家课程测试的标准制定提供依据。Ofqual 为了制定学业成就评价的目标，需要参考 Ofsted 的视导报告。Ofqual 的工作主要由三个部分构成：对学校材料的梳理与回顾（review）、在相关责任主体间分享其发现及优秀的案例，形成国家课程考试安排的政策及建议。QCDA 负责开发国家课程标准，并对实施过程中的质量问题进行调试；地方当局和公立学校校长负责实施国家课程，参与考试，并将成绩公布给 QCDA、教育部，并向学生、家长公布考试结果。需注意的是，QCDA 的职责于 2012 年 3 月由教育部下的教育执行部门标准与测试机构（Standards and Test Agency，简称 STA）和教学机构（Teaching Agency）所替代。STA 的核心任务在于界定国家课程从幼年至关键阶段儿童的测试内容，教学机构则侧重于教师专业发展。这反映了机构职能进一步分化的趋势。

总体而言，英格兰在推行国家课程之后，由 Ofsted 和 Ofqual 共同保障课程的实施，前者重在通过学校视导，获取过程性的材料，形成整全式的判断；后者重在开发关键学科的测试，检验学生学习成果，指导课程标准开发。

第三节　英国教育督导的实施

根据《2005 年教育法》的第五部分，Ofsted 对英格兰以下类型的学校进行督导：社区学校、信托学校和民办学校；社区特殊学校和信托特殊学校；学生收容处；公立幼儿园；特许学校；城市技术学院；城市艺术、技术学院；受《1996 年教育法》第 342 条约束的一些非公立学校。所有的学校都有一个专用参考码，接受督导的学校会在督导结束后，收到标有参考码的督导报告。

Ofsted 主要对"学校领导与管理的效能；教、学、评的质量；个人发展、行为与福利；儿童与学习者的学习结果"作出评估。具体工具详见附件 4。

一、以学校风险评估为起点的诊断与定位

英格兰教育质量保障逐渐转变为一种基于风险评估的保障机制。风险的判断标准主要是学生的学习成绩。Ofqual 会根据结果问责，将学校分为对三个等级：低风险水平，一般风险水平与高风险水平。低风险学校是成绩下滑可能性较小的学校；一般风险水平是指成绩下滑可能性适中的学校，这一类学校一旦出现下滑迹象，会被要求提交额外的材料；高风险水平学校是指被认定很大

可能性会发生成绩下滑的学校，这类学校一旦出现下滑，即会立即告知国务大臣，以及 Ofqual 认为对学校这次下滑造成影响的所有相关责任主体。视导进入学校之前，会以风险评估为基础，衡量各个项目对国家测评结果构成风险的可能性及其影响程度的大小，以确保监测活动的开展是平衡的、不会增加额外负担。这种风险评估是为了确保监管机构人力的合理分配，并能够及时发现学校质量的提升或下滑。

确定基本信息后，Ofsted 会通过电话向学校发出视导通知，告知学校需要在视导之前提交的文本材料，了解学校的具体实践情况，交流视导过程涉及的内容、程序，回答学校的相关问题。电话确认后会以邮件形式向学校发放正式的视导通知。被视导学校的所有家长均被告知视导实践，并且收到一封来自 Ofsted 的关于如何提交他们的意见的正式信件。在提交材料过程中，Ofsted 强调学校自评报告没有固定形式，但是其自评报告应该是对其日常事务的总结，而非专门为视导而设的文件。

总体而言，督学在进行视导之前，对学校已有初步了解，且对学校的类型、风险存有基本判断。若被评为“优秀”的学校继续呈现优秀的状态，则可进行短期视导，即为期 1 天，每 3 年一次的视导。若两所学校表现出同质性，即可安排合作性督导。注册督学部署视导工作，向视导小组介绍事实性信息及与此次视导相关的工作内容。

二、学校现场调研

督学进入学校后，需要花大量时间对上述四个维度进行观察、访谈、查阅文本，收集一手资料，以形成最终判断。如督学观察学生课内外活动，与学生交谈，评价学生的学习进展、行为、个人发展，由此反映出教学及评价的效果。在观察活动结束后，督学通过会议与教师及员工讨论教学过程中的优缺点、教学情境及如何使课程更加适应学生的学习，并在讨论的基础上予以反馈。

Ofsted对学校课程的评估维度为教学、学习与评价。具体包括教师的学生知识、学科知识、评价知识、有效课堂教学、与家长围绕学习者的有效交流与合作、显著的教学成果（英语、数学等能力的提升）、公正的教学态度（机会均等、关注多元）以及学习者的主动、多元发展。视导结果分为四种等级：优秀（outstanding）、良好（good）、需要改进（requires improvement）、不合格（inadequate）。表现优秀的“教、学、评”具有如下特征：

1. 教师拥有所教学科的深层知识与理解。教师使用有效提问，展现对学生思考学科内容路径的理解。他们识别学生的共性错误，给予纠正。

2. 教师非常有效的备课，充分利用教学时间，协调课程资源。他们通过清晰的规则有效协调学生的行为。

3. 教师提供充足的练习时间，向学生传递可靠的知识、理解和技能。他们积极地探索学科内容，不断地要求学生。识别出后进生，给予支持，不让一个孩子掉队。

4. 教师检查学生功课理解的系统性与效果，提供清晰、及时的指导。

5. 教师合理地、跨学科地传递阅读、写作、沟通、数学，为所有学生的进步提供必备的技能；语言教师能够高效地处理学生不熟悉的单词。

6. 教师立志提高学生的学业成就。他们鼓励学生努力尝试，认可努力，确保学生在其工作的各方面都引以为豪。教师对学生的学习持有一贯的高期待。

7. 学生喜欢学习中的挑战，敢于面对失败。他们是充满好奇的学习者，运用信息发展、巩固、加深知识、理解和技能。他们在课程中成长，并有计划地把握机会，参与课外活动。

8. 学生渴望知悉如何提升学习。他们获益于反馈，阅读和写作得以提升。

9. (教师)为家长提供清晰、及时的信息，告知他们学生的进步及学生行动与既定标准之间的关系，为家长提供有关"促进学生学习"的指导。

10. 教师善于更新，不用陈词滥调或贬损的语言教学、教育。教师运用的资源和教学策略体现对学生多样性的尊重及对学生的综合性理解。

11. 教师按照学校的评估政策为学生提供敏锐的反馈，告知学生在提供知识、理解、技能时需改进的方面。学生有效的利用这些反馈。

现实中，学校也并非表现出上述所有特征，才能被鉴定为"优秀"。如 Ofsted 在 2015 年年度报告中展现的案例，在被评为优秀的丘吉尔特殊自由学校(Churchill Special Free School)的视导报告中，有这样的描述：

教师教学动机强，他们有信心通过高质量的教学让学生对学习充满信心……教师会根据详细的开学测验了解个人能力差异，开设专业性的课程，如演讲、语言理论等，以丰富学生的知识与技能。教师也会据此为每个学生设定目标，为了强化目标的有效性，教师将这些目标转化为学生可以实践的短期目标——这要求教师十分了解学生的想法，并对每一位学生都抱有高期望。

从视导报告中可以发现，督学根据学校的特点开展评估，主要考量学生的学习需求或目标有无得到满足，教师的专业性是否得以体现，反映了以学生利益为核心的评估价值取向。另一方面，也说明了 Ofsted 并非遵循、采用确定的、可量化的标准系统。

Ofsted 的评估虽以“证据”为导向，但是综合了评估人员的专业判断，其中也不乏主观认定。

尽管英格兰学界认为视导在一定程度上造成了“表现主义”。但为了规避此类问题，且保证视导活动的全面与客观性，《学校视导手册》中特意强调督学不可以对具体课堂中的教学、学习、评价等活动进行评分，强调校长有责任告知教师及员工，视导及反馈不会影响学校对教师行为的评价；所观察的课堂需要尽可能地包含所有的学科、年级以及不同能力的学生群体，被视导的课堂均是由督学挑选而非由学校特意安排；视导不仅要对学生在课内的表现进行观察，同时也要对课堂以外的学生行为及活动进行观察与访谈。

三、通过官方网站及时发布评估报告

实地调研结束后，视导小组需要及时完成报告与反馈，并向 Ofsted 提交相关的证据及视导报告。视导小组需要在视导报告中提供并解释形成判断的依据。Ofsted 也会评估视导的证据基础(evidence base)，注册督学有责任向视导小组成员反馈他们的工作质量。视导小组需要在完成质量保障工作的同时，及时处理相关的意见与投诉。学校会在视导结束后 14 个工作日后收到 Ofsted 报告的最终版本，一般在视导结束 19 天后就会在线发布报告，并发送给学校资助者。学校可在视导报告发布后的 10 个工作日内在官方网站上提交正式的投诉。由此可见，Ofsted 开放了官方网络平台，完成视导之后的各方问责与信息交流。

家长可根据视导报告进行择校，这种方式激励学校通过不断改进以获得消费者认可；受到投诉较多的学校将展开额外的视导工作。在信息技术发展的大背景下，用户对可比较信息的需求量大幅上涨，因此 Ofsted 一直致力于通过多种渠道拓宽视导报告的受益人群，要求视导报告简洁、易懂、准时出版，强调利用高科技手段建立家长、学生、资助者发表意见的平台，进一步提升咨询服务的质量。

综上，英格兰的学校评估通过各种方法获取一手资料，确保其评定结果建立在丰实的证据基础之上；评价指标具有弹性，视导流程规范、有序，问责平台相对透明，提高了课程质量保障的可靠性与针对性。

四、通过督导地方政府，加强学校改进

如上所述，Ofsted 引领下的英国视导不仅对各级各类学校进行监督与评估，还通过督政，确保政府在学校改进中责任到位。在《1996 年教育法案》中 13A 部分的规定中明确提出："视导以帮助学校改进为目的，针对地方当局控制，提供了一种独立的外部评估的方式，用于评估地方当局落实其提升学校及其他办学主体(providers)推动高标准的法定职责方面的完成度，因为只有保障高标准后儿童和青年才能够充分发挥其潜能并取得成就。"2006 年的《教育视导法》进一步确定了地方当局在相关教育职责上有推动高标准地进一步提升、发挥地方当局在教育表现上的潜能的法律义务，且皇家督学随时可以对地方教育展开视导。

Ofsted 对地方当局的视导包含四个基本作用。他们结合已发表的报告发现了如下信息：

1. 为引领并参与地方当局管理工作的父母①、特定的董事会(council)成员、学校以及其他办学主体(providers)提供一种评价

① "父母"一词是指父亲、母亲或监护者(carers)。

方式，用以评价辖区内公立学校(maintained schools)在地方当局帮助下的改进情况①，及地方当局与辖区内其他教育主体(education providers)合作的紧密程度。

2. 为教育国务大臣提供信息，通知地方当局提升教育标准，达成优质教学，实现教育机会公平，并充分发挥儿童潜能，为表现不佳/差强人意的学校提供帮助②。

3. 广泛推动地方当局及其辖区内学校及教育系统的进步。

4. 要求地方当局根据报告思考他们如何进行下一步行动，并通过书面声明形成有关的行动步骤及行动计划。

在加强学校自治权的背景下，Ofsted 意识到地方当局在持续解除自身的法定责任。正因此，应该由学校本身根据固定的问责框架来领导学校改进。Ofsted 意识到学校对改进的组织形式(configuration)会是多样的，且与地方环境息息相关。Ofsted 不会一成不变地看待改进职能的配置，而是关注其所在的影响、优势及劣势。Ofsted 对地方当局在学校改进方面所起的作用评价上，会特别关注在如下几个方面：

1. 学校改进整体、战略领导的有效性；

2. 为学校改进提供支持，以帮助其提升战略及政策的透明度和清晰度，帮助地方当局清晰地定位其在监管、设定具有挑战性目标、支持及干预学校表现上的角色；

3. 地方当局了解学校及其他办学主体的程度，包括他们的总体表现、标准的达成情况以及如何有效支持亟需帮助的领域；

---

① "其他办学主体"是指除公立学校(maintained schools)以外的所有主体，如专科院校(包括免费学校、半工半读学校(studio schools)或者大学技术学院(university technology colleges))以及16岁后的合作机构(post-16 partners)。

② 根据《2006年教育与督导法案》118条。

4. 地方当局如何辨别、干预表现不佳/差强人意的公立学校，包括行使地方当局的官方权力；

5. 长期以来地方当局对学校改进提供支持及为学校设定发展目标的成果(impact)，学校及其他办学主体取得进步的比例，包括地方当局采取减小成绩差异的战略所发挥的作用；

6. 地方当局经纪人或/及高质量委员会(commissions high quality)帮助公立学校的程度；

7. 支持公立学校及其他办学主体的高效领导及管理战略的有效性；

8. 为学校治理提供支持及设定具有挑战性的目标；

9. 地方当局使用资金展开改进行动的途径/方式。

在督政过程中，督学团确保地方教育当局能够明白他们在为公立学校及其他办学主体提供改进支持并设定具有挑战性的目标时，其安排上存在的优势和劣势以及在质量保障报告会中所提到的反馈要点；并告知地方教育当局督导报告发表的流程，以及进一步视导的可能性。

第四节　英国教育督导的特点与启示

英格兰的教育督导机制在学界引发了诸多反思。如 Earley 认为督导结果的反馈增强了学校管理机构的权力，故视导本身或许不具备改进功能，却是促进学校变化的催化剂。Thrupp 认为这意味着学校必须为自己的失败负责，进而演变为一种“责难政治”。这些学术话语的产生与英格兰的教育管理传统，及其现实演变有关。在地方自治的传统上设立自上而下的监测机制，会引发学者思考国家与教育的关系，质量保障机制的运作理据。但是基于上述的现实描述，不难发现即使在地方教育管理“权力”上移的过程中，教育督导并没有进行“全景监控”。无论是质量保障机构的合作，还是具体的过程评估指标，都力图减轻学校的评估负担，避免用绝对的量化标准衡量学校，消解评估中指向教师个体的问责。这些都不失为当下政府主导的教育质量保障的积极举措。从系统视角观之，英国的教育督导具有的特点与启发如下。

一、教育督导的核心价值在于保护学习者利益

英国教育督导的核心价值在于保护学习者利益。Ofsted 的视导工作要求以所有儿童、青少年以及学习者的利益为出发点，尤其关注处于不利处境中的孩子的学习：如要求教师对每一个学习者持有切实的高期待，尤其是能力突出和能力不足者；通过教与学实现机会均等，关注多元等。作为课程质量保障合作机构的 Ofqual 以公平评价为指导，保障学生接受适合于其年龄的、有效的、公平的学业成就评估。当质量保障机制的价值取向趋同时，较易于在分工基础上形成合作，共同实现课程质量保障的目标，为统一的政策决策服务。

二、提高教育法治基础，建立教育质量保障系统的支持性网络

英格兰教育质量保障系统的有序运行很大程度上取决于其在实践中不断改进的治理结构及其法治基础。英格兰在 20 世纪 80 年代的改革中，地方教育当局声势减弱，使得教育改革的方案愈加脆弱和不稳定。鉴于此，在完善教育质量保障系统的过程中，2006 年的《教育与视导法案》中赋予了地方教育当局新角色，强调其在

地区教育事务中的协调、整合作用。此举有助于调动地方积极性，维持治理结构的平衡性。此外，《2005 年教育法案(修正稿)》《2006 年教育视导法》《2006 年儿童保护法》《2008 年教育与技能法案》等法案为 Ofsted 各项工作的开展确定了法律保障，使其从标准制定到评价工作的开展、结果的公布及与中介机构的合作均有法可依。由此可见，法律界定了督导的职责，有助于形成分工明确的合作网络，确保教育质量保障的有序运行。

三、开展以学校为单位，基于过程的评估

在英格兰的教育质量保障系统中，学校更多作为执行单位接受 Ofsted 的教育视导，或者为 Ofqual 提供学业评估结果。然而具体到过程评估环节，学校的作用并非限于此。其提交的自评报告是外部视导的工作基础，围绕督导的流程和结果，学校也可以提出自己的建议。换言之，自评与外评相结合的过程评估中，学校具有一定的能动性。按照《学校视导手册》所示，不限定学校自我评估的形式，但是强调学校的自我评估应该是学校日常事务的一部分，而不是专门为视导而设的文件。同时，Ofsted 也会在线提供学校自我评估表，作为学校自评的选择性工具。此评估表分为两个部分：评估部分与数据、其他事实性信息的记录部分。在评估部分中，学校需要进行自我评估，总结其优势、不足和未来发展的重点；数据和其他事实性信息的记录则是确保学校自评和诊断以证据为基础。以学校为单位进行评估，有利于整全式的诊断；不对教师个体进行问责，尊重了教师的专业自主。此外视导有责任为学校提出改进意见，这在一定程度上推动了学校改进。

四、综合多类人员参与的评估

英格兰的教育质量保障系统庞大，从课程标准，到学校的教、学、评，到学生关键阶段的考试，形成一个完整的保障链条，充分调动了国家、地方、学校的参与性。这样一个复杂、庞大的系统除了具备以法律为基础的机构分工，合理的治理结构外，还需要多类人员的参与。事实上，Ofsted 要做到每校必评，必须扩大视导队伍。如今，英格兰视导人员主要由皇家督学、注册督学、外行督学和额外编制的督学构成。所有的视导人员都要接受培训。其中注册督学发挥专业引领的作用。外行督学来源于非教育领域的业外人士，其设置意图在于代表社群意识与问责机制，捍卫消费者权益，抵制教育专业人士的特有意见及其过度自我保护的心态。此外，Ofsted 认为学生与家长的观点有助于他们持续的改进，强调学生和家长的观点在视导活动开展过程中的决定性作用，在其发布的文件中表明，学生和家长的观点与意见可直接影响视导活动开展的时间与方式。并且要求视导小组根据法案及时处理家长对视导工作的投诉，对公众产生不满意的学校要予以及时反馈与改进。故英格兰的教育问责表现出国家主导、专业与市场问责并行的特点。通过公开的平台、多类人员的参与，激活了社会参与教育保障的活力。

第五节 英国高等教育教育质量保障

质量保障一词来源于工商管理领域，成为社会运动始于美国和英国，进而呈全球发展之势。Travers 比较了英美两国所奉行质量保障的社会背景，发现英国的质量保障遵循自上而下的政府发起路线，走的是视导（inspection）道路；而美国则得益于企业内部的质量运动，走的是认证（accreditation）道路。即便英国后期的质量保障机制也称作"认证"或"审核"，但仍未改变中央官僚机构监督实施标准的初衷。Kis 把质量保障分为"问责"与"改进"两大类，指向问责的质量保障通常与特定标准、外部评估、外部改进行动、总结性评价、信息公开等联系在一起，指向改进的质量保障则与学术团体内部评估、推荐、形成性评价联系在一起；英国的质量保障被划为问责导向一类。事实上，英国高等教育质量保障的发展与其高等教育规模扩大、高等教育财政制度变革有关，不同类别的评估所蕴含的质量保障的性质不同。

一、从科研评估到教学评估：竞争导向的评估逻辑日盛

早在 1986 年，英国就开始推行大学科研评估（Research Assessment Exercise），其在 20 世纪 90 年代发展为由英格兰高等教育基金委员会（Higher Education Funding Council for England）、苏格兰基金委员会（Sottish Funding Council）、威尔士高等教育基金委员会（Higher Education Funding Council for Welsh）和北爱尔兰就业与学习部（Department for Employment and Learning）共同执行，旨在为拨款机构提供高校科研经费分配依据，提高政府拨款透明度，促进高校科研质量的评估活动。2008 年的第六轮大学科研评估结束后，英国政府委托高等教育基金委员会（Higher Education Funding Council）及高等教育资助机构制定新的评估体系；历经 5 年，新的科研卓越框架（Research Excellence Framework）于 2014 年投入使用。目前，英国大学的研究经费主要来源于与质量相关的整体性拨款和特定项目与计划

的资助。

随着英国大学规模的增长，大学经费来源日趋减少，对大学的财政投入由原先基于整体拨款的模式转为基于学生贷款模式，学费也借此快速增长，由此加剧了消费者问责。2015 年由高等教育政策研究所（Higher Education Policy Institute）和高等教育学会（Higher Education Academy）联合发布的“学生学术体验调查”发现，超过 60％的学生认为他们接受的所有或一部分高等教育课程不尽如人意，而这里面有 1/3 归因于教学质量。因此，英国政府推出了卓越教学框架（Teaching Excellence Framework），为高校重视教学、改进教学质量以及学费分级与上浮提供依据。2016 年英国商业、创新与技能部发布的《知识经济的成功：教学、社会流动与学生选择》白皮书指出，当下英国高等教育存在“弱势群体入学率低，课程缺乏灵活性，学生在校体验创新不足、技能短缺、满意度不高”的问题，而这一切的根源在于高校缺乏竞争性，学生缺乏知情选择。随着《2017 年高等教育和科研法》（Higher Education and Research Act 2017）颁布，鉴别和激励大学教学的卓越教学框架正式成为高等教育质量保障不可或缺的一环，它主要从教学质量、学习环境、学习结果和收获三个方面来评估高校的教学，其主管的部门也发生了变化。根据英国政府官网显示，2018 年 3 月底撤销英格兰高等教育基金委员会，其功能履行至 2018 年 9 月，此后将由学生办公室（Office for Students）、研究与创新办公室接替。英格兰高等教育基金委员会的主要职能是为具有资格的大学提供资助，保障高校财政资源的可持续性，其质量保障的主要目的是确保“物有所值”；而学生办公室的主要职责是运作高校准入制度，促进学生选择和高校竞争，提高学生参与和学习收获，向政府提供所需数据并分析相关信息，开发、公布和运行基于风险的质量管理框架，开展包括卓越教学框架在内的质量评价等。这反映了英国的高等教育质量观在“物有所值”的基础上日益强调消费者“满意度”，突出了竞争驱动的市场问责。

科研卓越框架到卓越教学框架的发展，一方面代表了英国政府通过评估督促高校重视教学的态度，另一方面也反映了随着高等教育机构的规模化与多元化发展，以竞争驱动的高等教育质量保障逐渐成为高等教育市场化的必然选择。

二、从内部审核到外部问责：走向风险管理

以往英国的高等教育机构拥有设计项目、课程、资质授予的自主权，各类教育项目几乎不需要外部认证，只有涉及特定实践者的“执照”时，才需要相应的专业团体来认定。当高等教育服务于为数不多的学术精英时，卓越是高等教育质量的默认属性，不需要外部测量与比较。然而随着高等教育体量扩大，尤其是 1992 年英国的技术学院升级为大学之后，质量演变为特定属性，大学必须满足这些属性才能在高等教育市场取得合法位置。在此背景下，英国成立了高等教育基金委员会，取消业已存在的多个基金委员会，通过学科评估和机构评估来确保高等教育机构的质量。例如，原来由质量保障委员会（Quality Assurance Commission）主持学科教学质量检查，检查结果与拨款额度相联系；由高等教育质量委员会（Higher Education Quality Council）负责机构审核，主要对高校质量保障机制和程序进行检查，确保其运作良好，但不涉及评级、奖惩，问责性相对较弱，两者的工作均移交给了高等教育基金委员会。20 世纪 90 年代，伴随英国高等教育走向大众化，其高等教育质量保障系统的基本形态也逐步确定（如表 1－2 所示）。

表1-2　英国高等教育质量保障的基本类型与方法

对象	高等教育机构	项目(学科)
路径	审核	评估
方法	自评、外评 (同行评估)	自评、外评 (同行评估)
关注内容	内部教育质量保障的 程序与政策	教学、研究
报告与奖惩	内部报告 与拨款没有直接联系	公开报告 直接与拨款或学费登记有关
质量保障的性质	改进	问责

较之下,机构审核是对高校质量保障的再保障,指向质量改进。学科评估在原先“同行报告与建议”的基础上增加了奖惩机制,呈现问责的一面。

为减少多部门、多类别的评估工作,提高高等教育质量保障效能,英国在1997年成立了高等教育质量保障署,由其对高等教育机构的质量管理和标准进行评估,确保高等教育机构名副其实。高等教育质量保障署作为一个慈善机构和公司,其理事会由英格兰、苏格兰、威尔士、北爱尔兰的高校人员、高等教育基金委员会成员、学生及其他团体成员构成。它的出现改变了各类评估的分散治理状态,将机构审核与学科评估(苏格兰的学科评估除外)收归旗下,加速了质量保障的指标化发展。由高等教育质量保障署牵头开发的“学术规范体系”成为高等教育机构实施内部质量保障的基础,也是各类外部评估的组成部分,它为高等教育机构提供了一套被广泛认可、便于实践的参考框架。2012年高等教育质量保障署发布高等教育质量标准,取代了原先的学术规范体系,该标准由三个部分、19条期望组成,陈述了“高等教育提供者的自我期待”与“学生对高等教育的期待”。随后,2014年发布的高等教育治理标准阐述了大学善治的核心价值、原则与基本要素。需要注意的是,高等教育质量保障署在英格兰、苏格兰、北爱尔兰和威尔士所涉及的业务范畴略有不同,详情如表 1 - 3 所示。尽管如此,它在“质量标准”“学位授予权的认定”“私立教育机构的评估方法”“跨国教育的审查”“骨科委员会审查”“教学卓业框架”等方面的监督或评估作用还是覆盖了全部四个地区。

发展至今,英国的高等教育机构需要接受的监督和评估包括:证明申请的所提供项目是有效的,业已开设项目的常规监督,例行的机构审核,指向满意度的国家学生调查,协助搜集国家统计数据;其中后四项均涉及评估结果或数据的公开报告。由此可见,英国高等教育质量保障表现出外部问责趋向,通过机构审核、项目评估来回答“你做了什么,你是如何做的,你为何这么做,你为何以这种方式运行,你何以判断它是有效的,你如何让它变得更好”。高等教育质量保障署发展和改进小组主任 Harris 认为这一套逻辑确保英国的标准与欧洲高等教育区的教育质量保障标准与指南非常匹配。

表 1 - 3 英国高等教育质量保障署开展的活动

	英格兰	北爱尔兰	格兰苏	威尔士
质量标准	√	√	√	√
改进质量保障的运行方法	√	√		
为学位授予权(DAP)的认定提供建议	√	√	√	√
私立教育机构的评估方法	√	√	√	√
跨国教育的审查(TNE)	√	√	√	√
骨科委员会审查(GOsC)	√	√	√	√
高等教育课程授予机构的许可、监督与再授权	√			√
教学卓越框架(TEF)	√	√	√	√

（续表）

	英格兰	北爱尔兰	格兰苏	威尔士
提升导向的机构评审（ELIR）			√	
质量提升评审（QER）				√

如上文所述，虽然英格兰高等教育基金会即将退出历史舞台，但是高等教育质量保障署凭借其良好的声誉，被指定为履行评估功能的机构。QAA在2018年修订了“英国高等教育质量标准”。标准分为“制定和维持学术标准”“保障和提升学术质量”“高等教育的信息发布”三个部分。每部分均有“期待”与“实践”所构成。其中“期待”明确而简洁地表达到了提供者在制定和维持其奖励标准及管理其提供质量方面应取得的成果；“实践”代表有效的工作方式，为实现期待提供支持，并为学生带来积极成果。

《高等教育和科研法》确定了学生办公室的高等教育监管法定位置，高等教育质量保障署则获得了其第一个法定责任。为进一步优化高等教育质量管理，“风险管理”被列为重要内容。高等教育质量保障署实施的“机构审核”被视为拓展风险管理路径的基础。在英格兰高等教育基金会2012年的政策咨询报告——《基于风险的质量保障：咨询结果与下一步行动》中，风险与“减负”“量体裁衣”“学生评估”“质量提升”“透明”等关键词联系在一起。简言之，基于风险管理的质量保障强调为每个高校提供适切的、有利于质量提升的评估，并在评估中汲取学生意见，减少不必要的工作。而在实际运作中，风险则与大学评估的分级分类管理相联系。通过评估，大学被分为“未达目标”的高风险高校、“需要整改”的中等风险高校、“符合目标”的低风险高校以及推荐高校。而只有低或无风险的高校才有资格接受“轻触式”评估，减少不必要的评估负担；高风险或中等风险高校则面临“关门”或“整改”的结局。学生办公室延续了高等教育基金会的风险管理，并将“风险”明确为阻碍其达成目标的一切因素和事件，如学生或纳税人未接受到“物有所值”的教育，导致这一结果的所有因素均被视为风险。高等教育质量保障就是要把危及目标达成的潜在风险排除掉。在学生办公室 2017 年的职能咨询报告中，英国教育部坦言，仅靠竞争、选择、市场机制并不能确保学生办公室的目标达成，必要的时候可通过管制来实现高等教育公平，确保学生入学和参与高等教育。由此可见，当高等教育逐渐成为一项个人投资，还兼顾社会利益的时候，消费者问责日趋明显，国家在市场机制之外仍有必要通过管制策略来维持社会公正。

第六节　脱欧之后的英国高等教育质量保障系统

在全球高等教育市场竞争日趋激烈的背景下，欧洲博洛尼亚宣言应运而出，号召欧洲各国共担“推动欧洲高等教育卓越化”的使命。如今博洛尼亚进程发展已近 20 年，尽管在高等教育质量方面享有国际声誉的英国选择离开欧盟这个大家庭，然而其高等教育质量保障署于脱欧公投结果宣布之后旋即表示英国依然是欧洲高等教育区成员国，将继续参加博洛尼亚进程，确保英国在欧洲高等教育政策抉择中的影响。故从英国的教育质量保障系统来看，英国大学在欧洲高等教育市场中并没有意向另辟一条路走。

一、高等教育质量保障署完全符合欧洲高等教育区的新标准

欧洲高等教育质量保障协会每五年对其成员机构进行一次审

核，对英国高等教育质量保障署的上一轮评估发生在 2013 年，当时的参考框架还是 ESG2005，英国高等教育质量保障署被认定为完全符合标准与指南。2018 年欧洲高等教育质量保障协会对英国高等教育质量保障署进行再度审核时，恰逢脱欧议程推进时期，所用的参考框架是 ESG 2015，具体评估结果见表 1－4。

表 1－4　2018 年欧洲高等教育质量保障协会对英国高等教育质量保障署的外评结果

	参考框架(ESG2015)	评估结果
质量保障机构	3.1　质量保障的活动、政策与过程	完全符合
	3.2　官方地位	完全符合
	3.3　独立性	完全符合
	3.4　主题分析	完全符合
	3.5　资源	完全符合
	3.6　内部质量保障与专业行为	完全符合
	3.7　机构周期性的外部评估	完全符合
外部质量保障	2.1　考量内部质量保障	完全符合
	2.2　方法设计符合目的	完全符合
	2.3　过程实施	完全符合
	2.4　开展同行评估的专家	大致符合
	2.5　陈述结果的标准	完全符合
	2.6　报告	完全符合
	2.7　投诉	完全符合
内部质量保障	1.1　质量保障政策	A2.1，B10，高等教育治理标准相关内容
	1.2　方案的设计与批准	A1，A3，B1，高等教育治理标准相关内容
	1.3　以学生为中心的教、学、评	A3.4，B3，B4，B5，B6，B7，B9
	1.4　学生招录、升级与认证	A2.2，B2，B6，B3
	1.5　师资	B3
	1.6　学习资源与学生支持	B3，B4
	1.7　信息管理	A3.3，B8
	1.8　信息公开	B3，B4
	1.9　方案的持续监督与周期性检查	A3.3 B8
	1.10　周期性的外部质量保障	各类周期性评估的时间与方法

欧洲高等教育质量保障协会通过现场参观、文档考察等方式，不仅评估了高等教育质量保障署作为质量保障机构的资质，而且会判别其对高等教育机构所实施的外部质量保障措施和内部质量保障依据的合理性。ESG2015 强调高等教育、研究和创新对社会融合、经济发展和全球竞争力的重要性，再次倡导关注高等教育机构的多样性、弹性的学习路径、以学生为中心的教学方法等，进一步明确了关键目标，即促进所有利益相关者对教学质量保障的共识性理解。这些目标与英国学生办公室的关注点不谋而合。

Szabo 认为，各国在博洛尼亚框架下没有发展出一致的国家方案，在实施《欧洲高等教育区质量保障标准与指南》时，尤其是内部质量保障方面，各国并没有与欧洲议程保持一致性。然而英国即使身处脱欧进程，又逢高等教育管理机构变更，英国高等教育质量保障署仍未改变与欧洲高等教育质量保障协会的一致性。部分原因是两者在教育质量管理中的地位以及所持的教育质量保障价值观存有共性。首先，欧洲高等教育质量保障协会并不是第一个质量保障跨国组织。20 世纪 90 年代初成立的高等教育质量保障国际联盟(International Network for Quality Assurance Agencies in Higher Education)已经在开发优秀的质量保障实践标准、支持质量保障机构互认方面作出了积极而有效的尝试，也为后续的 ESG 标准提供了若干思路。随着博洛尼亚进程的推进，欧洲委员会急需在其成员国间建立一个兼容、透明的质量保障系统。欧洲高等教育质量保障协会能够从增进彼此了解的研讨平台发展为有力的教育政策行动者，得益于其被各国部长熟知，并与各大学保持了一定的距离。英国高等教育质量保障署也是如此，作为独立机构，它与政府之间是业务委托关系，与其他专业组织保持合作关系，并与大学保持一定距离，拥有跨区而治的经验。其次，两者均将内部质量保障机制看成部门、高校自治与基准管理的有效结合，并在质量保障中兼顾问责与改进功能，这一保障思路将会在“知识的欧洲”延续下去。

二、学生办公室的市场问责机制面临挑战

作为英格兰高等教育监管机构，学生办公室恰如其名，它将学生利益置于政策的核心，作为高等教育质量管理的重心。学生办公室的管理目标是：不管学生背景如何，只要有接受高等教育的能力和愿望，都能进入高等教育机构，接受高质量的学术培养，有能力进入就业市场或继续深造，接受物有所值的教育。为此，学生办公室将结果为本、风险管理的原则渗透至卓越教学框架，确保学生接受有质量的高等教育。同时，它还颁布了新的高等教育机构注册条件（见表1-5），将学生的准入、参与、学习收获、知情权列入其中。

表1-5　英国高等教育机构一般的持续注册条件

来自不同背景的学生的准入和参与数
对所有学生而言，有质量、可信赖的标准及积极结果
保护学生的利益
财政的可持续性
好的治理
提供给学生的信息
对学费和经费的问责

同时，学生办公室在其2018—2021年的战略结果中，明确提及以下四点：

参与：“所有来自不同背景的学生都有能力和意愿接受高等教育，并取得高等教育的成功和进步。

- 获取，成功和进步是不受背景和身份限制的，从而使差距显

著缩小。

- 所有进入和参与活动都以证据为基础并且是“起作用的/有效的”。

体验:“来自不同背景的所有学生都能获得高质量的学术体验,他们的兴趣在学习期间或机构、校园或课程关闭情况下能受到保护。”

- 学生可以选择各种高质量的高等教育,这是对不同背景学生的偏好和需求,以及不断变化的国家和全球环境的响应。
- 学生对高等教育有积极的体验,对教学、学习、更广泛的经验和成果非常满意。
- 在接受高等教育期间,学生的知识和技能得到提高。
- 当学生继续在校园或机构学习某门课程的能力受到重大负面影响时,学生的利益能受到保护。

成果:“所有背景的学生都能够去就业,深造和充实生活,而且他们的资格随着时间的推移而保持其价值。”

- 大学生和研究生毕业时所掌握的知识和技能将有助于他们国家、当地和社区的经济发展,并推动生产率的提高。
- 在接受高等教育期间,学生的生活得到丰富和改善。
- 资格随着时间的推移而保持其价值,学生在离开高等教育后可以长期使用它们。

物有所值:“所有背景的学生都能得到物有所值的东西。”

- 高等教育以积极的学生成果为形式,为学生、毕业生、纳税人和雇主提供物有所值的服务。

经济且有效:“OfS是一个高效的监管机构。”

- OfS是一个管理良好且结构合理的组织,支持其工作人员的发展,以实现其目标。
- OfS拥有适当的系统、流程基础设施和资源,以支持其目标的实现。

- 最大限度地减轻机构的监管负担。

当学生办公室将学生选择与机构自主作为治理路径的核心时，也导致其政策工具存在一定张力。学生办公室对高等教育供应者主要采取基准管理，在满足“入门槛”的条件下，鼓励高等教育机构的自主、多样与创新。但同时为了保障消费者的知情选择权，学生办公室对高校信息公开提出了更多要求。高校须定期发布招生名额、申请数、实际接收数、退学数等信息；并以匿名方式逐步公开申请者的背景材料，从而遏制招生中的不公平现象。但此举有可能限制高校的多样性。此外，学生办公室每年随机抽取小部分高等教育机构进行持续注册审核，这无疑也增强了高等教育机构的问责压力，竞争导向的市场问责机制可能会压缩高校的自主空间。

学生办公室用基于学生的管理取代基于机构的管理，不变的部分是风险管理。但高等教育质量保障署 2018 年自评报告所提及的挑战之一，就是“对基于风险的方法了解的有限性导致人们认为质量保障是不足的”。如英国学生联合会以及其他学生团体认为基于风险的分类评估导致一些高校避开了常规检查，加之评估指标不能与时俱进，导致基于风险的方法无法保障所有学生的权益。高等教育质量保障署还认为，英国乃至整个欧洲面临的共同挑战是外部质量保障机制如何回应高等教育提供者的多样性与学生的期待。以学生为中心的市场问责机制必然面临消费者“众口难调”质量观的挑战。

综上，英国自 20 世纪 80 年代实施科研评估以来，大学就开始被要求以“效率”“竞争力”“质量提升”等名义证明其提供的教育“物有所值”。虽然大学科研评估涉及的是同行评估，但与评估相联系的“等级”与“资源分配”均导致外部问责日趋强烈。1992 年英格兰高等教育基金会的成立，更是加剧了新老大学对政府研究拨款和教学拨款的竞争。20 世纪末，博洛尼亚宣言为英国高校带来了更多的机会与资源。英国大学之所以欢迎博洛尼亚进程，很大一部分原因也在于欧洲高等教育区宣称的高校自治与英国大学的治理传统不谋而合。同时，这一跨国组织的运作间接巩固了英国高等教育质量保障署的地位，基于机构与项目的外部问责也被强化。新自由主义理念与“知识的欧洲”巧妙结合，使得欧洲高等教育质量保障协会和英国高等教育质量保障署在教育管理方面高度默契，也为英国在早期的博洛尼亚进程中谋得更多话语权。当欧洲高等教育区教育质量保障出现“趋同性”时，英国脱欧和英格兰新成立学生办公室看似“求异性”尝试，实则是强化了高等教育竞争导向和市场问责的保障逻辑。当然，学生办公室的成立也引起了苏格兰、威尔士和北爱尔兰相关团体的恐慌，因为英格兰政府部门已经逐渐从高等教育机构及其同行、专业团体、其他部门代表手中接掌了大学治理权。然而无论谁管理高等教育，欧洲高等教育质量保障协会通过确保成员国高等教育质量保障机构理念与行动的一致性，共享“知识的欧洲”。通过外部和内部质量保障机制来确保高等教育机构的适度自由与合乎要求，已成为英国至欧洲大部分国家的共识。英国离开欧盟但留在欧洲，遵守欧洲高等教育区相关标准，共享教育、研究资源，不失为务实之举。

第二章

法国教育督导的制度与实践研究

教育督导是教育事业强有力的监控体系。2020 年 2 月 19 日，中共中央办公厅、国务院办公厅印发《关于深化新时代教育督导体制机制改革的意见》提出，到 2022 年，基本建成全面覆盖、运转高效、结果权威、问责有力的中国特色社会主义教育督导体制机制。按照中央要求，2020 年到 2022 年三年时间内，全国所有省、市、县三级政府，都应比照中央做法，成立教育督导委员会及其办公室，创新工作机制，充实督导力量，确保教育督导机构独立行使职能。而法国是最早建立教育督导制度的国家，时至今日，法国教育督导已成为教育行政管理的重要支柱之一。此外，中法两国在历史渊源、权力层级的设置及改革环境等诸多方面存在共同点，有着相似的中央集权制度的历史传统，因而研究法国教育督导制度与管理体系，尤其是法国督导局的发展历程、特性与新的变革趋势，对我国当下高等教育治理体系改革具有重要的现实借鉴意义。

法国教育体制典型特点是对教育体制管理与教育投入进行强有力的中央集团制管理模式，由议会界定包含教育基本原则的组织框架构成。国家明确规定各学龄段教育的课程细节，组织教师

注：本章所有引用文献资料见本书主要参考文献。

招聘程序，定义教育内容，招聘教师并提供职中培训，招收并培训教育督导员负责监控教育质量。纵观法国教育督导制度发展历程，法国教育体制的改革要求从督导某一学科的教育教学质量，转向对教育制度整体运行的宏观监控，继而转向扮演地方教育行政长官合作者与直接技术顾问的多重角色，逐步经历了变革与发展，以完善教育督导体制机制。那么法国的督导制度管理如何形成，经历了哪些发展历程？存在哪些特性？又有哪些新的改革路径探索？

第一节　分离到整合：法国国家教育督导在管理教育研究中的发展历程

纵观法国国家教育督导的发展历程，从三级教育督导管理体系的初步建立，到学科督导与行政督导的分离，再到功能性合作与协同发展，逐步实现督导再整合，跨越了两百多年的历史，那么法国教育督导制度的完善经历了怎样的发展历程？

一、法国教育督导的制度建立与分级管理体系形成

法国是最早建立教育督导制度的国家。1781 年，法国国家监狱与平民医院内首次出现总督察一职。继而 1797 年，法国财政部设立总督察，无地域支配限制，由财政部长直接统一安排工作。1802 年 5 月，拿破仑政府颁布《国民教育总法》(La Loi Fourcroy)，规定在国家设立国民教育督导局(Inspection générale de l'éducation nationale，IGEN)，并由该机构负责对初等、中等、高等教育的学校管理和教学进行监督，该法的颁布和实施标志着教育

督导制度在法国的正式建立。这项新的常规督导也就是后续国民教育督导局,侧重督导学校行政管理能力,并逐步将这一职能移交给国家教育管理督导局(l'inspection générale de l'admi-nistration de l'éducation nationale et de la recherche, IGAE-NR)。1808年3月17日,拿破仑时期帝国大学成立,囊括了所有学术机构和高等教育,这一时期设立大学总督导,以代替研究总督导。1840年前后,法国已初步建立三级教育督导行政管理体系,即总督学、大学区督学和省督学。其中总督学对法国教育影响深远,与国家政治联系紧密。1852年,法国设置公共教学督导机构(l'inspection générale de l'instruction publique, IGIP),负责小学、高中和大学教育的管理与总督导。至此,法国教育督导制度初步建立并有了初步的功能划分。

二、法国第三共和国时期教育与行政的分离

法国第三共和国时期学科教学督导和行政督导逐步分离,产生如高等教育督导、中等教育督导、初等教育督导、幼儿园督导、文献督导等。这一时期学校教学机构与日俱增,公共教学督导对行政与财政事务关注有限,并随后在1980年成为国民教育督查总局,侧重教职工素养与教学能力督查。1964年法国设置地区教育督学,这是在大学区管理层次上出现的新的督导机构。与大学区督学共同协助大学区总长对大学区内教师进行的督察与评估。

这些机构的行政职能由行政事务总督导(inspecteurs généraux des services administratifs, IGSA)接管,直至1965年设立国家教育行政督导局(l'inspection générale de l'administration de l'éducation nationale, IGAEN)。因而,国家教育行政总督导鼓励将原有分散的总督导、公共教学督导机构以及行政事务督导统

合，管理小学、初中、高等教育等教学方向，并从服务主体与架构上确立了总督导体系，直接由国民教育部领导管理。法国国民教育部于1980年1月4日颁布《关于国民教育总督导局使命、招聘、组织与运转的指令》。1984年《萨瓦里法》承认大学自治权，强调“自主自治、民主、参与、多学科结构”的原则，对普通大学和精英大学校(Grande école)作出了统一规范。1984年国家教育行政督导局加强对高等教育的宏观调研，同时总督学试行向社会招聘。1986年实行教育管理体制改革，地区教育督学开始在教师评估和管理中发挥主要作用，国家总督学则转向宏观评估和调研，逐步实现教育与行政督导的功能分离。

三、由分离到逐步过渡到合作的产生(2000年后)

2002—2004年，吕克·费里(Luc Ferry)在去中心化、自治发展以及与财政组织法(LOLF)相关的新预算程序推出的背景下，提出希望结束行政与教学管理分离现状，旨在加强对学术契约上的教学评价，并转移部分直接行政事务以加强督导的“普遍”性，促进职业流动。这一时期，法国计划成立新的组织，重组专业、国家政策(主要群体)和领土行动三大类，设想提供公共支持功能。2004年5月官方报告发布，提出了督导员参与合作的意愿，但也评估了限制其可行性的组织困难。针对结构与功能方面的合作选择提出了疑问。若想保持行业的特殊性，需得益于研发共同的方法与评估工具，并需制定工作方案以及各项目间灵活弹性的组织安排与项目相关性关注。在各部门和地区之间，加强与中央主管部门的联系，对整个教学行动链的干预，以及可能出现的性质与种类混淆，要求在任务时间安排方面需要灵活性。

两个督导局(IGEN与IGAENR)及其职责和运作方式的演变

与学校教学、高等教育与科研体制的转变相互联系，这种演变首先与各部门总体政策变化紧密相关。这种观察可用于高等教育领域，2007 年 8 月 10 日的《大学责任法》的颁布，大学越加自治，成为国家教育管理督导局（IGAENR）在这一领域进行干预转变的主要因素之一。介入大学领域，研究组织的政治力量也在不断提升，使其成为国家教育管理督导局（IGAENR）监查和干预的一个特权领域。2012—2013 年，文森特·佩隆、吉内维夫·菲奥拉索和乔治·保兰格文呼吁反思总督导的必要任务、使命、发展进程以及由国家认定的组织机构特权，这项要求实际上是针对国民教育督导局。对此，2013 年 2 月和 5 月进行了两次合并。于国民教育总督导而言，学科与管理之间、国家与地方之间、微观与宏观层面之间以及接受高等教育的机会与中央主管部门间的联系或对报告的宣传之间，都存在张力。就该机构的组织架构而言，涉及合并学科结构与内部流动形式，其目的是将学科结构与内部流动结合起来，统一在国家教育管理督导局管理框架下。一方面，国家教育管理督导局区分运营职责与评估管理功能，另一方面需顾及对制度、任务及结果的督导，而非对教学内容或教师个体的检查。除法定审查外，还可改进流动、培训、评价方案和组织方式，尤其是任务与分配。根据 2017 年 8 月 28 日国民教育部长和高等教育与科研部部长发布的任务信函，国民教育督导局（IGEN）和国家教育管理督导局（IGAENR）被要求负责思考两个机构如何演变，以响应教育体制当前和未来的需求。2019 年 10 月 1 日 Décretn° 2019—1001 法典颁布指出，设立教育、体育与研究总督导局，重组法国基础教育与高等教育总督导，将已有赋予各部门的总督导权力进行重组，集中服务于基础教育、高等教育以及体育与青年文化等，并决定重新界定新督导局任务及组织架构，并制定使用于其成员职业的规则，至此开始逐步整合统一督导机构。

第二节　自治与集中：欧洲督导模式下法国教育督导制度的特点及特性

为改进学校教育体制，适应当地公众异质性需求，自20世纪80年代以来，多数欧洲国家在教育制度上重新分配权责，通过权力下放到地方当局，分散地方行政级别或学校自身自主权，形成去中心化趋势。在此政策环境下，法国教育体系具有去中心化和部分去中心化的双重现象并存特点，这一特点在欧洲模式中独一无二。伯顿·克拉克(Burton Clark)在《高等教育系统——学术组织的跨国研究》中指出法国的高等教育体系被视为许多大学、学院和研究所的总合，连同如教育部这样正规的机构。高等教育由国家与大学签订契约政策确保治理体系，通过资金支持与行政方式确保大学自治体系的运行。法国在教育体制及督导模式方面存在特殊性。与其他欧洲国家督导不考虑地方团体行为有所不同，法国教育体制是大众教育与精英教育并存的双轨制，因而，具有双重督导的独特性，两级政府组合，即国家和地方共同管理教育。与此同时，所选拔的教育督导既是教育教学专家，又是行政管理专家，促使法国的教育督导在教育事业发展中具有较高的权威性。

一、协作性与定性评估：法国督导模式与评估的特殊性

权力分散的制度选择促使教育界及多数机构自主权力度加大，主要表现在教学计划、教学法、预算资源的分配，以及通过招聘与报酬进行人力资源管理等领域。由此，产生基于外部评估的市场逻辑与基于内部评估的公共服务逻辑。多数欧洲国家选择对学

校的外部评估，即基于相似程序的标准化指标，对学校提供的数据进行初步分析，在一天或数天内考察学校，汇报并重访该校。其中一种督导模式是基于自由主义的方法，采用完整的学校督导框架系统实行，重视定量要素，检验学校是否达到框架指标，并进行数值评估，要求机构向公众或“市场”报告。如英国采取的自上而下系统、独立、透明、受尊重且具影响力的督导方式。父母在择校时意味着已了解学校各方面表现。另一种模式，如在苏格兰广泛使用的专注学校表现及对结果的优化，更具协作性和偏定性，检验指标相比较少，评估者与被评估者之间可以进行讨论，进行意义建构与阐释。法国督导制度有其特殊性，在某种程度上，它很接近苏格兰模型，在第一时间进行督导，以提高公共教育服务质量。对学校提供支持和帮助，并要求富有同情心，同时实行较严格的质量监控，将教育看作是一种服务，需要为使用者即客户严格把控质量，融合了市场逻辑与公共服务逻辑。但同时又有法国督导的独特性，法国虽为中央集权制国家，但同时考虑地方团体的行为需求，法国督导体系的独特性促使其在欧洲乃至国际上具有鲜明的优势。

二、去中心化与部分去中心化并存：法国两级政府组合的督导制度

法国具有双重指导系统的独特性，国家和地方共同管理教育，去中心化和部分去中心化的双重现象。法国的总督导在其章程中回应地方诉求。法国大学自由责任法颁布后，大学自治权扩大，在逐步去中心化改革和强化地方公共教育机构（EPLE）自治的决定对国家和地区督导办的任务工作产生影响，法国地方机构也逐步相应拥有更多自主权，特别是在人力资源管理方面，对总督导办来

说一个不基于标准的督导调节机制越加显得尤为必要。与此同时，为深化地区改革，对接国家组织服务模式，法国进一步加强了学区的评估与指导能力，并在主要重点学区评估框架内安置国家总督学新职能，从而导致对学区督学的干预方法进行审查。国家总督导的干预方法还将考虑到评估机构的多样性如高级规划委员会（CSP）、法国评估、预测与成效局（DEPP）、科学研究和评估高级理事会（HCéRES）和审计院等①。

法国督导制度在教育团队和领导者衔接中，享有特权地位。在教育领域，这种制度有能力通过对地区实际现实了解，以及对教学实践的观察及机构和当地的行动者的交流，培养班级与教师间的联系。在全法国范围内，教育督导行动有力确保了不同地区的学生在公共教育服务上，在教育教学内容、质量和要求方面，不受市场竞争逻辑限制，而获得同等教育，专业知识及其合法性受基础教育和中等教育教师、学区长、家长、中央或学区管理。这种专业知识涉及知识与传播方式，使其在教育系统的教育管理中发挥了重要作用，也促使能够以独特角度看待教育教学行为以及教师在课堂上的实际教学实践。

三、传统基石与教师效应：多重身份角色与专业能力令督导更具实践影响力

法国对教师个人督导作为评估的基石已成为一种传统的“教师效应”的法国督导模式。法国传统认知中优秀的教师，无论是学

---

① 高级规划委员会（CSP）为计划设定框架（对知识的选择性，要开发的技能，评估的性质和内容）并对其进行验证；法国评估、预测与成效局（DEPP），内部设计测量工具和指标，并分析统计数据；国家教育科学委员会提供与学校学习相关的研究成果，指导教育政策的主线，甚至通过教科书的比较研究验证其应用。

科研究专家，还是传授知识的学科教学专家，都可以教出优秀的学生，教师被认为是教育系统质量的首要保证。因而，法国督导将主要任务集中在课堂教学实践观察中，以提高每位教师的教育教学能力，以此作为完善教育制度的首要条件和杠杆。督导员的首要作用在于评估和提升质量，这是教育系统的基石，同时还包含团队管理、工作环境、社会环境，其中尤其是家校关系，教学质量是学区成功的重要因素之一。当前法国致力于拓展教师个人督导目标，将教师的职业生涯纳入目标体系中，以实施教学评估。教师职业生涯管理问题也使法国与许多其他欧洲国家区别开来。实际上，法国对教师个人督导具有人力资源管理和教师职业管理两部分。督导将教学质量的总体诊断作为学校绩效的基本要素，教师个体素养由学区长评估。

此外，督导制度涵盖范围广，涉及整个培训期间的各种技能，从幼儿园到高等教育，远远超出义务教育的范围。确保全国范围的行动，使其能够保证公共服务在所有地区，为所有学生提供同等质量与内容要求的教育，而不需遵守市场或竞争的逻辑。国民教育督导局(IGEN)也能担任高等教育和研究领域的督导工作，进行组织和指导、检验效率、审计财务和会计管理，管理教学、研究活动，但不干涉教学或研究的核心领域。与此同时，法国督导制度能确保根据国际国内多个观察点提供比较分析。同时分享学科和教学专业知识，依赖学区接力网络的可能性。时至今日，在欧洲众多国家思考如何评估其教育系统时，法国通过原创模式占据一席之地，在教育公共政策结合了众多团队帮助，且以教育部长作为咨询顾问甚为难得，区分欧洲其他国家督导模式具有鲜明的独特性。

第三节　分离到整合：法国国家督导在管理高等教育研究中的新趋势与新路径

法国对两督导局协力合作的愿望引起了更多来自高等教育利益攸关方的质疑，特别是来自法国大学校长联盟会的质疑，因国民教育督导局(IGEN)主要特点在于学科督导，合作整合后的主要聚焦点在于反对对高等教育进行集中学科督导(inspection disciplinaire)，因此，督导局在改革中逐步探索新的协作发展路径。

一、功能区分：国民教育督导局与国家教育管理督导局

国民教育督导局是设置在国民教育部直接管理之下的机构，据 2013 年前国家教育督导局与国家教育管理督导局的机构设置如下图 2-1 所示，日常主要工作需遵循规定的工作大纲。

规范工作的这份工作大纲由国民教育部长、高等教育和研究部长、国民教育行政管理与科研总督导等共同制定颁布。至 2008 年，国家教育管理督导局开始承担对高等教育机构的审计与辅导工作，以往工作基本受到教育部长的资助，如今越来越多的大学校长自愿出资，由国家教育管理督导局负责为大学出具量身定制的专业诊断报告。由此，国家教育管理督导局的审计与支援工作也逐渐成为了常规任务。近两年，国家教育管理督导局在高等教育与科研领域的工作着眼于本国教育与科研竞争力，着力针对招生、大学运行等进行分析并给出反馈建议，同时注重法国高等教育国际化，提升高等教育与科研的世界影响力。两督导局在功能、构成、工作范围及常规任务等以往工作存在差异，如表 2-1 所示。

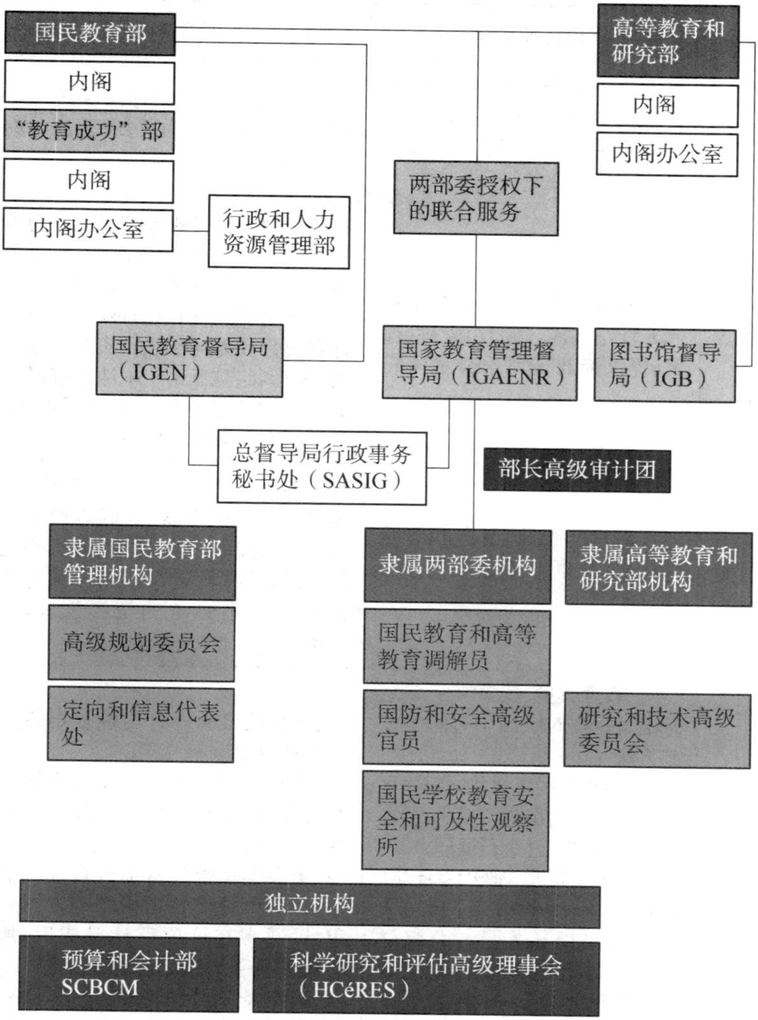

图 2－1　法国教育督导制度管理结构图

资料来源：Ministère de l’Éducation nationales，SG-SAAM A1，juin 2013.

表 2-1　法国国民教育督导局与国家教育管理督导局的职能比较

	国民教育督导局(IGEN)	国家教育管理督导局(IGAENR)
职能	侧重特定监管情况,影响教师教学督查;评议非正式任职的实习高中教师。完成支持中央行政部门任务	只在研究和高等教育领域进行干预;督查监管机构的行政职能与财务会计管理
构成	国民教育督导局由 14 个学科和专业组构成,主要由管理、研究、提供资讯、建议和评估构成	行政管理与科研督导按地区划分为 6 个区域组。每组涵盖 3—5 个学区。每位行政管理与科研督导由一名总督导(inspecteur général)辅助,这名总督导为区域组负责人。主要负责协调组内工作,并且追踪相应地区临时任务执行。在区域组内,各学区有对应学区联络员
特有工作范围	教育机构的行政、财务和会计工作,以及审计和公共政策监测等工作	高等教育与科研,评估公共政策,为技术改革做准备;为高等教育机构预算、组织或管理困难的机构提供帮助,或在特定领域出具量身定制的诊断报告,人力资源管理,以及审计与辅导工作等
常规任务	-评估教育类型、教学内容、课程标准、教学方法、教学过程及实施方法 -总督导和学区督学共同对学区的教育教学情况进行反思,并对教育未来的变迁进行展望 -总督学还需管理学区督学、管理人员、教学人员、教育人员和定向指导人员。总督学负责招聘上述人员并评估其工作情况 -总督学通过对教学实践的观察和评估,反思教育部制定的课程标准。在教育部长批准的情况下,总督导办有审计任	-大学财政诊断审计与恢复财政收支平衡计划 -对学校状况进行审计,包括强项和弱项,以及在学校高等教育领域的相对位置 -对于大学是否具备提升责任与竞争力,获得更多自主权的能力进行审计,通常在这项审计完成后,所有大学几乎均可完成升级 -对遇到经济困难或希望获得某一主题诊断报告的学校进行为期数月至一年的帮助 -筹备支援高等教育机构合并[18]

（续表）

	国民教育督导局(IGEN)	国家教育管理督导局(IGAENR)
	务或和地区团体一起合作。总督导办负责专家评定、评估、传递教学智慧及提供海外教育资讯等。这些工作涵盖教育部长的要求，同时可能涵盖来自海外法国教育机构或国际组织的要求	

在研究领域，国家教育管理督导局与其他的教育督导部门共同对法国在欧洲研究与创新的进程中的参与度进行评估，同时也关注医学院-大学的盈利模式，另外也对一些研究机构进行审计。在高等教育与研究领域的结构组织方面，国家教育管理督导局围绕地区高等教育机构的合作条件开展工作，具体包含中小规模大学在高等教育和研究领域的地位，地区协调措施的简化，这些协调措施与卓越计划间的衔接，当前地区高等教育组织结构对大学文献政策的影响以及大学共同体扩大责任与提升竞争力的过渡条件等。

二、协同联动与功能链接：改革重组法国总督导在分散系统中的角色

教育督导体制变革的内涵聚焦督导机构的规范，核心是教育机构职责权限制度的改革。时下我国的教育督导机构设置并未完全独立，机构的附属性严重影响督导工作的开展。

针对我国督导制度问题，再审视法国督导制度经验发现，法国明确划定各内部机构（国民教育科学委员会，高级规划委员会等）的干预范围及其与总督导办的联系，在内容、计划、期望和学习方法等领域进行含义与功能界定，并进行角色分工，以避免机构各自

为政，起到总督导办与各机构有效协同联动发展的作用。

当地方行动自主性加强，与中央政府拥有的“结构控制”功能相协调时，国民教育督导局和地方督导员间的功能链接须允许设立一个真正的教育体系，从而有助于推动地区变革。根据法国1989年教育定向法令，国民教育督导局要求“与学区机构联络，协调联动所有具有教学能力的督导机构共同行动”。在学区长的专属权力影响下，学区实施教育政策发挥了显著战略作用。这种行动并未削弱地方视察员和总督导机构间的联系，而是改变了行动的性质，促使联动效应更具智力，意在分享专业知识而非政策性开处方，调整了已有工作角色及范围，同时在专业知识和国家责任上，设定了总督导的工作范围，内容如表2-2所示。

表2-2　法国国家总督导功能

国家总督导功能	工作角色及范围
学科专业知识共享	地方督导共享专业知识，将领域内课堂实践知识以及教学与学习想法等对所有地方开放、共享并传播
规则	在教学理念上产生的学科分歧，总督导在全国范围内规范此类分歧，确保全国范围内教育教学一致性，避免各地区教学质量差异与差距。
推动力	促进国家政策总体目标在学科教学领域内的转化，并进行学科评估
评估学校教育政策的实施	加强学校教学团队自主权，需加强地区督导员的评估任务

关于评估任务，所有督导机构（国家总督导和地区督导员）工作的协调与明确必不可少，从而有益于学科及课程评估。改革后，国家总督导与地方督导机构间的联系不再成为带有等级制度性质的职业，而被重新界定为一种侧重教学领域的“功能性”链接。同时，国家总督导可推进督导机构联合评价学科教学，更接近课堂中

教师实际活动场域，汇总建议，有利于将学区长及其以外的总督导员在学区角色的正式化。

三、公开原则与"售后服务"：过渡整合督导功能与衔接性改进督导制度

法国督导角色兼具"督"与"导"双向职能，因而，部长、内阁及中央行政当局是国家总督导报告的主要且第一接收者。同时总督导主要旨在促进基础教育、高等教育及研究的公开言论自由，且报告体例通常涵盖三个层次的阅读指向，即决策者、不同行为主体代表与教育领域的专业受众，以及普通公众读者等。这意味着建立总督导报告的公布原则，包含总督导，公共政策评估报告或设备附有说明，并确保辐射条件和总督导的独立性。根据报告的目标受众，必要性调整表格和图表，使其尽可能清晰，保证效率。同时，总督导员还须尽可能确保其报告的"售后服务性"(如干预性专业协会会议、参加座谈会以及专业期刊文章说明等形式)，加强与社区教育研究人员的联系，以及更广泛地与对基础与中等教育，高等教育和研究的运作方式等感兴趣的研究人员的联系。

随着国民教育督导局与国家教育管理督导局两个机构数年的逐步实验性尝试，以新形式如大量培训期或沉浸在服务或学区界等方式，法国持续加强督导培训，建立了教育系统的督导制度，探索新的改革路径，覆盖现有两个督导部门的所有领域。法国逐步加强两督导部门的合作，建立统一的督导部门方案，以加强 bac－3/bac＋3 两个阶段，即中等教育与高等教育间督导的衔接，并继续保持国民教育督导局在学科上的优势及国家教育管理督导局在活动方面的可见度，任命一名管理者维持两机构的日常运转。这个新的组织改革将给予总督导所需的可用性(响应部长指令)，灵

活性(根据任务书要求,可塑性更强),更卓越的专业引导涉及培训时间及反思经验在机构内共享(对要进行的新评估、机构、教学、学科、地方、教师培训,为学区和地区提供支持和建议)。对于新成立的督导部门,向所有新的总督导员提供初步培训。考虑到以往专业培训的个性化,并有助于建立新技能,内部研讨会同时允许教育、运营商以及其他督导部的介入,并在学区或高等教育机构等保持短期的实践沉浸期。

国家教育管理督导局的地区小组以及国民教育督导局的学校教育和高等教育小组仍然继续存在,负责评估学科或专业的专门小组也会继续保留。两督导局在每个学区的特派员组成单独的网络,由两督导局协同领导,同时鼓励两督导机构外部和临时流动,其中两机构共同任务如表 2-3 所示。

表 2-3 IGEN 与 IGAENR 的共同任务

特派员网络共同任务	学区宪章和职业道德
	年度活动报告
	初步培训(新的总督导员)和继续教育(所有督导人员)
	每月研讨会的一部分,系统地向其他总督导办的成员开放
	评估和指导工具

四、评估标准与实践知识结合:配合制度演变,探索学校教育评估新领域

在逐步过渡整合总督导模式过程中,法国试图主要开发四个新的评估领域。首先,学校评估和自我评估,主要由地方督导机构负责,统一评估方法及衡量标准,确保评估质量标准一致,并协同学区开展后续评估工作。其次,学科评估。作为国民教育督导局

(IGEN)的专业领域侧重，主要负责监督学科规划的实施、教育资源的使用、考试成绩的监测、教职工及工作人员培训、督导员建议等。国民教育督导局(IGEN)虽已部分完成学科评估工作，但改革后需进一步加强革新评估方法，以便学科团队可依此进行有针对性地比较分析，共享经验，提供方法工具，建立共同的文化标准。再次，课程评估，涉及对学生学业表现等绩效测量的横向维度总督导。既包含针对教育政策的实际实施情况及影响，革新教育政策的必要性分析，又须针对学生实际学业成绩考量，切实进行课堂观察，并确定评估考察教学实践指标。因而，督导员也同时是教学实践方面的专家。最后，对教师培训效果的评估。常规督导内容包含终身教职教师互访，建立调查结果优先事项，针对错过教师培训，返回教师培训中心(ESPE)的结果进行督查评估。

此外，主要新的评估领域还包含学区的后续行动以及对教育政策在地方(市镇，省，大区)的评估。通过合同化与常态化，这一措施将允许督学发挥国家监管机构的作用，同时也为各个学区带来对教育实践更客观的看法，从而保障公共服务的连贯性及效率。同类型的评估也可以合同形式在地方建立实施，并与国民教育部保持更加紧密的伙伴关系，在此基础之上重新思考新的地区组织形式，特别是围绕职业道路与学习。为了实现“管理、研究、信息、建议和评估的永久使命”的合法性，总督导办还须确认基本准则即将督导分析与“地区文化与实践知识”紧密联系，避免脱离地方实践，通过严谨方法来识别和分析教育现场，预测潜在演变的主要特点，并发挥督导的职能作用。

结语

总之，纵观法国教育督导制度发展历程，从总督学、大学区督学和省督学三级教育管理体系的逐步确立，建立国民教育督导局与国家教育管理督导局；从而形成法国早期的学科督导与行政督导功能的分离，再到两大国家督导机构的协同联动与功能性链接，制定总督导评估与监察原则，划分工作角色，顺应督导制度演变，探索学校教育评估路径，将评估标准与实践知识结合等。法国教育督导制度逐步在体制机制革新与顺应实践教育教学需要的发展历程中，逐步探索出一条区分欧洲他国督导制度模式的独特性道路。从督导某一学科的教育教学质量，到对教育制度整体运行的宏观监控，再到扮演地方教育行政长官合作者与直接技术顾问的多重角色，构建了一种由国家督导和地区督导共同协同管理教育、具有双重督导的独特性模式。所选拔的教育督导既是教育教学专家，又是行政管理专家，促使法国的教育督导在教育事业发展中具有较高的权威性，有力保障了教育质量与教育发展的可持续性。

（本章内容已发表在2021年第7期《全球教育展望》第77—90页）

第三章

德国基础教育质量的监测和督导

联邦德国共有16个州，每个州负责自己的文化和教育事业，都有自己的教育部长，也都有自己的学校体制、教育的政治目标以及管理传统。不过，德国也存在各州教育文化部长联席会议(Kultusministerkonferenz [KMK])来负责协调各州的教育事务以及所共同面临的教育问题。

传统上，基础教育的质量保障主要是由各州自己来实施。几乎所有州都对学校进行外部的质量评估和督导。有些州评估的权力在学校监管当局，有些州则由学校发展研究所(Landesinstitute für Schulentwicklung)负责，或合作实施。最近几年，所有州都制定了质量保障框架和教育质量标准，进行整体学校层面和单个学校层面的质量监测，实施跨州比较测试，扩展外部评价，推动州统一考试。2000年，德国在国际学生评估项目(PISA)测试中表现不佳，落后于参与测试国家的平均水平。各州教育文化部长联席会议决定制定和实施国家教育标准，并在2004年建立德国国家教育质量研究所(Institut zur Qualitätsentwicklung im Bildungswesen，简称IQB)，来监测国家教育标准的落实情况；2010年，还建立了国际大规模测试比较研究中心(Zentrum für Internationale Bildungsvergleichsstudien-ZIB)等机构来负责

PISA 测试等。本章将重点探讨德国国家教育标准的监测情况。

2000 年德国参与 PISA 考试的结果，被认为是第二次教育灾难。但相对于 50 年前那次教育灾难而言，[①]这次教育灾难之后，德国基础教育发生了革命性的变革：引入国家层面的以能力为取向的国家教育标准，成立国家教育质量发展研究所对国家教育标准的落实进行外在评价和监控，每两年发布评价报告《各州比较》。以此为标志，德国教育出现了种类繁多的教育评价浪潮。位于法兰克福大学的德国国际教育研究所（Deutsches Institut für Internationale Pädagogische Forschung，简称 DIPF）牵头每两年发表《国家教育报告》，从国家层面来对教育进行监控。此外，德国还存在着许多研究学业成就和学科评价等方面的机构。但 IQB 所主持实施的国家教育评价最为重要，值得我们去重视和研究。这种评价给德国教育带来了重要的变化，也取得了积极的成绩如 PISA 成绩的改善，改善了德国教育质量，提高了德国各州之间的教育质量的可比性及均衡性，但也引来了一些质疑和争议。

第一节　德国国家教育评价标准与政策的发展

一、德国传统教育评价的危机

传统上，德国教育质量控制的任务主要在联邦各州，其质量保证基本上是一种投入标准，又称内容标准。这主要表现在详细地规定了教学的目标和内容的教学计划（Lehrpläne，类似我国的课

---

① 李其龙，孙祖复. 联邦德国教育改革 · 教育学文集[M]. 北京：人民教育出版社，1991：341—371.

程大纲)之中。

这种教学计划体现了德国教育传统的一个根深蒂固的信念,即对学习的评价不应该是课程的一部分,教学过程是难以评价的。德国联邦各州认为,教学计划中的内容规定、教师教育的国家标准的界定以及教师资格的认证,足以保证学校教育的质量,因此无需包括或强调产出标准,或能力标准。实际上,在这种投入标准之下,德国的学校教育质量在国际上一直有着良好的声誉,为德国经济发展和社会进步也提供了良好的智力支持和精神支持。

但是,对于教育质量控制来说,这种教学计划很少对学校实践产生直接影响,教师也很难加以落实。因为这种传统式的教学计划太过复杂,语言表述太过抽象,教师难以直接使用它们,需要经过教师和教师群体的解释和课本的过滤。因此,传统的教学计划对教学和学习的影响是非直接的。这种投入式的质量控制不易操作,也不易监控。此时,国家对教育体制的控制一般都是政治性的和规范性的。

但从 20 世纪 50 年代和 60 年代开始,纯粹规范的教育政策已经完全不可能了。人们越来越从经济和人力资源开发和发展的角度来理解教育。在这种情况下,规范的教育决策带有一定的成本风险,因而需要理性的和客观的分析。

德国教育系统中关于评价的争论,即从提高质量的角度对组织结构、教学过程和绩效标准所作的系统评价,直到 20 世纪 80 年代才在德国出现,比其他欧洲国家都来得迟。尽管确切的评价概念还没有形成,但这并不意味着管理机制的缺位。学校和高等教育的国家监管机构,联邦战略办公室和州统计局、联邦或地方行政下属以及受联邦政府和州资助的研究机构,都进行过一些教育质量保证和评价的活动。例如,1975 年,德国教育审议会提出了一份有关德国教育体制发展的报告。1976 年,联邦教育研究部出版了一份内部的教育政策评价报告。1978年，德国议会也提出了一份有关教育体制的结构问题的报告。但是，这些报告都是一次性的，并没有制度化。

与其他工业国家相比，德国在20世纪90年代以前，并没有系统考察过学校教育过程的结果。相反，其主要改革焦点都在修订和开发更为详细的教学计划，从而为有效教学提供指南。20世纪90年代后半期，公众开始关注德国学校教育的学生学业成绩究竟怎么样，基础教育的评价才逐渐开始强调产出导向。1995年，德国第一次参加了TIMSS研究，第一次以经验证据的方式，显示了德国教育在部分领域的落后。这进一步促进了公众对学校教育的学生学业成绩的关注和争论，并逐渐使德国传统的投入取向的教育及其内部评价政策陷入危机之中。

二、德国教育评价政策的根本转变

德国各州教育部长联席会议对TIMSS的结果作出了回应，于1997年10月24日达成了《康斯坦茨决议》（Konstanzer Beschluss，下称《协议》）。《协议》强调四点：(1)鼓励各州开发和探索评价工具；(2)参与国际和国内的学业成绩比较研究；(3)把质量保证视为KMK的一个工作重点；(4)各州之间的竞争是质量发展的根本前提。[①]《协议》接纳了州一级的学校系统以不同形式引进的质量保证流程，并提出所有州要共同努力以实现这一目标。这也包括比较整个德国各校之间的表现。为此，KMK强调，相关

① KMK. Grundsätzliche Überlegungen zu Leistungsvergleichen innerhalb der Bundesrepublik Deutschland-Konstanzer Beschluss. http://www.kmk.org/fileadmin/veroeffentlichungen_beschluesse/1997/1997_10_24-Konstanzer-Beschluss.pdf，2020-04-12.

调查需要考虑以下几点：不同类型学校的课程和组织形式的具体框架条件和差异；母语、外语、数学、技术和自然科学的能力水平；个人技能、人际交往技能的发展（所谓的关键能力）。

《康斯坦茨协议》体现了德国学校教育政策的根本性转变，即从投入取向的教育及其相应的内部评价的政策，转向产出取向的教育及其相应的外部评价的政策。尽管从那时开始，在州的层面上评估工具也开始得以发展，但这只是一种取决于评价对象的狭隘意义上的发展。但对这个转变的真正落实，似乎还在等待一个事件的推动。

真正推动这个《协议》落实的，是德国参与经济合作与发展组织 2000 年的国际学生评估项目（PISA）的结果。2000 年第一次 PISA 测试的结果显示，德国学生在三个方面即阅读能力、数学能力和科学能力均低于 OECD 的平均水平（详见表 3－1）。德国教育研究部的官方评价把德国 PISA 结果称为“PISA 震动”（PISA-Schock）。“PISA 震动”对一向以高教育质量而自豪的德国教育界、企业界和政治界不啻是一枚重磅炸弹，对其朝野震动不亚于苏联卫星上天所引发的危机。有学者认为，PISA 结果对德国的影响甚至要比《国家处于危险之中：教育改革势在必行》研究报告[①]对美国的影响还要深远，比法国大革命对德国的影响更加激烈。有些政策制定者认为，德国学生的低成绩可能是由于 PISA 考试的方法造成的，并去探讨设计与德国教学计划更加一致的考试形式，并认为这会导致德国学生较高的成绩。但是结果并不支持这种假设。

① 1983 年，全美高质量教育委员会发表《国家处于危险之中：教育改革势在必行》的研究报告，列举美国教育存在的问题，对美国基础教育改革提出建议，开启了 20 世纪 80 年代以来的教育改革。

表 3－1 PISA2000 平均分数的国家排名

阅读素养国家	平均分	数学素养国家	平均分	科学素养国家	平均分
芬兰	546	日本	557	韩国	552
加拿大	534	韩国	547	日本	550
新西兰	529	新西兰	537	芬兰	538
澳大利亚	528	芬兰	536	英国	532
爱尔兰	527	澳大利亚	533	加拿大	529
韩国	525	加拿大	533	新西兰	528
英国	523	瑞士	529	澳大利亚	528
日本	522	英国	529	奥地利	519
瑞典	516	比利时	520	爱尔兰	513
奥地利	507	法国	517	瑞典	512
比利时	507	奥地利	515	捷克	511
冰岛	507	丹麦	514	法国	500
挪威	505	冰岛	514	挪威	500
法国	505	列支敦士登	514	OECD 平均分	500
美国	504	瑞典	510	美国	499
欧盟平均分	500	爱尔兰	503	匈牙利	496
丹麦	497	欧盟平均分	500	冰岛	496
瑞士	494	挪威	499	比利时	496
西班牙	493	捷克	498	瑞士	496
捷克	492	美国	493	西班牙	496
意大利	487	德国	490	德国	491
德国	484	匈牙利	488	波兰	487
列支敦士登	483	俄罗斯	478	丹麦	483

（续表）

阅读素养国家	平均分	数学素养国家	平均分	科学素养国家	平均分
匈牙利	480	西班牙	476	意大利	478
波兰	479	波兰	470	列支敦士登	476
希腊	474	拉脱维亚	463	希腊	461
葡萄牙	470	意大利	457	俄罗斯	460
俄罗斯	462	葡萄牙	454	拉脱维亚	460
拉脱维亚	458	希腊	447	葡萄牙	459
卢森堡	441	卢森堡	446	卢森堡	443
墨西哥	422	墨西哥	387	墨西哥	422
巴西	396	巴西	334	巴西	375

（资料来源：OECD. MESSAGES FROM PISA 2000. http://www.oecd.org/education/school/programmeforinternationalstudentassessmentpisa/34107978.pdf，2020－04－12）

“PISA 震动”之后，德国社会各界在教育改革的迫切性上迅速达成一致，左派和右派在教育改革的问题上不再争论不休，达成了空前的一致。2001 年 12 月，OECD 的 PISA2000 的结果公布后，各州教育部长联席会议迅速决定在以下 7 个领域采取相应的行动举措，从而奠定了未来教育改革的基本框架：(1)提高儿童学前教育时期的语言能力；(2)加强学前教育和小学的联系，确保儿童及时进入学校学习；(3)改善小学教育，持续提高学生的阅读素养及其对数学和科学概念的基本理解；(4)有效支持教育上处境不利的儿童，特别是那些带有移民背景的儿童和青少年；(5)在结合教育标准和以结果导向的评价政策的基础上，充分提高和确保学校教育教学质量；(6)提高教师教学的专业水平，尤其是有关诊断和运用教学方法的能力，这些能力是学校系统性发展的要素；(7)增加全日制学校，提高教育和支持的机会，尤其为那些教育不足的学生和天才学生提供教育和支持的机会。

在对“PISA 震动”的反思中，德国一些学者通过研究发现，那些北欧国家和英语国家的高学业成就产生于系统的监控，或是通过频繁的学校成就研究，或是通过国家统一考试，或是通过严密的学校评价。“从国际来看，教育标准已经成为发展和保证学校教育质量的总体性措施和战略一个核心工具。……因此，对于教育的未来发展来说，重要的是学习其他国家的榜样，并给予……学校更多的发展空间；但另一方面，必须通过教育标准来强化控制。教育标准能够使学校教育实践和教学的内容控制变得透明、有约束力和可被检验，而且，这条道路能够对教育质量的保证和发展做出根本的贡献。”①PISA 结果清楚地表明，仅仅是目前占主导的内容性的投入控制还不能达到所期望的教育质量，因此，必须对所期望的成就加以确定和检验。于是，德国社会各界对教育改革迅即达成了前所未有的共识：制定国家教育标准，加强联邦层面的、能力取向的教育质量控制。

KMK 强调，只有建立产出性的、以能力为导向的国家教育标准来调控和评价德国教育质量，才能提高对有学习困难学生的支持，加强以课堂为基础的质量发展和质量保障，及时确定“较弱的阅读者”，修正教育系统的结构，特别是毕业证书和获得这些证书的途径，加强使用学习时间和学习机会以及改善学校人员和组织结构，也就是说要支持每个学生的有效的课堂学习，改善所有学校的质量，加强不同学校毕业证书的可比性和相互渗透性。2002 年 6 月，德国教育研究部下决心开始推行国家教育标准（Bildungsstandards）研究与开发。

---

① Avenarius, H. et al.: Bildungsbericht für Deutschland. Erste Befunde, Opladen 2003, S. 108f.

2003年，来自不同研究领域的11位专家，在来自法兰克福国际教育研究所的组长柯里默（Eckhard Klieme）的协调下，向联邦教育部提交了委托研究项目：《国家教育标准：专家鉴定》（下称《鉴定》），列述了国家教育标准应该拥有的特征及其实施的条件和意义。德国联邦教育部长布尔曼（Edelgard Bulmahn）女士在《鉴定》提交报告会上指出："我们必须从投入控制转向产出控制。"①于是，德国一改传统上以知识为取向的投入控制（Wissensorientierte Inputsteuerung），明确提出将通过确立国家教育标准（nationale Bildungsstandards），来对教育质量进行能力取向的产出控制（kompetenzorientierte Outputsteuerung）。这里的投入控制是指通过规定学生在学校应该获得什么样的知识的教育方针和教学大纲来对教育质量进行控制；产出控制是指通过评价学生应该在学校获得哪些能力的教育标准和评价来对教育质量进行控制。

于是，KMK将其工作重点放在发展和引入国家层面的教育标准之上，陆续制定了若干不同年级阶段的不同学科的国家教育标准。这也是德国教育史上第一次有了共同协定的标准、共同的调节标准。这些标准从2005/2006学年开始在所有联邦州实施，并对每个州有约束力。

2004年10月，KMK决定采纳小学（四年级）德语和数学以及初中德语、数学和第一外语（英语/法语）的教育标准；2004年11月，KMK决定采纳高中生物、化学和物理的教育标准。2007年10月，KMK决定为高中毕业会考开发统一的考试标准，首先在德语、数学和第一外语等三门学科中实行，然后在大学入学考试的自

① Zur Entwicklung nationaler Bildungsstandards Expertise, Bonn, Berlin 2007. S. 177.

然科学(生物、化学、物理)学科中实行。根据各州教育部长联席会议的官方网站,至目前为止制定了四组国家教育标准:第一组是高校入学资格的教育标准,包括德语教育标准、数学教育标准和进阶外语教育标准;第二组是中级毕业证书(即实科中学 10 年级的毕业标准)的教育标准:德语教育标准、数学教育标准、第一外语(英语/法语)教育标准、生物教育标准、化学教育标准和物理教育标准;第三组是职业预校毕业证书(即 9 年级)的教育标准:德语教育标准、数学教育标准和第一外语(英语/法语)教育标准;第四组是小学教育标准(即 4 年级)教育标准:德语教育标准和数学教育标准。①

与这些教育标准的发布相应的就是检测和评价这些标准在各州的落实情况。KMK 还强调,德国学业成就评价的随机样本要高于通常的国际学生评价的 6000 样本,必须在万计以上,以获取各联邦州的学生成就水平的可靠信息。

三、德国外部评价的教育政策的完善

2006 年 6 月,KMK 进一步制定了《教育监控的综合战略》(Gesamtstrategie zum Bildungsmonitoring,简称《综合战略》),标志着德国教育评价政策的相对完善。《综合战略》指出,如果德国传统的教育争论主要指向教育内容及其相应的结构问题,那么在 PISA 结果和国际发展的最新时代,更应该关注的是学习的过程和结果。为了应对这一新趋势和新需要,德国应该采取多种必要的措施来改善教育体制,这就要求从个体学校到总体的教育体制等

---

① KMK. dokumentation-statistik. https://www.kmk.org/dokumentation-statistik/beschluesse-und-veroeffentlichungen/bildung-schule/allgemeine-bildung.html#c2630, 2020-04-12.

所有层面系统落实教育质量发展和标准保证，并把它们相互联系起来。特别是必须确保尽可能了解教育质量的信息。《综合战略》提出了四个相互联系的监控战略或教育评价战略：(1)进行国内、国际学业成绩比较；(2)从对各州进行比较的角度在国家层面监控教育标准的落实；(3)联系教育标准来比较州范围内或跨州范围内的所有学校的成就水平；(4)发布联邦和州的共同协作的综合性教育报告。①

《综合战略》的目的不是对整个教育系统的继续发展提出一个总体性的方案，而是指向 KMK 的核心的行动领域和共同的工作领域：(1)尽早促进德国有移民背景和社会处境不利学生的发展；(2)提供从继续教育的概念和材料到以能力或标准为基础的教学开发；(3)为所有学科的试题提供理论和材料；(4)提高教师对学生的异质性的诊断能力和个体性的促进能力。

《综合战略》出台以后，德国逐渐形成了一个教育评价网络。它主要包括以下四个方面：

第一，国内和国际学业成绩比较。德国参与了一系列学生学业成就的国内和国际比较研究，例如 TIMSS、PIRLS 和 PISA，并向公众公布其结果，如 PISA2003、PISA2006 和 PISA2009 的测试结果。这些结果显示德国教育系统继续在积极发展。德国在 2001 年也参加了面向 4 年级学生的 PIRLS 测试；其结果公布于 2003 年 4 月。2007 年 11 月公布了 PIRLS/IGLU2006 的测试结果。2007 年，KMK 和联邦教育与研究部一起合作参与了 2007 年的 TIMSS，各州之间比较了 TIMSS2007 和 PIRLS2006 的测试结果，二者都是在 2008 年 12 月公布，都表明联邦州对教学实践的发

① KMK. Gesamtstrategie der Kultusministerkonferenz zum Bildungsmonitoring. https://www.kmk.org/fileadmin/Dateien/pdf/PresseUndAktuelles/Beschluesse_Veroeffentlichungen/Bildungsmonitoring_Broschuere_Endf.pdf, 2020 - 04 - 13.

展与学生个体发展相适应作出了努力。2011 年,德国再次参与了 TIMSS 和 PIRLS 测试。

第二,州内和跨州之间的测试。多年来,联邦州除了指导国内和国际测试的学业成就比较,还指导了特定联邦州和跨州之间的比较研究。例如,包括测量不同年龄群组的语言熟练度、检验学习水平或对不同年级进行比较研究或特定联邦州的表现比较。国际研究和联邦州之间的比较是基于具有代表性的样本,与此相反,特定州和跨州之间的比较研究是为了调查一个州所有学校和班级的表现水平,并且涉及不同的年级。自从 2009 年以来,这些跨州的比较研究在 3 年级和 8 年级中开展,是根据 KMK 制定的教育标准或与其相关而开展的比较研究。每年对学习水平的考核是为有针对性地提高学生的水平而定期提供重要的信息。

第三,联邦政府和州提供的联合教育报告。按照《综合策略》,联邦和州要联合发布《德国国家教育报告》,以提供从早期教育到普通中小学教育、职业培训和高等教育机构,再到继续教育包括非正规学习的教育状况。该教育报告每两年出版一次,是基于一些已得到证实的数据、框架条件、测试结果和人在一生中接受教育所得的收益而得出来的。联邦政府和州所做的第一份联合报告《德国国家教育报告》主要关注教育和移民问题,这份报告由一个联邦政府和州统计局参与下的独立的科学联盟制定,于 2006 年 6 月发表。第二份国家教育报告是由相同的作者团队编辑的,于 2008 年 6 月出版,主要关注由学校向职业教育和培训、高等教育和劳动力市场的过渡。第三份国家教育报告分析了在人口结构发生变化之时的教育系统的远景,发表于 2010 年 6 月。在上海外国语大学姜锋先生的推动下,上海外语出版社 2017 年还翻译出版了 2012 年和 2014 年的《德国国家教育报告》。2016 年的教育报告主题是教育和移民。2018 年的教育报告是教育的效果和收益。2020 年的教育报告主题是数字时代的教育。

第四,通过教育标准的开发和评价来保证质量。德国基础教育评价政策的最大变化,就是通过国家教育标准的开发及其评价来确保学校教育质量。德国不仅出台了一系列的《国家教育标准》,同时设置特定的机构德国国家教育质量研究所来评价和监控教育标准的落实情况。这是德国教育评价中富有特色的方面,也是本研究的核心关注。

KMK 的综合的教育评价网络的形成还体现在机构上,如德国国际教育研究所 IQB 以及莱布尼兹自然科学和数学的教育研究所(Leibniz-Institut fur die Padagogik der Naturwissenschaften und Mathematik-IPN)。2010 年 10 月,KMK 和联邦教育和研究联邦部委建立了国际大规模测试比较研究中心(ZIB),该中心位于慕尼黑。联邦政府和州政府已经就 ZIB 与柏林洪堡大学的 IQB 的合作达成一致意见,并在 IQB 内也建立了一个协调办公室。

在《综合战略》的影响下,近年来,所有的州都主动行动起来改进教育评价措施,不但确保学校系统的教育质量,而且要确保每个学校的教学质量;这已经超出了学校监督系统和项目监督手段通常所具有的范围。这些评价措施包括:遍及各州各校的核心课程的比较性测试、学校质量管理的发展以及统一化的毕业考试(初中和高中教育),等等。《综合策略》的影响还体现在加强每个学校的自治、学校特色的发展和校际间的合作,并且包括加强学校监督系统的指导功能。

德国希望通过这些教育评价政策,来推动德国教育质量重回世界顶峰水平。

第二节 作为国家教育评价基础的国家教育标准

一、国家教育标准的界定

《国家教育标准：专家鉴定》指出，国家教育标准应该是对学校教学和学习具有约束力的要求，是保证和提高学校工作质量的核心连接点。它应该用精确的、可以理解的和聚焦性的术语来把教育工作的根本目标表述为对学生的学习所要求的结果。《鉴定》提出了好的标准应该具备的7个特征。(1)专业性：涉及特定学习领域，用清晰的语言提出该学科的基本原则。(2)核心性：不覆盖一个领域的所有范围及其分支，而专注于其核心部分。(3)累积性：对学生在特定阶段所应达到的能力加以描述，以促进累积性的、系统的和网络化的学习。(4)全体性：指向所有在校学生。(5)分化性：不仅仅设置标杆，同时还区分达到最低标准的之上和之下、之前和之后的能力水平，以使学习过程具有可行性。(6)可理解性：用清晰的、简明的和可理解的术语表述。(7)可行性：是对教师和学生的挑战，但同时通过适当的努力可以达到。①

按照这种要求，国家教育标准的制定强调了以下几个方面：(1)体现所关注学科或学习领域的基本原则；(2)描述学生在特定时间点应该达到的能力；(3)目的是指向系统的和网络的学校教育，并遵从累积性的能力获得的原则；(4)描述相关要求领域(Anforderungsbereiche)的期望成就；(5)涉及所关注学科的核心

① Zur Entwicklung nationaler Bildungsstandards Expertise, Bonn, Berlin 2007. S. 24-25.

领域，并给予学校组织自己教育工作的空间；(6)体现中等要求，而非最低要求和最高要求；(7)通过任务例题来直观地说明教育标准。

国家教育标准之所以不是最高标准和最低标准，而是一般标准(平均标准)，不仅是因为最低标准和最高标准都需要花费较长时间来对所提出的任务例题所涉及的能力水平阶段进行难度检测，而且还因为如果是最低水平会导致对大多数人的低要求，而最高水平又会导致对更多人的高要求。

二、国家教育标准的制定

《鉴定》指出，这种以阶段性的能力模式为基础的教育标准，必须由教育学、心理学和学科教学论的专业人士共同制定。它规定了特定学年阶段特定学科或学习领域的能力领域及其亚维度以及每一维度能力水平的差异，规定了学生在这个阶段应该达到的认知过程和行动的特性。

文化部长联席会议把教育标准的制定委托给相应的工作小组。工作小组制定的标准草案会接受广泛的具有专业性的公共讨论(如经济的、科学的、专业教学论的、教师、家长和学生代表所进行的讨论)，讨论的结果和之前的书面意见会在最终公布的方案中得到体现。

三、国家教育标准的结构

国家教育标准一般包括四个部分：前言——特定学科对整个教育的贡献(Ⅰ)；对该学科的核心的能力领域的展示和描述(Ⅱ)；针对不同的能力领域，描述能力领域的单一标准(Ⅲ)，因此，这些标准建立在学科性的能力模式基础之上，这种能力模式从学校实践的经验发展出来；最后，以任务例题来直观表述这些标准，并将其归入到不同的要求领域（Ⅳ）。学科的教育意义即教育目标，被具体化为学科能力领域，学科能力领域又被进一步区分为若干亚能力，亚能力又被进一步区分为若干维度或方面，最后则是任务案例来直观体现这些能力。也就是说，教育标准一般都包括四个部分：(1)学科的教育意义；(2)学科的能力领域；(3)学科能力领域的标准；(4)任务例题。

四、国家教育标准的功能

国家教育标准旨在为教育质量发展提供全国有效的外在评价和内在评价的清晰标准，以满足教育机会平等、人口流动，不同学校教育具有同等价值、学校毕业证书具有可比性以及教育体制具有渗透性的时代要求。教育标准服务于学校发展，帮助确定其工作成就（内在评价），帮助其获得教学工作的标准化的反馈（外在评价）。其次，国家教育标准使得个体化的学习途径、分析已达到的学习状态及规划进一步学习成为可能。最后，标准还表述了对进一步的教育和职业培训具有重要意义的学科的和跨学科的基本素质，使学校教学有所定向，为教师的职业行动提供了一个参照体系。总之，标准可以对所提出的要求加以检验，并能够确定教育系统在何种程度上履行了其职责，也就是说，国家教育标准要为学生对特定学科的成就期望提供清晰的取向，为教师提供分析、规划和检验其特定学科的核心领域的教学，为学校督导和咨询提供工具和基础。

国家教育标准由于多与毕业有关，因此它不仅可以使其之前的教育有所取向，还可以提高毕业证书的可比性，增加毕业证书的公信力，有助于教育公正。

五、国家教育标准在各州的落实

联邦各州有义务落实其所参与协议的国家教育标准。国家教育标准作为全国有效的教育标准，是教学的目的前景（Zielperspektive）；教学计划则是教学的结构性的要素。国家教育标准与教学计划均由各州去落实和检验。这特别涉及教学计划工作、学校发展和教师培训。因此，各州教育研究机构和学校当局等支持结构必须通力协作，以使教育标准在学校教育系统中发挥清晰可见的核心作用。具体而言，各州可以在三个领域上落实国家教育标准。第一，教学计划工作（Lehrplanarbeit）：制定适应国家教育标准的核心学科的教学计划。这样，国家教育标准中的能力描述就会成为教学计划中内容方针的补充。第二，教师教育和教师培训：对教师和学校领导进行相关培训。第三，学校发展和教学发展：与州教育研究所等单位合作，检验标准的落实情况，如进行州统一的比较考试和毕业考试。

六、国家教育标准的案例：《小学(4年级)的德语教育标准》

下面以《小学（4 年级）的德语教育标准》（简称《标准》；德国小学为四年制）为例来说明国家教育标准的结构和内容。[①]

---

① KMK. Bildungsstandards im Fach Deutsch für den Primarbereich. https://www.kmk.org/fileadmin/veroeffentlichungen_beschluesse/2004/2004_10_15-Bildungsstandards-Deutsch-Primar.pdf, 2020 - 04 - 13.

(一) 德语学科对于教育的贡献

《标准》指出,小学教育是继续学习和发展自主地掌握文化的能力的基础。语言是小学教育任务的根本组成部分。语言是意义、传统的承载者,是理解世界和理解自我的钥匙,是人际理解的手段,因而对儿童的认知发展、情感发展和社会发展具有基础性的意义。小学德语教学的任务是传递基本的语言教养,使学生具有应对当前和未来的生活情况的行动能力。因此,每一个体都必须尽可能广泛地掌握德语语言能力,以迈向自我学习。

(二) 德语学科的能力领域

按照《标准》,小学德语学科的能力领域包括言说和倾听、写作、阅读以及探讨语言和语言使用等四个领域,每个领域又包括若干方面(详见表 3 - 2)。

表 3 - 2　小学德语学科的能力领域

<table>
<tr><td>A. 言说和倾听
● 进行谈话
● 理解性倾听
● 引导谈话
● 情境会话
● 谈论学习</td><td>B. 写作
● 拥有写作技术
● 正确书写
● 构思文本
● 写作文本
● 加工文本</td><td>C. 阅读:课文与媒体
● 拥有阅读能力
● 拥有阅读经验
● 理解和阐释文本
● 展示和演示文本</td></tr>
<tr><td colspan="3">掌握与每一个能力领域相关的内容,获得各领域的方法和工作技术</td></tr>
<tr><td colspan="3">D. 探讨语言和语言使用
● 认识基本的语言结构和概念
● 探讨语言的理解性
● 加工词汇、句子和文本
● 发现语言的共同性和差异性</td></tr>
</table>

(资料来源:KMK. Bildungsstandards im Fach Deutsch für den Primarbereich. https://www.kmk.org/fileadmin/veroeffentlichungen_beschluesse/2004/2004_10_15-Bildungsstandards-Deutsch-Primar. pdf, 2020 - 04 - 13.)

(三) 德语学科的能力领域的标准

《标准》把四种能力不断加以区分，从而形成四个能力领域。例如，第一部分把言说和倾听能力分为5个亚能力，每个亚能力又分为若干维度。

1. 进行谈话。包括参与谈话；尊重共同发展的谈话规则，例如，让别人把话讲完，领会他人的讲话贡献，不跑题；与他人共同探讨和澄清谈话中的倾向和冲突。

2. 对他人谈话。包括用标准语言，表达清晰；认识和注意言说方式的效果；进行功能恰当的言说：讲述，通告，论证，呼吁。

3. 理解性倾听。包括倾听性地理解内容；有目的地询问；表达理解和不理解。

4. 情境会话。包括领会意思；进入一种角色，并加以建构；在不同的游戏形式中情境性地展开情境。

5. 谈论学习。包括：复述观察；描述事物；给出理由和解释；展示学习结果，并利用专业概念；谈论学习经验，对其他人的学习过程加以支持。

(四) 任务例题

《标准》第四部分又进一步分为三个小部分：引言和概览；要求领域；有评点的任务例题。这部分主要是任务例题。任务例题是对德语标准的说明和具体化。它们并不覆盖所有领域，其重点在于书面语言。不同难度的例题涉及不同的要求领域(《标准》在这里用要求领域代替了前文的能力领域)。

《标准》提出了三个要求领域并予以编号：第一个要求领域为“复述”(ABI)，要求学生重新给出已知信息，并运用基本的方法和惯例；第二个要求领域为“建立关系”(ABII)，要求学生运用其已经获得的知识和方法，并把它们相互联系起来；第三个要求领域为“反思和评判”（ABIII），要求学生对新的问题提出自己的独立判断和解决思路。例如《标准》中的第3任务例题是一篇关于刺猬的小说明文，问题中“小刺猬长什么样”这个问题涉及ABI，“刺猬的窝用什么材料垒成”这个问题涉及ABI和ABII。任务例题后面还给出了这些问题的评分标准。当然有些例题还会涉及到反思和批判，也就是ABIII。

这里以《标准》中的第3题《刺猬》为例来加以说明。其文本如下：

刺猬约22—27厘米长，14厘米高。背上长满许多几乎相同长度的刺（约3厘米）。腹部和脸部长满毛。在其带刺的盔甲中，布满跳蚤。刺猬有个尖长的鼻子。耳朵宽并且圆，眼睛黑而且小。

刺猬主要食昆虫、蠕虫、蚰蜒、小鸟，偶尔也吃老鼠。

刺猬喜欢独处。多数母刺猬会在五六月份生产3—6只小刺猬，这些小刺猬出生时眼睛闭着，有着柔软和白色的小刺。小刺猬都是在隐蔽良好的地方出生。到秋天，它们就可以独立，可以自己寻找食物。

刺猬是在黄昏和夜间行动。白天则躲在窝里睡大觉。这些窝是用叶子、麦秸和干草垒成。我们可以在浓密的灌木丛中，在蛀空的树干中，在花园的小篱笆中，在堆积的树叶中，找到它们。刺猬会冬眠，它们会躲进可以避寒的干燥的窝里。即使在冬天来临之前，刺猬也会依赖自己的脂肪储备而生活。刺猬从不储存过冬食物。

刺猬的敌人有狐狸、雕鸮、狗和獾。被人污染的如蜗牛和昆虫等食物，也会威胁刺猬的健康和生命。刺猬最大的危险来自行驶着的汽车！因为刺猬在危险面前并不逃走，而是缩成一个刺球，这样它们会经常在公路上被车轧死。

《刺猬》涉及这样一些国家教育标准：理解适合其年龄阶段的文本；运用阅读的方法；寻找所需要的信息；精确阅读；把握文本核心内容，并加以复述；发展自己对文本的思想；对文本的态度。针对文本所提出的问题还被标示出了要求领域。例如，“小刺猬长什么样”这个问题涉及 ABI，“刺猬的窝用什么材料垒成”这个问题涉及 ABI 和 ABII。任务例题后面还给出了这些问题的评分标准。

第三节　国家教育标准的评价的实施过程

一、教育评价的机构及其功能

按照各州教育部长联席会议，2004 年 6 月，德国国家教育质量发展研究所在柏林洪堡大学成立，在财政上受到联邦 16 州的支持。研究所的核心任务是建立任务库或试题库，以评价学生成绩，支持能力建设和结果取向的教学变革，检验国家教育标准的落实情况，并对国家教育标准提供修改建议。也就是说，它的任务是把标准精细化、继续发展，并用任务试题来确定教育质量是否达标。

IQB 把其评价结果写成研究报告，即《各州比较》。其中对于小学阶段 5 年评价一次，对于中学阶段 2 年评价一次，以确定德国学生是否真正达到了教育标准，或在哪些领域存在监控的需要。

IQB 有六个不同的项目小组关注不同学科和年级的国家教育标准，其中五个关注中学教育的国家教育标准，一个关注小学德语和数学国家教育标准。每一个项目团队的核心目标是开发大量基于国家教育标准的测试任务，从而检测学生与国家教育标准相匹配的能力水平。题目的编写主要由来自 16 个联邦州有经验的教师完成的，这些教师都接受了国家测试开发专家的培训。

IQB的成员在一个跨学科的团队中工作，当中有在课程资料和标准成就测试开发方面富有经验的教师，有心理学和心理测量高级水平的研究科学专家，这些专家是作为项目的方法顾问，有研究科学专家指导的正在撰写项目相关论文的博士生，同时还有很多兼职的学生在诸多方面给予协助。每一个项目团队都会和国内外专家进行合作，这些专家来自不同的研究领域，包括对任务编写者的培训、对任务的修正和对研究结论进行概念化。

简而言之，IQB旨在使国家教育标准得到实际运转，其任务包含以下内容：(1)为国家教育标准的运作提供大量任务库；(2)为基于标准测试开发国家的熟练水平等级；(3)开发计算机辅助的测试和报告系统；(4)对理论的能力模型提供有经验基础的修改。

二、能力水平的建立及任务开发

国家教育标准描述特定年龄阶段应该获得的能力。从形式上看，国家教育标准是监控教育系统规范性的结构性的指导原则和方针，需要被转译为经验性的能力水平模式，从而提供关于各州学业成绩水平的信息和长期的成就趋势。这就要求IQB能够建立经验验证的能力水平模型来帮助确定预期能力所达到的程度。

当然，为了发展各个学科的能力水平模式，IQB在测试开发、能力获得与发展、评价和实施、绩效监控以及研究数据中心等方面与国内国际研究机构进行合作。这种协作很关键，这也说明IQB不是自搞一套，脱离国际教育评价的基本常识。这里以“英语作为第一外语”为例来加以说明。

按照Rupp等人的理解，IQB“英语作为第一外语”任务开发很关键的三个文件是KMK2003年10年级第一外语(英语/法语)教育标准、2004年9年级第一外语(英语/法语)教育标准以及2001欧洲理事会正式公布的《欧洲语言学习、教学、评价共同参考框架》(Common European Framework of Reference for Languages: Learning, teaching and assessment,简称CEF)。CEF把语言能力区分为下面6个等级(详见表3-3),为制定清晰的标准以实现学习的连贯性提供了可操作的方案,可以用来评价学习结果。

表3-3　欧洲语言学习、教学、评价共同参考框架

精通使用者 Proficient User	C2(精通级) Mastery	对所有听到、读到的信息,能轻松地理解。能由不同的口头书面信息作摘要,再于同一简报场合中重做论述及说明。甚至能在更复杂的情况下,随心所欲地自我表达且精准地区别出言外之意。
	C1(流利级) Effective Operational Proficiency	能了解多知领域且高难度的长篇文字,认识隐藏其中的深意。能流利随意地自我表达而不会太明显地露出寻找措辞的样子。针对社交、学术及专业的目的,能弹性地、有效地运用言语工具。能清楚地针对复杂的议题进行撰写,结构完整地呈现出体裁及其关联性。
独立使用者 Independent User	B2(高阶级) Vantage	针对具体及抽象主题的复杂文字,能了解其重点。主题涵盖个人专业领域的技术讨论。能实时地以母语做互动,有一定的流畅度且不会感到紧张。能针对相当多的主题撰写出一份完整详细的文章,并可针对所提各议题重点做出优缺点说明。
	B1(进阶级) Threshold	当在工作、学校及娱乐的环境时,说得清楚而标准,能理解主要的观点。当在该语言主要适用地区旅行时遇到状况时能使自己摆脱困境。能制造简单话题讨论,紧贴生活日常主题,或一些大家感兴趣的地方。能够描述一个事件,一次经历或一个梦想,描述希望或者目标,能为了一个任务或观点,陈述简单的理由和解释。

（续表）

初级使用者 Basic User	A2（基础级） Waystage	能够明白写出来或是听懂的一些独立的句子，那些经常在贴近自己环境中使用的用法（例如，个人信息，家庭资料，购物，附近环境，工作），能够讨论一些简单而日常的任务，为此交流一些意见。能用简单的方式描述它的组成，它的环境，提及一些有关贴近自己需求的主题。
	A1（入门级） Breakthrough	能了解并使用熟悉的日常表达方式，及使用非常简单的词汇以求满足基础需求。能介绍自己及他人并能针对个人背景资料，例如住在哪里、认识何人以及拥有什么事物等问题作出问答。能在对方语速缓慢、用词清晰并提供协助的前提下作简单的交流。

（资料来源：Table A1 on Page 131，Rupp，A. A.，Vock，M. Harsch，C. & Köller，O.（2008）. Developing standards-based assessment tasks for English as a first foreign language. Waxmann Verlag.）

德国第一外语的教育标准使用的能力模式直接借鉴了 CEF 的模式，第一外语的国家教育标准的目标是：职业预校这一轨即 9 年级的英语水平要达到 CEF 中 A2 的水平，而中级毕业阶段这一轨即 10 年级要达到 B1/B+等级。其中英语作为第一外语的国家教育标准中所涉及的能力领域有功能性交流能力、跨文化能力和方法论能力，如表 3－4 所示。

表 3－4　英语作为第一外语的国家教育标准中所涉及的能力领域

功能性沟通交流能力	
沟通技巧	语言资源的实用性
阅读理解 听力和视听 口语 (a) 对话参与度 (b) 说话的连贯性 写作 斡旋	词汇 语法 发音和语调 拼写

（续表）

跨文化能力
社会文化方面的知识 文化多样性的敏感性 跨文化交流的实际技巧
方法论能力
文本接纳(阅读理解和听力理解) 互动 文本再构(说话和写作) 学习策略 演讲技巧和多媒体运用的技巧 学习的意识和学习过程的组织计划

(资料来源：来自 Table 2.2 on Page 26，Rupp，A. A.，Vock，M. Harsch，C. & Köller，O. (2008). Developing standards-based assessment tasks for English as a first foreign language. Waxmann Verlag.)

国家教育标准中的能力领域和每个单独的能力都基于 CEF，是从其中的描述里挑选和改编过来的，并重组成了一个能力模式，以适应德国的相关情况，即以标准为基础的语言学校和评估。我们可以从表 3－5 中的 9 年级和 10 年级的英语作为第一外语的国家教育标准的能力模式(阅读理解能力)看到。

表 3－5　国家教育标准中阅读理解能力类型

国家教育标准——Hauptschulabschluss(2004)	学习者能够： 1. 理解短小、简单的个人信件和 e-mail 2. 在简单的日常文本中找出具体的、可预知的信息(例如广告、传单、菜单、时刻表、节目预告) 3. 理解公共场所中的标识和提示牌(例如方向指示、危险警告) 4. 找出简单书面材料中的专门信息(例如信件、传单、报纸文章、小说) 5. 理解手册中的指示以用于日常生活	阅读理解是凭借对很普通的词汇量和对一定程度的国际通用词汇的掌握以阅读并理解简短文本的能力(A2)

（续表）

国家教育标准——中级毕业证书(2003)	学习者能够： 1. 理解与自己利益相关的信件中的主要信息 2. 清晰地理解陈述的和直接的讲授、指示和规章 3. 搜索较长文本中的信息以解决一定的任务 4. 汇总数篇文本的信息以解决一定的任务 5. 获取较短文学文本(例如短故事)的主要信息并用于解决一定的任务 6. 理解简单小说文本的信息 7. 辨认出关于熟悉的话题(例如报纸文章)的清晰的辩论性文本的主旨	阅读理解是大量进行独立阅读和理解熟悉的主题范围内不同文本的能力(B1+)

（资料来源：KMK. Bildungsstandards für die erste Fremdsprache (Englisch/Französisch) für den Hauptschulabschluss. https://www.kmk.org/fileadmin/Dateien/veroeffentlichungen_beschluesse/2004/2004_10_15-Bildungsstandards-ersteFS-Haupt.pdf，2020-04-13；KMK. Bildungsstandards für die erste Fremdsprache (Englisch/Französisch) für den Mittleren Schulabschluss. https://www.kmk.org/fileadmin/Dateien/veroeffentlichungen_beschluesse/2003/2003_12_04-BS-erste-Fremdsprache.pdf，2020-04-13.）

因此，IQB 中基于标准的测试在发展中的挑战是，要使国家教育标准和 CEF 中一般性的理论描述便于实际操作，成为测试说明，从而能够引导受过训练的出题者，编写出有创作依据的测试题目。在此意义上，他们必须始终坚持语言能力的理论模式和有效的标准。

2005 年 9 月到 2007 年 7 月间，一个跨学科小组曾经进行了一次测试题目的开发。小组成员包括语言评估专家、教育家、心理测量学家以及一组代表了德国所有联邦和学校类型的 20 多位教师。测试题的开发由一个国际知名的专家牵头，以教师在发展领域的训练为开始。教师们对于 CEF 能力模式和精通水平很熟悉，在制定测试规范和测试题目上受过训练。测试开发者们规定了每一个题目以领域范围和水平标准为导向的特征。

每个测试题目所使用的技术领域只以一个特定的 CEF 水平为导向，因此，这个试题被称为具体层次的试题。不过，一类试题(如，包含了标准化指令、读写刺激和测试项目的综合测评)可能承担了以两个相近层次水平为目标的任务。可采用的题库中包含了多种试题类型：包括选择-反应类型题目(像多选、匹配题，或者是填正确/错误/未提到的题目，答案需要从一系列已给选项中选出)和开放型题目(如表格填写、用一个单词或短语简短回答)。这些题型可以用一种可靠的、精确的及有效的方式来评估学生的能力水平。

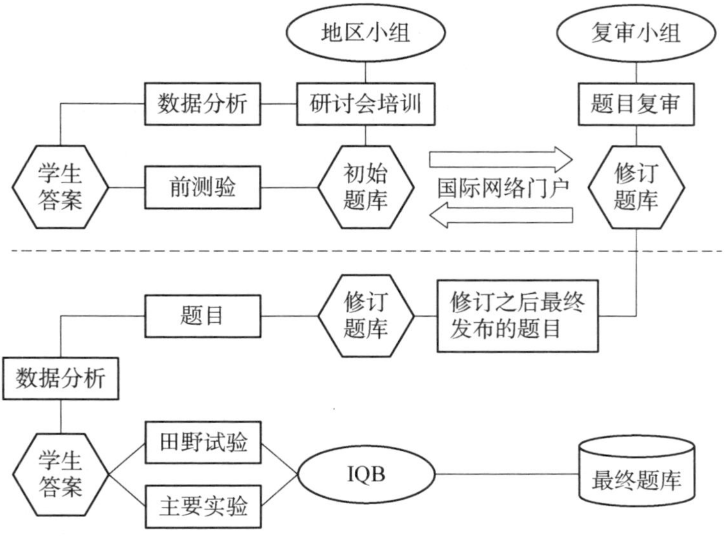

图 3－2　任务习题开发过程

(资料来源：Figure 6.1 on Page 81, Rupp, A. A., Vock, M. Harsch, C. & Köller, O. (2008). Developing standards-based assessment tasks for English as a first foreign language. Waxmann Verlag).

所有的试题在试验之前都进行了一次小规模的标准化测验，试题的编写者为方便起见，选取的样本是自己当时在学校里执教的班级。因此，这种前试验是由教师自己操作和打分的，运用标准化的指令和评分指南，对结果进行分析、修正，最终进行再次测试。这些在心理测量方面令人满意的题目，接着进入了“修订题库”，并由一批语言评估和语言教学专家组成的外部专家小组进行复审，通过审核的题目会被收录到 IQB 的最终题库中。

开发任务习题是一个非常复杂的过程，这里可以用图 3 - 2 表示。这些测试题目也可以供各个联邦州独自进行标准测试的时候参考使用。其中小部分的条目会被公开发布，以说明它们的设计过程和目的。

当然，收入到最终题库中时还会按照一定的标准和特点进行分类。英语作为第一外语的国家教育标准的阅读理解方面的题目的分类标准的分类标准，体现出以下文本特点：(1)可能通过学习者的水平加以理解：A1，A2，B1，B2，C1，C2；(2)文本类型：时间表，计划，项目，简介，指引，说明书，报纸文章，杂志文章，小册子，CD 封面，评论，广告，电子邮件，文本信息(SMS)，个人信件，专业信件，明信片，歌词，民间故事，文学摘录，短故事，访谈，备忘录，报告，其他；(3)文本来源：网络，小册子，CD/DVD 封面，青年杂志，目录，评论，报纸，书籍，广告，杂志，说明书，标记，广告词，小册子，海报；(4)范围：公共的，个人的，职业的，教育的，其他；(5)演讲类型：叙述的，描述性的，引导的，评述的，应酬性的；(6)主题范围：个人身份，房屋和家，环境，日常生活，自由时间，娱乐媒体，运动，旅游，与他人的关系，健康和身体，教育，购物，饮食，服务，地方，语言，天气，工作，多元文化社会，犯罪，全球问题，其他；(7)内容性质：最具体，基本具体，相当抽象，基本抽象；(8)真实性：真实的，有删减的，简单的，粉饰过的；(9)语法：最简单，基本简单，有限范围的复杂结构，宽泛范围的复杂结构；(10)词汇：最频繁，基本频繁，相当有延展性，有延展性；(11)文本长度：字数；(12)听众文本的原始目标：指定的；(13)文本形式：散文，图片，公告，图表，字幕；(14)每一文本的项目数字。

阅读理解题目的分类标准，体现出以下题目特点：(1)可能通过学习者的水平来解决的：A1，A2，B1，B2，C1，C2；(2)阅读的目的：理解要点，理解主要思想，通过对细节的讨论来理解，快读较长的文本以获得信息，区别特殊的信息，从不同的文本或者文本的不同部分来修正资讯，从背景来确定未知词语的意义，做简单的推断，做复杂的推断；(3)项目类型、多元选择，真伪假设，多元匹配，先后顺序，填隙，表格，句子，引用。

实际上，IQB 也开发另一种基于标准的课程任务，这些是教师能在课堂中实际运用的。这对于国家教育标准中的内容和表现标准的获得很关键，因为许多复杂的能力例如学习第一语言所需的跨文化和方法论能力，应该建立在一个长期的基础之上，而这些能力的获得只能通过课堂中广泛的形成性评价来进行估计和养成。通过提供基于标准的课堂任务，这些任务包含在长期的从一课到几课的教育单元中，目的是开发一个新的教学和评价文化，能够扩展当前已存在的关于能力开发和评价的成功方法。重要的是，课堂任务并非是为了期末测试或者离校证书而设立的测试，它们应该是补充现有的课程资料，允许更多复杂能力的发展，以一种形成性的方式去促进和评价学习过程。

三、评价的实施及其报告

这里以 2011 年 IQB 所进行的国家教育评价为例来说明其实施及报告。这次评价的委托者像过去一样，是各州的文化和教育部长。对科学性和数据保护法律方面负总责的是柏林洪堡大学的IQB。此次测试使用的测试工具和问卷都是在这里研发、试用和改进的。测试的组织和举办是委托汉堡的国际教育成就评价协会(International Association for the Evaluation of Educational Achievement，IEA)数据处理和研究中心(Data Processing Center DPC)进行的。测试本身是由DPC为此任务专门培训的外部测试人员进行的。

2011年州际测试有来自超过1300所小学及特殊学校的27000多名4年级学生参加。在每所用随机方法挑选出来的学校中再随机抽取一个班级参加测试。全德收集数据的时段是2011年从5月至7月。

本次评价在德语科目上测试“阅读-运用文和媒体”和“听力”,一部分学生还额外做了“正字法”方面的题目。数学科目上的测试覆盖了教育标准中所描述的全部五个能力范畴,即“数字与运算”“空间与形式”“模型与结构”“尺寸与测量”及“数据、频率和概率”。

按照以前惯例,每次测试前IQB还会公布所要进行各州比较的评价中所要使用的题型。下面是一些数学方面的试题。

1. 能力范畴数据、频率、概率题目与答案

苏西读到一个关于鸟窝的报告,她在一份杂志上找到了这个表格

	灰雁	疣鼻天鹅	帝企鹅	蜂鸟	麻雀	金雕	鸽子	鹪鹩
蛋的重量	180g	350g	450g	0.5g	3g	150g	20g	1.5g

和这个统计图:

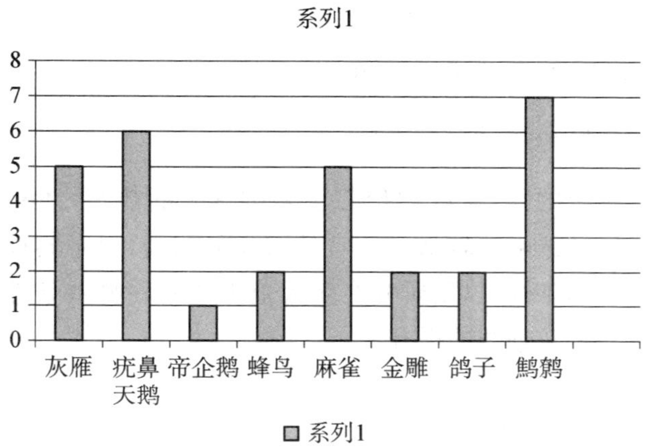

苏西现在想知道很多：

a）一只鸽子的蛋有多重？

1.5g　2g　20g　40g

b）哪种鸟在巢里放七个蛋？

鸽子　疣鼻天鹅　蜂鸟　鸕鶿

c）哪种鸟放的蛋最少？

____

d）哪种鸟放的蛋最轻？

____

e）所有蛋在一个鸟巢里叫做一窝蛋。哪种鸟的一窝蛋最重？

____

2. 能力范畴尺寸与测量题目与答案

这是多少秒？

a）10min=____s

b）3min 51s=____s

c）$2\frac{1}{2}$min=____s

这是多少小时多少分钟？

d）320min=____h____min

e）$2\frac{1}{4}$h=____h____min

需要指出的是，这次评价除了测试学生的能力，还有针对学生、校领导、被选中的教师和儿童的家长的问卷，以考察德国小学中的教和学的条件，以及研究在多大范围内和在哪些条件下学生能够得到一种较理想的提升。

五、测验结果的报告

《各州比较》是为了给予各州在落实国家教育标准方面提供反馈。其研究结果将在各州学校系统层面进行评估，以探讨是否应该进行相应的改变或变革。但是，这个结果不能推论学校层面，或单个课堂教学和个体学生。

位于汉堡的DPC按照IQB给出的标准对学生做的答案进行汇编整理和数据处理，IQB对数据进行分析利用，以确定各州学生所达到的能力水平，数据分析结果在一份2012年秋发布的报告中总结出来。这份名为《德国小学生在四年级结束时的德语和数学能力：IQB各州比较的结果》的报告发布之后，所有参试学校都会被告知他们各自的测试结果。这份与学校相关的结果将不会被IQB转给第三方或公布。

本报告是IQB在国家教育标准实施之后的第二次关于检验教育标准实施情况的报告，也是第一个关于初等教育阶段结束时学生专业能力获得情况的报告（2009年，IQB做了一份关于中等教育初级阶段学生的语言能力的报告）。与PISA、PIRLS/IGLU等国际测试不同，IQB的州际比较更贴近联邦州学校的教学安排实际情况。

第四节 德国国家教育评价标准与政策的影响与争议

一、德国国家教育评价标准与政策的影响

对于各州教育差异巨大的德国来说，国家教育标准及其评价是一个巨大成就，作为一个平衡性的工具，它加强了德国各州教育的透明性与可比性。那么，这种综合性的外在评价的效果如何呢？

（一）促进了教育质量的提高，增加教育决策的经验证据

我们这里可以忽略从效度（这些习题能测到写作能力吗）、信度（如何对这些习题进行评分及分数如何被报告）、公平（这些习题对所有参加考试者都平等地促进吗？如何避免禁忌性主题）、反拨效应（评价程序对教和学有什么影响）和可行性（可以获得的资源和所要求的资源）等问题来对 IQB 的这一评价模式进行探讨，而是从总体来看看自《康斯坦茨协议》和《教育监控的总体战略》之后，德国教育质量发展的变化。

2007 年 11 月公布了 PIRLS/IGLU2006 的测试结果中，体现了德国学生学业成就的改善。在对 PISA2003 和 PISA2006 的测试结果的评论中，KMK 和联邦教研部强调，德国教育系统总体上取得了积极的进展。PISA2009 的测试结果表明德国教育系统继续在积极发展。除了学生的阅读和数学能力得到了提高，教育平等也取得了进展。自从 2000 年以来，社会背景和阅读能力的相关性明显下降。有移民背景和没有移民背景的学生之间的学业差距

也得到了一定程度的缩小。[①]

就教育标准而言，在所有的16个联邦州里，大部分10年级学生的德语预期水平在9年级期末时就已达到了KMK制定的教育标准。在所有联邦州的文理中学中，学生都有良好的表现，而在一些联邦州里，超过50%的九年级学生已经超过了高中的普遍标准。在许多联邦州中，有一定数量的非文理中学生，尤其是在德语阅读和英语中，并未达到KMK制定的普遍标准。[②]

这些评价也具有诊断作用，从而为教育政策的决策提供了经验性的证据。例如，这些评价结果也显示有移民背景和没有移民背景的年轻人之间仍然存在能力发展的巨大差距，有必要开展进一步改革，以便有效地打破社会背景和小学生获取学业成功的联系；在2009年对各州进行比较的学业结果，尤其是英语成绩，表明具有牢固的相关学科基础和教学论基础的教师教育的重要性，这就要求联邦州加大努力改善教师培训以及更进一步的继续培训。这进一步从经验的角度证明PISA2000后KMK所着力的七个行动领域的持续有效性。

（二）促进教学发展及教学计划的“能力导向”

教育评价的结果不仅是为了确定教学质量，而且还可以服务于教学的继续发展。2009年11月，KMK提出了运用教育标准来发展教学的概念，以能力水平有益于进一步发展教学。这体现了教育标准的两个功能即考查能力发展和进一步发展教学之间联系紧密。这样一来，外在的教育评价最终不仅影响了教学发展，还会

① KMK, Das Bildungswesen in der Bundesrepublik Deutschland 2011/2012, 2013, S. 222 - 223.

② KMK, Das Bildungswesen in der Bundesrepublik Deutschland 2011/2012,2013, S. 225.

进而影响教师培训，并使得教学计划适应于教育标准。这个程序可以用下图来加以表示。也就是说，IQB的评价始于和基于落实国家教育标准的需要，进而建构考试大纲、开发任务习题、划分能力水平、进行评分者训练、对试题进行试验和修订、确立标准、进行测试、报告结果给相关者、进行教师培训并最终进行课堂评价。

这样，教学计划也受到了相应影响，更多强调能力，这里以2006/2007的柏林高中资格阶段的《德语教学计划》（下简称《计划》）为例来加以说明。《计划》把作为阅读者、写作者、言说者和鉴赏者的学习者置于德语教学的核心，指出德语教学的任务是对学生进行语言教育和审美教育。德语课程借助各种形式的文本，文学的文本和实用的文本，能够使学生自主地、富有能力地参与文化的审美的生活、精神生活、政治生活和社会生活，通过文本的接受和生产来获得审美经验和社会认识。具体而言，德语课程的目的是发展四个方面的能力：阅读、阐释和评价文学文本与实用文本；文本写作、建构与展示；言说、表达与倾听；对语言和语言使用的反思——发展语言意识和语言能力。

（三）促进了教育研究的经验转向

传统上，德国教育学和教学论与有关人性和社会的哲学话语关系密切。但是，能力导向的外部评价导致了人们不太关注普通教学论，而是强调学习和教学过程的可测量性，从而使得教育研究偏离了强调解释学方法的抽象的、规范的研究传统。人们越来越关注教学过程所实际发展的前提，关注教师和学生的真实经验，甚至强调试验和半试验的方法，以为改善教学和学习提供经验证据。这样德国教育学术话语就转向了更加经验性和实践取向的研究范式。

二、德国国家教育评价标准与政策的争议

(一) 教育争议：能力取向的外在评价导致了整个学校教育的任务和目的的缩减

无论是PISA、TIMSS，还是国家教育标准的评价，都是集中于一个特定专业的核心领域，并不覆盖一个学习领域的整个范围，而是描述对进一步的学校教育和职业教育是非常重要的学科和跨学科的基本资质。其目的是确定该学科的核心的关节处，以保证在不同学校类型所获得的学校成绩和学校毕业证具有可比性。

但是，学校教育质量自然要远远多于借助国家教育标准而对学校成就的测量。学校教育的任务也远远超越了教育标准的功能要求。通过学校教育，学生应该被教育为成熟的公民，能够负责任地、自我批判地建构自己的职业生涯和私人生活，参与政治和社会生活。

尽管德国外部评价政策，不断强调国家教育标准是对学校教育教育目的的补充和一定程度上的保证，但实际上却导致了对它的减损。它不仅在一定程度上把学校教育的注意力引向了外在评价，导致了为考而教，减损了很多有意义的教育过程，而且，在某种程度上，能力导向的教育标准及其评价本身就存在着问题。例如，在文学教育中，总有些有价值的极端个性化的学习过程难以监控，也难以被精确估价。就像斯宾纳(Kaspar H. Spinner)所指出的那样："我们很难测试出在文学文本理解过程中出现把主观卷入与精确的文本感知联系起来的能力，因为它涉及到学生的个体性的内在世界。"[①]也就是说，能力模型很难对文学理解进行可信的描

---

① Spinner, Kaspar H. (2008): Bildungsstandards und Literaturunterricht. In: Zeitschrift für Erziehungswissenschaft, 10. Jg., Sonderheft 9/2008, S. 318.

述。文学文本的理解是如此多样,以至于能力描述要么是没有意义的普遍和抽象,要么是如此具体以至于它并不适用于所有文本。

这也体现了能力取向的教育标准及其外在评价与德国根深蒂固的教学论传统之间的张力。例如,在德国,文学教学论研究阅读教学过程、文学品味、学习要求与效果(投入导向),聚焦于探讨课堂教学的经验性和描述性视角,以及探讨文学教育目的的规范性和概念性视角。而以能力取向的评价则只关注既定的学习目标是否已经实现(产出导向),只强调经验性的和描述性的视角。

能力和结果取向的教育评价与德国传统是不协调的。德国传统强调以内容为基础的投入取向(如规定教学和学习的结构、过程和条件),而强调学生能力的国家教育标准及其评价,把学习过程排挤到后面去了。这是与狭隘的、行为主义的能力概念相关。

对于能力的心理学的界定及其与学校知识传授的脱钩,优点在于在能力传递时,不再需要对学校获得详细知识的掌握加以控制,从而可以无需经过知识这条弯路,直接对运用和具有生活意义的任务的能力进行检测。但另一方面,与传递和习得解决应用任务的能力相关的教和学的视野被缩减了,更进一步的教育任务,如世界经验和人际交往的多方面的解释和深化却被忽视了。

(二) 政治争议:国家教育标准及其外在评价伤害了教育教学的自身逻辑

在德国教育系统中,一直以来主要强调知识的教学和习得,而相对忽视能力和技能。在“PISA 震动”后,德国朝野几乎一致认为,改善学校成就的一个合适的手段就是从教学的知识取向转向能力取向,引入能力取向的教育标准和学科的和跨学科的能力测验。这种测验可以给出学生和学校系统的能力状态详细的信息。它们评价的不是容易忘记的知识,而是考察直至职业教育阶段和大学教育过程都起作用的持续的能力。

但是,这种转向的背后,并不是一种教育的关注。《综合战略》指出:"教育体制对个体发展、个体的社会参与和职业发展,乃至一个国家的经济成就和社会团结,发挥着关键作用。过去 10 年的全球化发展再次以特别的方式向我们德国强调了教育的这种基础性的作用。因此,发展所有人的天赋和确保高质量的教育发展,是德国未来教育政策的核心任务。"①这里的逻辑与 1964 年皮希特(Georg Picht)的《德国教育的灾难》,也就是本文所说的第一次教育灾难的逻辑何其相似:"高中毕业生的数字里显示一个民族潜在的智力。在现代世界里,经济竞争的能力、社会生产的水平和政治地位取决于这种潜在的智力。在 20 世纪残余的岁月里,国家在欧洲的地位关系就将由它而决定……"②

有学者认为,能力取向的产出控制,是以国家、官僚和科学在旧的控制被证明是无效的情况下来寻求更加有效的控制技术的尝试。这种转向试图使所有生活领域都隶属于经济关注,试图把教育政策变成了经济政策和劳动力市场政策的一部分,成为企业和经济的工具。这是一种非教育的改革和关注,它忽视了人的普通教育和教育机会的改善,忽视了教育和教学的自身逻辑和规律。③

能力取向的评价政策,既没有充分的科学依据,也不是政治上中立。这是一种非教育的政治关注。它日益要求机构化的学校教

---

① KMK. Gesamtstrategie der Kultusministerkonferenz zum Bildungsmonitoring. https://www.kmk.org/fileadmin/Dateien/pdf/PresseUndAktuelles/Beschluesse_Veroeffentlichungen/Bildungsmonitoring_Broschuere_Endf.pdf, 2020-04-13.

② 李其龙,孙祖复.联邦德国教育改革·教育学文集[M].北京:人民教育出版社,1991:47.

③ 本纳,彭正梅.超越知识取向的投入控制和能力取向的产出控制:论经验、学习和教学之间的关系[J].教育学报,2009(1):33—48.

育和教学服从经济、道德、政治的要求和需要。这样，学校教育和教学被赋予了这样的任务，即，通过传授所谓的关键素养来解决那些在经济、道德、政治和宗教方面至今还没有找到解决办法、还需要进行争论的关键问题，而没有充分地考虑到这些目的是否属于学校教学过程的任务领域和作用范围。这种为了教育之外的目的而使青少年教育工具化的做法是一种怯懦的战略，因为年长一代试图通过对新一代即未成年的一代的教育来实现既定的更美好的未来，而不是对此进行争论来达到教育目的。这种教育评价政策体现了一种新自由主义的管理主义的倾向。

德国具有悠久的文化教育自治传统，宪法也规定联邦各州拥有文化自主权。而国家教育标准及其评价则可能会削弱这一传统和权利。“联邦结构太多异质。国家教育标准是一种联系和平衡工具。但是要创造可比性和透明性，就会削弱联邦性。”[①]确立以国家教育标准及其评价为核心的教育改革，没有触及德国教育体制和公平性问题。因为它忽视了德国教育质量更为根本的体制因素：德国教育不平等和由此产生的高不及格率是德国选择性学校体制的直接结果，而国家教育标准的引入，又可能会进一步强化德国教育本来就十分明显的社会选择性。而这种管理主义的评价策略，却把德国教育的深层问题，转化为技术问题，从而使得这种评价政策带有某种隐蔽的意识形态性。

我们知道，德国引入国家教育标准及其评价体现了两个方面的战略意图：对学校教育质量进行更加严格的国家控制，同时给予学校和教师更大的自由空间。国家教育标准通过标准来规范教育体制，把学校的教育任务具体化，以保证和提高学校工作的质

---

① Rolf Wernstedt，Marei John-Ohnesorg（Hrsg.）Bildungsstandards als Instrument schulischer Qualitätsentwicklung. bub Bonner Universitäts-Buchdruckerei，2009，S. 17.

量，另一方面，它没有规定应该如何设计教学或探讨什么问题，而是规定了在特定时间点，必须达到的要求，并把达到这些要求的途径，主要由学校来实施。

国家教育标准及其评价的引入还可能会把教育责任转嫁给学校和教师。据 IQB 的调查，教师对于教育标准很感兴趣，持开放态度，但对比较考试抱有怀疑。因为考试会不可避免地具有检验、诊断、发展、控制、学校竞争力指标和学校选择等功能，从而引发教师和学生的不确定性或不安全感。在许多州，国家教育标准及其评价所许诺的学校的自主性，并没有取得进展。甚至引入国家考试，反而限制了学校的自主性，因为这会导致所有学生阅读同一种读物。国家教育标准及其评价对于提高学校质量的潜力也远未发挥出来，因为标准在学校教学层面的落实不仅需要有关的技术支持，同时还需要教师和学生的角色和意识的相应变化。

教育质量的改善是一个系统工程。如果没有如教师教育和教师培训、教学大纲开发、学校管理当局和其他的教育权威，甚至教育体制作相应的变革，那么，单纯依赖引入国家教育标准来提高教学和学习质量，是难以达到目的的。这也是德国迈向能力取向的教育质量控制改革下一步要解决的问题。其中的关键问题是如何协调传统的教学计划与国家教育标准的关系。对此，《鉴定》指出："教育标准的指导功能和教学计划的指向功能需要联系起来，教育标准绝不会使教学计划成为多余，因为标准不同于教学计划，它只提供教学内容的指导，学校过程结构的指导和学习时间分配的指导。"①

---

① Zur Entwicklung nationaler Bildungsstandards Expertise, Bonn, Berlin 2007. 77f.

第五节　州层面的教育督导

除了国家层面的教育质量监测，德国所有的州都会采取评估(Evaluaton)和督导(Schulinspektion)来保障教育质量。中小学教育管理局(Schulaufsicht)的管理范围主要涉及：(1)专业督导(Fachaufsicht)，包括教学和教育工作，但不允许干预个体教师教学责任；(2)公立学校的人员督导(Dienstaufsicht)，主要是督导学校的教师和校长，确保教师履行义务；(3)法律督导(Rechtsaufsicht)，主要监管学校的外部事务(如学校主办方对学校建筑的建设和维护)。由于德国实行联邦制，各州外部评价的频率存在差异，每3—6年进行一次，其方法包括数据分析、文档和观察、标准化问卷和访谈。

教育督导就是对各个自我负责的学校的教育和组织事务进行评估。督导工作往往是由督导小组完成，其成员往往来自各州半独立的质量研究所。督导成员不仅要观察学校质量的相关领域，还要将结果报告给各州教育部。这些结果一般并不出版。一般而言，作为一个监测系统，每个州都有自己的督导规定和标准。督导是为了确定学校改进的急迫点以及长期而言的改革方向。

在下萨克森州的质量框架包括16个标准、100个亚标准。督导一般包括四个阶段：(1)收集学校的信息并准备组建督导小组；(2)进行学校督导；(3)把督导报告分发给不同利益相关者(如，学校管理当局，学校管理处，教师委员会、家长委员会、学生委员会以及管理学校的法律团体，等等)；(4)如果必要，校长需要在某些领域作些改进和培训。

下萨克森州规定学校根据质量框架进行督导，质量框架涉及：(1)教学的过程和结果；(2)教师的专业发展；(3)学校领导和管理；(4)学校和课堂氛围；(5)与非学校的伙伴的接触；(6)质量管理。这些领域涉及32个特性，并细化为90个标准。这些指标通过特定的工具来加以观察和评估，以确定这些标准是否被达到。

当然，督导的一个重要方面就是对课程和教学的督导。例如，柏林市政府分管教育的部门于2013年发布了《教育质量行动框架》，将其作为保障教育质量的指导性文件。[①] 其对教学计划和教学提出的标准维度如下：

1. 能力导向

- 教师清楚自己科目所要培养的能力并据此开展教学
- 考虑到学生个体的能力现状
- 支持学生自主安排自己的学习
- 在教学中提出策略以帮助学生调整学习过程
- 联系已有知识
- 联系其他领域的知识

2. 问题导向

- 在教学中处理与生活相关的问题，并尽量保持结果开放
- 在教学中允许多种解决的方案并做讨论
- 在教学中激发创新思维过程
- 对“弯路”和错误也要加以利用

3. 区别化和个人化

- 学习材料要在要求和范围上有所区别并适合于学生的个人

① 文中资料参见：http://www.berlin.de/sen/bildung/unterricht/schulqualitaet/http://www.berlin.de/sen/bildung/unterstuetzung/schulinspektion/http://www.bildungsserver.de/Schulevaluation-und-Schulinspektion-in-den-Laendern-2652.html.

条件

- 学习任务要允许不同的方法和视角
- 教师要在学生学习过程中与其他教师协同指导学生

4. 激发动机

- 教学要贴近学生生活
- 要激发学生的兴趣和好奇心
- 学生相互激发积极性(如展示某种特别的知识或经历)
- 学习任务要有挑战性,并可以解决
- 学生要参与教学的设计

5. 结构化

- 在教学中要说明目标,给出教学流程的信息
- 清楚明确地表述指导意见和任务
- 学生要明白教学的结构
- 学习结构要定期复习和总结
- 教师的语言要简明易懂

6. 运用方法及媒体

- 所用方法和媒体要推动学习过程并适当有所变化
- 要在教学中系统地融合新媒体的使用
- 要培养学生的方法能力和使用媒体的能力
- 要让学生在形成作品和做呈现的时候运用媒体
- 鼓励进行合作学习

7. 保障

- 练习题原则上要是自明的
- 练习时间要与作业量相符
- 家庭作业要重视,且定期检查

8. 对学习过程的反思

- 定期反思并评估教-学过程

- 学生互相交流学习路径和解题思路
- 教师和学生之间要进行依照透明的标准进行学习指导谈话
- 学习结果和已达到的成绩要在今后的学习过程中得到使用
- 自我评价的工具和材料要定期使用(如学习日志、能力表格等)

在实际的评估和监测方面,柏林从2006年开始进行教育督导,周期为五年,2011年刚开始了第二轮教育督导,将有700所学校接受督导,听评课3万次。教育督导旨在以学校层面检测、评价和指导课程与教学的实施。教育督导的框架与上面文件中的一致,主要涉及6个方面:

- 学校评估(学生成绩、方法和媒体能力、学生对学校的满意程度)
- 课程和教学(教-学的协调、教学活动和学习行为、系统性的支持和指导)
- 学校文化(学生和家长的参与度、学校中的学风和氛围、学校中的生活环境、合作情况)
- 学校管理
- 教职员工的专业化和管理
- 质量保障体系的目标和策略(学校发展规划的评估、学校项目的进展)

其中,对课程和教学的实施情况的测评是通过课堂观察来进行的,课堂观察根据以下指标进行:

1. 教学条件

- 教/学的时间运用
- 学习条件和工作条件
- 结构化和目标设置的透明度
- 教学人员的合作

- 教学中的表现
- 教学中的教育氛围
- 动机强度

2. 教学过程

- 对自信和自我评价的支持度
- 专业内的和跨专业学习
- 方法选择和媒介选择
- 语言支持和交流支持
- 内在分化(innere Differenzierung)
- 独立学习
- 合作学习
- 问题导向学习

教育督导人员在每次听课时对上面每个维度都给出评级(1—4 级),在对该校的听课结束后,在每个维度给出一个总分,即对该校的教学的评分。此外,教育督导还设置了一个“比较得分”维度。例如:

评价维度	++	+	—	—	样本数	++	+	—	—	得分	平均值	柏林平均值	比较得分
教/学时间运用	27	2	1		30	90%	6.7%	3.3%		A	3.87	3.53	b

在上表中,该校有两个得分:

标准得分		比较得分	
A(80%以上是积极评价，且40%以上为++)	C(40—60%是积极评价)	a(该校的平均值高于标准差的上限)	c(该校平均值介于柏林平均值和标准差的下限之间)
B(60—80%是积极评价)	D(少于40%是积极评价)	b(该校的平均值介于柏林平均值和上限之间)	d(该校平均值低于下限)

从柏林教育督导的流程来看，听评课是教育督导的核心环节，必须对一个学校70%以上的教师进行课堂观察。在听评课之前，首先要进行网上问卷调查，必须有全体教师和多个年级的学生及其家长参加。在教育督导人员进入学校进行观察的时段(一般为两天，较大的学校相应增加时间)，督导人员不仅要听评课，还要仔细观察学校的环境、设施、甚至课间的情形。此外，督导人员还要对学生和教职工进行采访。访谈以团体采访和单独采访两种方式进行。团体采访主要对象是学生、家长、教师和其他职工。单独采访主要是针对校领导。教育督导结束后，数据分析结果不仅要详尽地反馈给学校，也要报给学校管理局。

柏林教育督导还鼓励学校进行自测。柏林教育部门与柏林和勃兰登堡学校教育质量研究所合作进行教育质量检测，该研究所向中小学提供了网上自助评估的渠道。

近年来，联邦各州要求学校进行内部评价或把外部评价与内部评价结合起来。内部评估指的是由学校自己选定评估的标准对学校内开展的实践工作进行评估，目的是进一步提升学校教育教学质量和管理水平。每所学校都应该建立并积极维护自己的内部评估体系和文化，因为这体现了学校在处理教育这个极为复杂的事务上的专业性。内部评估有利于学校了解现行的工作状况，跟踪调控各个项目的发展进程，检验各项措施和项目实施的效率，并促使教职员工通过反思提升自己的专业水平和能力。此外，学校在评估前必先在学校范围内制定统一的规范标准和目标体系，这样做有利于教职员工提高自身的责任意识，增强集体的凝聚力和认同感。总之，内部评估能够帮助学校和各个教职员工树立教育教学的质量意识，找出自己的强项和弱项并适时调整提高自己的工作效率和质量。

外部评估是指由学校外界的评估专员对学校的教育教学工作进行整体评估，它针对的不是学校的个别员工，而是学校这个机构本身。巴伐利亚州于 2003/2004 学年开始试行这一举措，并于 2005/2006 学年将之作为确保和发展学校教育教学质量的重要举措在全州范围内展开。外部评估一方面可以帮助各个学校更好的评价自己的工作效益，了解自己的优势和劣势，专家们还会在评估报告中就需要改进的地方给各个学校提出相应的建议，另一方面外部评估的结果还为州政府在系统层面上改进学校工作提供了基础信息和参考依据。

巴伐利亚州法案规定，评估专员必须对学校和教育政策的现行问题有颇深的了解，懂得评估的方法，知道好的学校和课堂应具备哪些特征、达到哪些指标，并且具有良好的沟通能力、保守机密的能力和团队合作的精神。学校管理局向巴伐利亚州教育部质量考评组推荐评估员的合适人选，经考评组面试合格后这些人员将会在接受任命前受到为期一周的基本培训，在第一年工作期内还需接受两次为期半周的继续教育。而非学校的评估专员则由分管的学校管理局直接指定。此外，考评组还会每年组织专业会议以供评估员获得职业进修和交流的机会。

巴伐利亚州教育和文化部依据国际和国内的学校研究成果为

外部评估制定了基本的质量检验领域，由于这些为学校办学质量给出了可靠和确切的参考依据，所以它们也同样适用于学校的内部评估，如此建立在共同标准之上的内外评估才能合力为提升学校办学质量提供一个统一的改进方案。在这四大质量检验领域之下又细化出 16 个分领域，且带有各自的评价标准（参见如下表格）。

框架条件 （描述型）	**学校管理中的过程质量** （评估型） （13 项标准）	**教学和教育工作中的过程质量** （评估型） （10 项标准）	**学校工作的结果** （描述型）
16 个分项			
学校地理位置	**学校领导水平** 在领导支持下员工各尽其才 领导目标明确 组织工作有效	**教学流程** 学习时间利用效率高 学生自身行为调控效率高	**教学特点**
学生群体	**教职工工作** 能和学校外界坦诚合作 员工工作统一协调	**教学内容呈现** 内容呈现结构性强 内容呈现明确清楚	**学习成果**
人员结构	**学校发展** 乐于接受变化 质量发展注重系统规划 监管系统化	**课堂建构** 注重个体差异 促进自主学习 增强学习动机 确保学习成果 促进跨专业学习能力	**各方（教师、学生、家长等）对学校工作的满意度**
物质和财力资源	**校园文化** 身处校园互相尊重 兴趣得到发展 合作密切 强烈的学校的认同感 整体意识浓厚	**课堂氛围** 激发学生无限的学习热情	
组织特点			

值得注意的是，外部评估本身也要遵循一定的质量标准和原

则，才能确保所做的评估客观准确。首先，外部评估应尽可能客观地反映学校的教育教学工作，严格按照评估标准对学校的事实情况进行评估，不掺杂任何评估者的主观意见，因此必须采用那些证实有效的社会科学方法来进行，如标准化问卷、资料分析、标准化观察和定性访谈的方法。其次，外部评估必须做到透明化，受评学校的所有参与人员都应该获知评估的方法和手段，当然也包括学生和家长。公平和保密是外部评估的两大原则。如果评估员和待评学校的某一位人员存在某种关系，是不能被任用的。评估只针对学校本身，不涉及个人，所以任何可能指向个人的情况都不会被公开，评估员应遵守保密协议的约定。

巴伐利亚州内进行的学校外部评估由学校管理局负责组织和协调，质量考评组制定方案和培养专门的评估小组。学校可以在管理处那里自愿申请外部评估，也可以由管理处钦点或由质量考评组随机抽取学校来评估。评估总共分为三个步骤。(1)评估小组首先为拜访待评学校作相关准备工作。他们会和学校取得联系，和学校领导层就有关事宜进行交谈，然后在拜访学校的前八周召开见面会，会上学校各级人员，如领导层、教师、行政管理人员、学生和家长代表以及企业代表将和评估小组见面，评估组公布评估的准备工作、执行方法和评估内容。在这之后会发放标准化问卷。教师、学生、家长(以及职业学校工厂中的培训老师)将在问卷中发表自己对于学校的评价和意见。评估专员对问卷结果进行分析，得出学校的大致情况。(2)拜访学校。一般持续 3 天，包括参观校舍、课堂观摩和访谈。评估组将把课堂观摩一半的时间用于学校代表性的课程，一半用于其他的课程，而且会选取不同年级中的代表来观摩。平均每位教师观摩一个课时，在听完课后评估员可以和教师进行简短交谈，此交谈并不旨在评价这一课堂，而是要被纳入学校教学的总体评价中去。访谈对象涉及学校各类工作人员，学生和家长代表也来自各个年级和班级。访谈通常采用集体面谈的方式，一般应至少 3 人在场，除非对象是非教学员工和学校领导层。(3)传达评估结果。评估组将评估结果传达给学校，学校可以就评估结果表达自己的观点和立场。评估组将评估报告上呈给质量考评组，由考评组汇总撰写教育报告。至此评估工作结束，之后学校人员可以将自己对评估工作的看法以及学校是否应评估小组的建议实施改进工作的情况反馈给评估组。

内部评估有助于为外部评估做好前期准备，还可以为外部评估之后提出的改进措施的实施情况提供反馈评价，此外在外部评估不太注重的细化领域，内部评估也可以发挥很好的作用。因此，内部评估和外部评估并不是对立的两极，而是相辅相成的两面，应该相互交替进行。

第四章

美国教育督导制度与实践研究

第一节　美国基础教育督导制度与实践研究

一、美国教育督导的历史发展和当前重点

美国的教育督导(教育发展与质量监督制度、体系与实践)在历史上经历了漫长的演变,最初指的是对于教育的一般的管理、指导、控制和监视。殖民地早期有检查员/监督员(inspector),早期的学校监督是建立在维护(而非提高)现行的教学标准的理念之上,且由当地的外行受托人聘请。19世纪末工业化发展,官僚主义的学校制度兴起,监督员通过检查进行监管与督导。20世纪初,学校教育的发展和学校管理专业化使得督导员获得专业形象和权威,出现了专职督导员和普通督导员(助理校长)。20世纪三四十年代,受民主思想的影响,专职的监管与督导变得更加科学化与专业化,制定目标通过测验、评分表和观察手段来评估教学质量从而提高教育质量。20世纪60年代作为领导的教育督导出现;20世纪70年代,客观的监管与督导更注重于合作实践而非检查;80年代强调教师参与学校治理加强学校的民主管理,教育监管与

督导也更加民主化;90 年代基于标准的监管与督导形成,教育监管与督导加强了标准化测验与问责制,更具有强制性与检查性。

美国教育督导的新近发展和世纪之交以来美国教育战略和政策的转型密不可分。从上世纪末以来,美国教育发展领域出现了全国性的教育目标、轰轰烈烈的课程标准运动、统一考试制度和问责制度。1991 年老布什总统签署实施《美国 2000 年教育战略》,其后克林顿政府于 1994 年通过并实施的《美国教育改革法案》中包含了《2000 年教育目标法》,明确了世纪之交的教育目标,二者的核心目标都是提高全体学生学业成就,改进教师教育、学校环境、家校合作。2002 年初开始实施的《不让一个儿童落后法》、2015 年末通过的《每一个学生都成功法》,反映了小布什政府和奥巴马政府在教育上推进全国性教育目标的努力。虽然在具体的目标表达和政策措施上有所差别,但是这几届政府尽管执政党派不同,却有着内在的一致性,可以概括为:(1)确立和维持全国性的教育目标存在;(2)关注全体学生,在实施中重点支持弱势群体;(3)推动实施相对统一的课程标准和考试;(4)实施基于学业测评的问责制度。

在这一发展背景下,美国教育督导表现出两个方面的趋向。一是教育督导的检查功能,也就是通过各种途径知悉或者确认教育实践是否落实了政策确定的目标,突出表现为学生的学业成绩是否达到预定的目标。在 TIMSS、PISA 等国际学生学业成就评价中整体表现平平的美国对于学生成绩的焦虑推动了这一方向上的发展。二是为教师和学校提供专业上的支持,比如对于教师的教学过程、学校的教育教学环境进行记录、分析和指导,促进学校改进教师专业发展。

尽管美国没有我们通常所说的意义上的专门的督导队伍和督导工作,但是,从教育督导所涉及的三个方面:督学、督政和评估检测来看，经过上述一系列的历史演变，美国的教育督导制度形成了多元化的格局。具体而言，美国的教育督导包括以下几个方面：一是融入教育治理体制结构之中的与教育行政融合到一起的教育督导；二是学生学业成绩评价及基于此的问责与评价制度，即，面向结果的教育督导；三是对于教师、教学和学校环境因素的评估、检测和指导，特别是教学督导，这方面可以看作是面向过程的教育督导。在基础教育阶段，体制、结果和过程这三个相互结合的方面构成了美国教育督导的整体系统。本报告的分析和总结也是按照这三个方面展开，重点分析新进发展和目前状况，策略及未来趋势的探究。

二、融入体制结构和指向政策实施与问责的教育督导

（一）联邦、州和地方相互独立的督导体制

自殖民地时期开始，美国教育就有着分权传统，这种传统延续至今。一方面，教育发展是各州的事务，各州有自己的教育体制、教育发展战略和政策，联邦政府很晚才有限介入教育，而且只是从公平、平权、国家竞争力和国家安全等方面出发，通过特定项目拨款和法律判例等教育产生影响；另一方面，在各个州之内，学区和学校有很大的办学自主权。在这种制度之下，联邦、州和地方的教育督导工作相互独立，没有上下级关系。这就意味着教育督导工作不是基于上下级关系进行检查、监督和指导，而是各级负责各级教育职责范围内的工作。联邦政府实施“松散”督导；州级教育督导部门进行宏观督导；地方教育行政部门是基层教育单位。因各地情况不同，地方可指镇、郡或市，地方教育行政机构称为学区。联邦政府一级的教育督导工作通过组织项目、分配经费和项目进

行督导。州的教育机构为州教育厅，负责人是厅长，州的督学队伍对州所负责的各部门进行对口督导，定期将对口督导的工作上报厅长出。学区是地方层面教育实施与督导的主要机构，实际上几乎是最主要的机构。学区董事会在州宪法中有明确的规定，主要包括：(1)保证执行州的法律、规定和规则；(2)在州的法律、规定和规则未涉及的领域制定政策；(3)聘用督导(superintendant)作为首席执行官。实际上，执行官的工作和教育督导工作往往融为一体。在实际的工作中，典型的督导者是学校校长、副校长、首席教师、教研主任、指导教师、专业主任、中心办公室顾问、联合督导者或者助理督导员。用我们的话说，从整体上看，联邦、州和地方三个层面各行其是，相互独立，而在每一个层面上，教育督导和教育行政管理工作是密切结合在一起的。当然，在具体执行中，督导工作者是具有较深资历和较高专业水平的专家，和教育行政管理者会相对分开，也有一些专事督导工作的人员。此外，由于教育分权体制，各州和各学区在督导体制和实践方面也有很大差异。

(二) 指向政策实施与问责的教育督导

在以国家教育目标、课程标准、考试和问责为重点的教育改革大潮中，美国的教育督导工作围绕着这一工作而展开。2015 年 12 月 10 日，奥巴马总统签署了《每一个学生都成功法》(ESSA)，该法案重新授权了 1965 年的基础教育与中等教育法，要求各州制作年度报告，汇总全州学生的数据并按学生群体分类。在 2017—2018 年前实施新的多措施问责制，法案给各州更多酌处权来实施学术内容标准，管理全州和地方评估，并设定绩效目标来指导循证改进战略和干预措施来提高学生的绩效。比如，加州就通过了新的问责制，要求 95%地方教育机构(LEAs)和学校参与评估；纽约州要求教师与学生成绩评估方面要进行 8 年级科学和高中英语语言艺术、数学、科学和社会研究等课程的评估，并与 2010—2011 年度考试相关联，或在未来与其他州评估相关联，州评估或同等的法定考试在每个地区必须使用国家规定的表格提交一份完整的评估计划，以供专员批准，旨在确保评价计划严格、透明和公平，对测量工具、评估人员有严格要求。

以加州为例，在近年来的教育督导中强调问责制的实施，实施过程中收集多方面的数据，对于教育发展的整体情况进行评估并将报告向社会公布。2015—2016 年的问责制报告形成过程中，在全州范围内对于四个方面的内容进行调查：

（1）英语语言艺术（ELA）及数学学生参与率及高中毕业率：对全州学生参与 ELA 及数学测试的参与率、高中毕业率以及项目改进（PI）进行了调查；

（2）学生学业成绩及进步的评估（CAASPP）：分别按不同学生群体、年级以及学科科目对加州学生在 CAASPP 评估中的测试结果进行了统计；

（3）教师素质调查：教师资格证持有状况、教师受教育程度以及高级教师教授的核心科目课堂进行了统计与调查；

（4）国家教育进展评估（NAEP）结果：对加州总体学生 NAEP 阅读和数学评估结果、不同学生群体及年级在 NAEP 阅读和数学领域的测试结果进行调查。

基于上述调查的数据，加州教育厅发布了问责制报告（具报告的体内容框架见附件 1）。问责制报告中不仅仅列出全州和各地的整体情况，还另外标识出以下群体的学生的情况：黑人或非裔美国学生；美洲印第安人或阿拉斯加原住民学生；亚裔学生；菲律宾裔学生；西班牙裔或拉丁裔学生；夏威夷土著或太平洋岛民学生；白人学生；两个以上种族的学生；社会经济弱势群体学生（包括有资格获得免费或价格减少午餐计划的学生、直接认证免费或优惠餐的学生、移民无家可归的学生、被寄养的青少年、父母都未高中毕业的学生);英语语言学习者(即母语不是英语);残疾学生。

2017 年加州教育厅发布实施的新问责制在州和地方两个层面都提出了具体的评估指标,而后每年对于这些指标进行评估,评估报告的组成部分将通过"加州学校仪表盘"(California School Dash board)向公众公布。"加州学校仪表盘"是一个网站,教育工作者和公众可以通过该网站了解当地教育机构和学校如何满足加州多样化学生群体的需求。此次新问责制确立的衡量学校成功的指标分为两大类:州立指标和地方指标(详见附件 2)。其中州指标:

- 高中毕业率
- 职业/大学准备
- 英语语言艺术(ELA)和数学评估结果
- 英语语言学习者的发展
- 辍学率

地方指标包括:

- 基本服务(分配适当的教师,获得与课程一致的教学材料,以及安全、清洁和实用的学校设施;为被退学学生提供的协调服务;协调寄养青少年服务)
- 学术标准的实施
- 学校氛围
- 家长的参与度

报告以表格形式呈现,包括:整体绩效报告(显示所有学生在州指标中的表现水平)、状态/变化报告(每个州指标所反映的绩效,主要是所有学生的表现、当前的绩效水平以及做出的改变)、细节报告(学习成绩、办学条件和学习参与,主要集中在地方指标之中)以及 7 大类学生群体的情况报告。这 7 大类学生群体是:

- 英语语言学习者
- 社会经济弱势群体学生
- 被寄养的青少年
- 无家可归的青少年
- 残疾学生
- 少数族裔群体，包括：美印第安人和本土阿拉斯加人；亚裔学生；黑人/非裔美国人学生；菲律宾裔学生；西班牙/拉丁美洲人；夏威夷/太平洋岛民学生；
- 两个或两个以上种族的白人学生。

这种教育督导的方式体现了美国当前教育政策的取向，也反映了美国在教育发展过程中对于教育公平问题的关注。实际上，加州如此重视不同学生群体的学生表现，也和加州人口来源的多样化以及非白人人口比例高这一州情密切相关。此外，值得注意的是，这也体现了在美国当前的教育改革中，州和地方的互动在增强，州在教育问责报告中将地方/学区一级教育发展状况纳入治理框架之中。

（三）改革项目及其评估与督导

在教育改革的大潮中，联邦政府和各州的很多政策都是通过项目及配套的拨款而得以实施的。在此情况下，督导工作的重点就是对于项目的评估，项目评估的方案基于项目所设计的目标和预期结果展开。

比如，伊利诺伊州"愿景 2020"项目要求州立法机构和州长以及所有利益相关者采取行动，到 2020 年实现伊利诺伊州公共教育的承诺，具体措施包括：

- 推进 21 世纪学习：发展"完整的孩子"；保留教学时间；投资于幼儿教育；将学生与大学和职业联系起来；扩大技术获

取的公平性。

- 共享责任：扩大教育者在国家治理中的作用和责任；实施平衡的问责制；根据当地需要重组授权；为了使治理和问责制有效，国家授权的监督结构和地方治理之间必须保持平衡，平衡的问责模式将允许地方灵活性、确定系统的能力，促进共同问责，并对地方地区的改善保持敏感；区分必要行动（主要侧重于完全资助的、联邦的、学生安全和公民权利相关的任务）和自由裁量行动（主要侧重于没有资助的、非联邦的、教育过程相关的任务）。
- 实施"升学和就业准备"行动，开展基于能力的高中毕业要求试点项目（Competency-based High School Graduation Requirements Pilot），让学生和家庭更清楚地了解大学和职业准备所需的知识和行为；让学生有更大的可能性成为他们学习的积极参与者；建立各种地方和州级的支持模式，促进扩大试点范围。试点项目旨在研究制定能力基础教育的最佳策略，并建立公众意识。它将审查学生、教师、学校和全州教育系统，并按其要求进行调整。此外，可能会对州政策进行调整，以加快在全州范围内采用基于能力的教育。参与试点项目的学区可以选择符合自身学情与发展的基于能力的学习系统，并取代原有的年度课程毕业要求。学生人数少于 50 万的学区可以参加部分或全部 9—12 年级学校的试点项目。拥有 50 多万学生的学校可以只选择六所学校分两个阶段参加这个项目。试点项目：第一阶段是选择过程。第二阶段是全面开发和实施一个基于能力的高中毕业要求学习系统的详细计划。

这些项目规定了申请、实施和评估的详细方案，有着严格的批准程序和项目评估/督导标准。申请学校必须获得学区主管、学校董事会主席、教师谈判小组主席(如果学区有这样一个小组)、当地社区学院的代表以及社区学院以外的高等教育机构的代表的签名。如果谈判小组主席没有签署申请承诺书,学区必须提交谈判小组主席的声明,或者说明学区为获得这种声明所做的真诚努力。

学区须常设一个规划实施委员会,该委员会包括行政人员和教师的代表,以及将参与基于能力的学习系统实施的教师。教师代表应由教师或谈判单位的代表选出。教师代表的人数应等于管理员代表的人数,除非教师或谈判单位的代表另有约定。规划执行委员会将撰写报告,包括在申请之初,完整的试点项目计划书,在试行过程中,提交给 ISBE 的年度报告,这些年度报告都将作为项目评估的一部分。报告将对试点计划和实施情况进行评估,并提出改进意见,生成审查批准建议书。

审查批准建议书包括以下几个部分:整理收集参与学校的信息(需校长签名);整理教师参与的项目并绘制图表;梳理规划实施委员会的建议并生成图表(需所有参与者签名);整理地方社区和高等教育机构的计划(需至少两个签名),在整个审查标准建议书中,侧重强调整个试点,项目的实施质量实施方式,并评估项目发展的建议。

可见,这类项目在设计过程中对于评估就有着严格而明确的要求,在实施过程中会有定期的报告,项目结束的时候按照设计的评估方案和预期结果指标展开评估工作。在通过项目推进的教育政策实践中,这日益成为一种常规的方式。

三、教育结果的测评和基于结果的教育督导

教育督导工作离不开对于教育结果的评价,特别是在基于国

家目标和课程标准的教育改革中，对于教育结果尤为关注，尤其是对于学生学业成就的关注。在美国，国家教育进展评估 NAEP，是美国最早具有全国代表性的、持续的和最权威的中小学生学业成就评价系统，现在仍然是联邦和州层面最为重要的教育评价系统；除此之外，还有升学及就业准备导向同盟（PARCC）升学及就业准备导向的评价同盟（Partnership for Assessment of Readiness for College and Careers，简称 PARCC）它的评价是基于《州共同核心课程标准》（Common Core State Standards，简称 CCSS）开发的，旨在引导基于标准的课程教学改革并提供学生就业相关信息。这两个系统是教育评估和质量监测中最有影响的评价系统，也是教育决策的重要基础。

（一）国家教育进展评估

国家教育进步评估最早始于 1963 年，由私人财团资助，并陆续向全美推广。1969 年该评价体系得到联邦政府确认，被命名为国家教育进展评估。随着国家对教育质量问题关注，国家教育进展评估发生一系列变革：评价程序逐渐标准化，评价对象更加全纳化，采用量性数据来表示学生的整体成绩反映整体教育趋势；1988 年，美国国会通过了“霍金斯——斯特福特小学和中学改进系列修正案，”使得国家教育进展评估有了官方法律的支持，并促成了国家教育进展评估的政策制定机构——国家评价管理委员会（National Assessment of Governing Board，简称 NAGB）的成立，NAEP 由一个团体行为向官方评价转型。国家教育进展评估除了评价全国学生的学业成就和进展的整体情况，1990 年开始进行各州评估，生成各州的学生成就表现及发展趋势报告。2002 年，联邦政府在国家教育进展评估授权下开始支持对城市地区进行试验性教育进展评估（NAEP Trial Urban District Assessment）。

国家教育进展评估的主要目的是通过对 4 年级、8 年级和 12 年级核心科目(如阅读、数学、科学、写作、美国历史、公民、地理等)进行评估,以监测国家中小学生的学业成就水平并向公众报告。国家教育进展评估主要收集和报告国家一级的学业成就水平,也进行州和地区一级的某些评估。它的评价结果已经成为评估和监测美国基础教育质量的一项重要指标,也为美国的教育研究提供了大量的基础数据,为实现美国追求教育公平和卓越教育的战略目标提供了很好的评价模式,成为影响国家教育政策制定与改进的一个重要信息源。

评估决策机构国家评价管理委员会的成员构成包括政府官员、州立法者、州和地方的学校管理者、教师、企业代表和社会公共部门成员。国家评价管理委员会的主要职责包括:制定有关国家教育进展评估的政策;开发评价框架;确定不同学段、不同学科的学业成就水平;为国家教育进展评估的评分设立等级标准;制定测试说明;生成测试基本理念与原则。国家教育进展评估的执行机构是国家教育统计中心(National Center of Education Statistics,简称 NCES),其核心职能是收集、统计、分析和公布有关美国教育发展的现状与趋势的数据信息。国家教育统计中心评价部(Assessment Division)是负责执行国家教育进展评估数据收集工作的实体部门,该部门还负责为后续的数据分析提供技术支持。

国家教育进展评估的评价框架的制定紧紧围绕课程标准展开。课程标准对于学生成就水平的理解区别于简单的成绩结果,针对不同的学科性质,课程标准在对学生知识与技能的掌握、能力的形成、情感态度等方面的描述是不同的。国家教育进展评估的评价框架的考察维度是参照不同学科领域的具体课程标准设定的,它在测量公众所熟知的识记能力的同时,更注重掌握学生的学习能力，并努力衡量各州、各校、各学生之间的具体差异。

国家教育进展评估可分为主要评价（main assessment）和长远趋势评价（long-trend assessment）两种类型。主要评价的目标是了解当前全国中小学生的学业成就现状，包括全国评价、州评价和个别地区城市评价，评价内容涵盖科目广泛；而长远趋势评估的目标是监测未来一段时间内国家教育的可能进展情况，关注国家这一层级的评价，评价内容包括阅读和数学两个科目。国家教育进展评估评价包括两类问题：一类是与学科相关的认知类问题，主要测量学生在各科中的学业水平；另一类是与学生个人信息相关的非认知类问题，主要探究学生的家庭背景、人际关系、行为表现等个人情况与其学业成就间的联系。

国家教育进展评估既报告州评估也报告国家评估。每个州的国家教育进展评估样本旨在代表本州学生的表现。在州一级，目前仅针对公立学校学生报告结果，并对学生群体进行细分。当国家教育进展评估在州一级进行时（即数学，阅读，科学和写作），也会报告国家的结果。国家教育进展评估样本由公立学校学生的所有州样本以及非公立学校学生的全国样本组成。如果有州没有参加，则选择一定数量的学校和学生来完成国家级样本。

国家教育进展评估的成绩以两种方式报告——分数和成就水平，以便更容易理解学生的表现。成就水平将各年级学生的成绩划分为：基本熟练和高级。成就水平描述了各年级学生应该知道什么和能够做什么的最低表现标准和最高表现标准，在具体评价时，根据学科和年级的不同有更为详细的描述。国家教育进展评估不为所评估的学生或学校提供个人分数。由于国家教育进展评估量表是针对每个受试者独立开发的，因此不建议在受试者之间进行分数与水平的比较。但是，这些报告指标极大地促进了主题内每年的性能比较以及同一年级的一组学生与另一组学生的性能比较。

目前，在全国层面和州层面，国家教育进展评估的评价结果都是评估学生整体和各群体学生学业成就及其变化状况的重要参考指标，很多州的问责报告都将这一评价结果纳入其中，以向全社会报告教育的整体水平及进展。特别是从纵向上看，因为这一评价体系的长期性和持续性，为基于同一尺度、可比标准、客观数据跟踪和分析教育改革与教育政策的实效奠定了坚实的基础，也为整体性地评价区域和全国的教育发展水平、深入细致研究教育实践的相关问题奠定了坚实基础，为基于数据和研究的教育决策提供了可能。

当然，国家教育进展评估在实施过程中也存在一些不足，特别是学科命题技术有所欠缺，具体而言就是如何将课程标准（包括内容标准和表现标准）转化为具体学科评价中能力不足。因为课程标准的规定性相对而言是比较空洞的。它按照年段进行设计，是对学生课时目标的累积期望，而且目前的课程标准对学生的认知要求并不十分明确，这就使课程标准的规定性要大大低于教学大纲，显得比较“含糊”，作为评价标准就显得规定性和效度不足。

（二）为升学与就业做准备的评价联盟（PARCC）的评价

为升学与就业做准备的评价联盟（Partnership for Assessment of Readiness for College and Careers，简称 PARCC）是基于共同核心课程标准建立的“联邦—州—专业机构”多方共同合作的支持联盟机制。这一评价产生的背景是，2010 年，全美州长协会（National Governors Association）和各州教育长官委员会（Council of Chief State School Officers）共同颁布了“核心标准”，旨在统一美国 K－12 年级课程标准，以确保学生为升学和就业做好准备，从而提升美国的国际竞争力。《州共同核心课程标准》(CCSS)为美国的基础教育提供了国家层面的、统一的课程标准，45 个州和哥伦比亚特区采纳了这一 45 个州和哥伦比亚特区采纳了这一标准，但发现州评价体系难以产生适应性要求。因此，基于“核心标准”构建新的评价体系成为美国基础教育领域的重大需求。2010 年通过《美国复兴和再投资促进法》(American Recovery and Reinvestment Act)中“力争上游评估项目”(Race to the Top Assessment)的专项拨款方式，支持、研发、推出了“升学及就业准备导向的评价同盟”评价体系。

这一评价体系旨在建立高质量统一的评价体系，以达到以下目标：(1)检测学校和学生是否在为实现核心课标准中所要求的升学和就业做准备；(2)提供面向 21 世纪以信息技术为支撑的评价体系和数据资源为教师的课堂教学、教学干预和职业发展服务；实现通过评价体系提升教育的针对性，实现教育教学创新；(3)形成有效、可信、及时的含有学生学业成绩进步指标的数据以服务于教育问责：学校和学区的效能、教师的教学效能和学生进入高校学习的入学能力水平；(4)美国各州之间以及美国与世界其他国家教学水平的差异。

评价联盟的组织架构呈现以下特征。(1)州是评价体系研制的最重要主体。来自升学及就业准备导向的评价同盟成员州的教育机构员工、校长、教师、课程主管和其他教育者、专家是该同盟组织的主要成员，负责同盟组织的各项工作。(2)美国联邦政府不仅是评价体系研制工作的资金提供者，也是评价体系研制的发起者和监控者。(3)“美国教育考试服务中心”(Educational Testing Service)、“进步测量”(Measured Progress)和“麦克劳希尔教育测评中心”(CTB/McGraw-Hill)三个老牌考试服务承包商共同合作,负责试题开发与编制的初期具体工作。(4)升学及就业准备导向的评价同盟选择 Achieve 公司担任组织的项目管理合伙人,邀请撰写"核心标准"的领导成员、州的学科内容专家以及其他方面的专家和教师共同参与标准的解释,德克萨斯大学的达纳中心研制了数学学科的基本草案,而匹兹堡大学的学习研究院则研制了英语学科的草案。每个同盟州都有教育家领导小组,称为教育者领导干部(ELC),包括 ELA/识字和数学方面的 K－12 教育工作者,如教育学院的高等教育代表,在其他学科中的中学教师,在与残疾学生合作方面经验丰富的教育工作者,英语学习者,资优学生以及学校和学区管理人员。所有人持有的共同的信念是:运用各州的共同力量共同研制高质量的评价系统使学生高中毕业时为升入大学和就业做好准备。

评价的研制程序是:解析"核心标准"——设计测验蓝本——草拟测验试题——测验试题的多重审查——评价体系的实地测验——根据检测结果的报告效果进行主题研究和改革。

从内容看,升学及就业准备导向的评价同盟评价模块以数学和英语两大核心学科 K－12 年级学生的形成性评价与终结性评价为主,包含一系列创新的、由计算机监测的项目和拓展性行为表现任务组成的 3—11 年级数学和英语的终结性评价和可供选择的、供 2 年级之前学生使用的形成性评价信息;可供选择的、基于学生行为表现,侧重对一些传统测量中难以考核的知识和技能的学年中期评价。其中英语模块评价内容包含文学分析、叙事写作、研究模拟、文字文学、文本小/中/长通知等,侧重读写能力的评价、口语听力技能评价、拓展性评价即学生撰写研究报告的能力评价、学年末的终结性评价;数学模块包含数学 I、II、III;代数、几何或者代数 II 以及综合数学。

评价标准具有可参与性、实用性导向、通用性、科学性和公平性。评价充分考虑了各类学生群体的多种需求,将尊重学生、促进学生发展的通用设计方法贯穿始终。譬如,将试题材料制成音频文件提供给有视觉障碍的学生,避免涉及具有文化偏见的测验。

评价包括两部分,即由用于各州问责的终结性评价以及成员州可选择性实行的形成性评价两大部分构成。其中,终结性评价包括基于表现的评价以及学年末的终结性评价;形成性评价包括诊断性评价、年中评价以及英语学科的听与说的评价。

升学及就业准备导向的评价同盟资源库内容丰富,资源包括:在线资源共享中心、复杂文本诊断工具。K－12 年级选择性评价项目构成的形成性评价工具资源共享中心是一个帮助教师进行教学设计和教学评价的在线电子数据库;复杂文本诊断工具是用于诊断学生英语文本阅读能力并根据诊断结果提供相关阅读文本的工具。这些资源可为学生、家长和教育者提供测量学生学习状况的信息并提供修正教学方式的建议;为教育工作者提供学生评价信息和评价模块等信息;通过网络或人脉关系为"幼儿园—12 年级"的教育工作者提供职业发展机会;可供各州汇报学生的同盟评价信息;开发资源共享信息中心,为教师提供框架模型、帮助教师进行教学设计;提供学生作业和任务及评价方式、学生评价信息等。

这一评价采用通用设计原则与证据设计原则,以"州核心课评价模块"为体系,采用学年早期评价、中期评价和学年末评价等不同时间段的评价方式,将用于各州问责的终结性评价和成员州可选择性实行的形成性评价加以组合,以衡量学生在升学和就业中为取得成功的准备情况,衡量学生是否为掌握严谨的学术内容做好准备,批判性地思考并应用知识来解决问题,并开展研究以发展和传达观点。这一评价能够为学生个体、家长和教师提供学生学习的动态信息，有利于学生、教师和家长做出针对性的学习方式和教学辅助方式的调整，从而促进学生的有效学习；使得"核心课标标准"促进学生升学和就业的基本理念得以贯彻执行实现教、学、评三者的有效衔接；为美国大学和企业在全国范围内的招生和人才选拔提供依据和标准，为教育管理者进行问责及其他教育决策提供有效依据。

四、指向教师专业发展和教学改进的教育督导

（一）教学督导制度与实践

教学督导是美国教育督导制度与实践中最富有特色的地方之一。这一督导方式的重点是督导者（各种类型的教育专业人士，包括同事中的专家教师或者资深教师）对于被督导的教师进行教学上的专业指导，二者之间不仅仅是检查与被检查的关系，更多的是协作关系，督导活动指向于教学的改进和教师的专业发展。督导者更多的是一种教学领导者，督导者和被督导者的关系更多地是伙伴关系，督导的方式不是传统的核查、审视，而是协作式的专业发展活动。这一模式通常和发展性督导、教学领导等观念和模式相关联，被认为是教育督导发展的新趋势。

卡尔·格利克曼等人基于自己的研究提出了成功学校的教育督导模式：在这一模式中，督导工作指向于改进学生的学习，主要任务包括直接协助团体发展、专业发展、课程发展和行动研究，而非核查与问责。这种以发展为导向的督导方式突破了对于教育督导的传统思维和价值观，受到学区和教师的好评。

特别是，在这一过程中，督导工作直接促进教师的教学反思和教学改进。苏珊·沙利文和杰佛里·格兰仕在《美国教学质量监

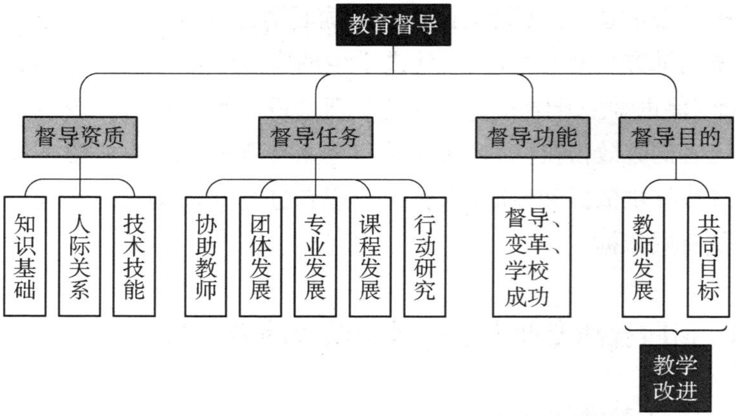

图 4-1　成功学校的教育督导

来源：改编自卡尔·格利克曼等.教育督导学：一种发展性视角(第六版)[M].中国人民大学出版社,2014,第 9 页。

管与督导》(黑龙江教育出版社,2016,序 p. 9)中指出:“当教师受到鼓励去反思其教学时,当负有监管与督导职责的人让教师就课堂教学开展对话时,教学提高的舞台就搭建好了。”“进入 21 世纪后,为提高教学质量而进行的监管与督导将继续成为督导员与其他教育领导者首要关心的问题。(p. 3)”他们在教学督导的研究与实践中,通过指导和支持教师进行课堂观察、案例研究、行动研究等途径,推动教师的教学反思、专业对话和实践改进。他们提出了课堂观察的 10 条指导原则：让教师参与反思与讨论;观察手段应该向教师提供其他课堂方面的信息;描述发生的事,解释其含义;描述行为,先不要解读;在采用的观察方法和技巧的问题上要与教师合作;在解读课堂行为时要注意个人成见;将解读与描述分隔开;观察一种具体行为;讨论课堂观摩的协议;不要只根据一项观察就得出结论。同时进一步提供了若干观察工具和工作单指导教师进行课堂观察、分析和研究,乃至后继的教学改进的探索工作。

比如，督导员为教师提供的工具之一是基于“知识深度”概念框架进行课堂观察和分析，运用这一量表，观察者和教师自己可以对教师提出的问题以及学生作出的回答进行知识深度的分析(分别见表 4-1、表-2)，研究在不同时间段内教师提出的问题在知识深度上的水平，以及不同学生的回答在知识深度上的表现水平，基于课堂观察记录和分析结果展开专业对话并进行反思。

表 4-1 教师提问的“知识深度”量表

班级：______ 日期：______ 开始时间：______ 结束时间：______

问题类别	5 分钟记录	10 分钟记录	15 分钟记录	总数	%	评语
延伸思维						还有什么会问题会拓展延伸思维?
战略思维						什么类型的问题会引发战略性思维，你会把这样的问题放在课堂的什么位置提出?
技能或概念的基本应用						某些问题如何能够成为战略思维问题?
回忆						这些问题如何才能成为更高层级的问题?

在此类的教学督导活动中，可以利用的观察分析量表还可以基于布鲁姆分类法、加德纳多元智能理论、差别化/区分性课堂、学习者中心、师生互动、学生文化背景关照等领域的研究进行开发。从内容上看，这一教育督导方式实际上是将在我国话语体系中所说的教研、部分的科研、教师专业发展活动、专业引领等融合到了一起，从而使得教学督导聚焦于教师等专业发展和教学改进，具有专业性、引领性和发展性。

表 4-2　学生回答的"知识深度"量表

班级：______　日期：______　开始时间：______　结束时间：______

学生	知识深度等级 1	知识深度等级 2	知识深度等级 3	知识深度等级 4	观察所得
学生 A					
学生 B					
学生 C					
学生 D					
学生 E					
……					

(√＝正确，×＝不正确，1＝回忆，2＝技能或概念的应用，3＝战略思维，4＝延伸思维)

(二) 美国 SEC(实施课程调查)

实施课程调查(Survey of Enacted Curriculum，简称 SEC)是美国在评估课程实施方面最具权威性的工具，由美国各州教育首席官员委员会(Council of Chief State School Officers，简称 CCSSO)和威斯康辛教育研究中心(Wisconsin Center for Education Research，简称 WCER)联合各州政府合作开发，以"实施的课程"为对象。这一调查是在课程标准运动下产生的，旨在调查实施的课程的状况，及其与政策的、文本的、理念的课程之间的一致性。因而，教师的教学内容和教学实践是调查的核心，由教师来报告课堂教授的、学生经历的学科内容和教学实践。

实施课程调查的监测目标是：调查课堂教学的质量，尤其是教师教学的深度和宽度，以及教学和课程标准、方案之间的一致性。监测内容重点是教学内容和教学实践状况。在实施过程中，由参与州的教育委员会、州教育首席官员委员会、威斯康辛州教育研究中心、美国北中地区教育实验室和 TERC 区域联盟协作开发监测方案和工具，教育行政部门、研究者、学校和经认证的教师实施监测工作。

实施课程调查的监测对象主要是教师(已经进行的监测以数学和科学教师为主)。监测方法以大规模问卷调查为主,问卷包括教师问卷、学生问卷和学校领导问卷。

监测工具和指标体系以自我报告式的问卷为主。其中的教师调查主要由两部分构成,一部分是教学内容调查,另一部分是教学实践调查。"教学内容调查"详细地调查教学内容。大约需一小时完成,针对小学、初中和高中各年级的各学科都有单独的教学内容调查问卷;"教学实践调查"是针对数学(或科学)教学活动、教师备课、专业发展,技术使用和资源可用性的调查,适用于 K-12 的各年级。教师调查问卷包括 155 个调查项目,约一个小时完成。学生问卷的调查项目相对少些,约 20—30 分钟完成。4—12 年级的学生问卷中有 46 个调查项目与课堂活动有关,主要是作为对教师问卷中相关问题的辅助和验证。两份调查涵盖的内容有:

课堂教学实践	学校特征
	班级特征
	最新的学习单元
	家庭作业
	教学活动
	计算器、计算机和其他设备的使用
	评价
	教学影响
	课堂教学准备
	教师意见
	教师专业发展
	正式课程准备
	教师特征

（续表）

教学内容	在一学年（或学期）中教授的课程主题
	主题的教学时间
	教师对学生学习该主题的期望

监测结果以公开报告的形式发布。数据分析和报告是基于多个题项所构成的维度和剖面做出的。其中实施课程调查中基本的描述性数据提供了大量与实践相关的信息，能便于学校和地区使用调查结果。实施课程调查还从年级水平、成就水平、班级规模、少数民族占比、女学生占比和低英语熟练度学生占比等不同维度呈现调查结果，并报告了具体调查项目与规模测量的平均值和标准偏差。调查报告还用于研究分析教学指标与学生学业乘机会的关系、推动教学与标准和评价的一致性、协助学校领导团队确定教学改进策略、评估学校工作方案并协助学校设计教师专业发展途径。

通过分析可以发现，实施课程调查课程实施监测具有以下特点：(1)采用问卷调查的方式，方便可行，易于实施；(2)教师、学生和学校领导的问卷采用相似的问卷内容，便于互证和客观了解情况；(3)调查与教学改进、教师专业发展设计、学校发展结合；(4)分不同群体呈现其调查结果，有利于发展不同群体的具体问题，最大程度地避免将调查误用于排名和考评。

（三）教育教学过程和环境的其他督导方式

在关注过程的评估中，还有一种方式是综合教育过程/方式和结果，对于学校的教师或者校长进行督导并问责。纽约州采用的年度专业表现评估就是其中的典型。

纽约州采用的年度专业表现评估（Annual Professional Performance Reviews，APPR）进行教育督导，主要的督导对象是教师和校长，督导形式是课堂观察/学校访问和学生表现情况二者相结合，督导员由学区或者教育服务机构委员会（BOCE，Boards of Cooperative Educational Services）进行安排，并且学区或者BOCE有权根据评估结果终止教师或者校长的工作。

在评价过程中，督导员提供完整而全面的年度专业表现评估指南，其中包括了对于教师和校长督导时如何对于学生表现进行评估以及如何通过课堂观察和学校访问获取关于教育教学环境及实践状况的信息，还规定了具体的评估流程。在量表的选用上，纽约州不采用统一的量表，而是学区自行选用教育部批准的一些其他组织机构的量表，并可以做出微调，学区的年度专业表现评估计划需要提前提交并审核通过（详细方案见附件 3）。这种督导方式将学生的学业成绩纳入对于教师和校长的督导之中，体现了宏观教育政策的要求，但是同时也注重接受督导的教师和校长的行为表现和过程性的记录，这为督查教师和校长的工作及成效提供了全面的信息，也为教师和校长的专业发展提供了动力和专业支持。特别是，考虑到学生学业成绩受到其家庭的社会经济地位、天赋等多方面因素影响以及学生成绩提升的长期性等因素，这种兼顾结果和过程的督导不仅更全面，也更加合理。

五、美国教育督导的特点与启示

美国教育督导在教育制度背景、整体安排和具体实践方式上同我国的教育督导截然不同，但是其若干经验仍有很高的借鉴价值，有助于我们完善教育督导制度，使之更加科学，更加有效，从而更好地服务于我国的教育发展和教育强国建设。具体而言，以下四个方面的特点具有直接的借鉴价值：

（一）注重教育督导工作注重长期性和政策焦点之间的平衡。

像国家教育进展评估的评价就具有长期性，这种长期、连续、纵向可比的教育评估检测对于分析判断教育质量状况和发展具有很好的支持作用。同时，在教育督导中又能根据当前政策重点进行适应性的设计，引导和监督学校和教师将政策要求转变为自觉的实践追求，并以政策目标为参考指标来检测实践的成效。在注重国家教育目标、课程标准、绩效及问责的美国教育改革大潮中，像纽约州的 APPR、加州的新问责制都是典型的聚焦政策的督导方案。教育改革的政策，也只有在通过督导等有效的评价途径转化为教师和学校的自觉追求时，才有可能达到政策设计的预期目标。

（二）实施多元化的教育督导，注重使其相互支持。在美国，虽然不像其他国家有一直专门的教育督导队伍，独立设置的教育督导机构，但是这种多元化的督导实践实践恰恰有利于提供不同层面的监测和支持。融入教育治理体系之中甚至与教育行政管理体系融合到一起的督导体制将教育目标、方法及成效的关注转化为参与治理各方的共同追求，当然这种体制有外部法治环境、政务公开、学区委员会及教育主管/督学的选拔和任命制度的支持。在具体的学校实践层面，教学督导、课程实施监测等注重过程的督导本身是直接的教师专业发展活动，支持了教师专业能力的提升和教学改进。不同形式的学生学业成绩评价则成为评估和检测教育结果的可靠途径。这些方面又相互支持，比如对于学生学业成绩的评价就是问责制的基础，教学督导等发展性督导等效果检测也是基于学生发展评价，而学生学业成绩评价和教学督导又以政策关注为重点。

（三）开展教学督导为教师提供专业性支持。教学督导工作提供了一种指向发展的督导路径，也是一种参与式的、民主的、聚焦实践过程并置身实践情境的教育督导方式，将督导、教学实践与教学研究融合到一起，引导教师反思、分析和再设计自己的教学活动。这种督导方式也改变了督导即检查/核查的行政化、控制性督导模式，走向一种专业性、平等性的督导模式。特别值得关注的是，在这种类型的督导中，督导员可以将关于课程教学和学生学习及发展的相关研究成果转化为支持教师反思和分析自己课堂教学的方法和工具，既具有可操作性，又具有创新性和有效性。从对于教学督导的分析看，这也可以说是一种有效的教研制度，值得我们学习。

（四）注重工具开发，注重数据的多样性和可靠性，从而增强教育督导的科学性。美国教育督导的几乎每一项实践都有具体的工具/量表支持，有详细的操作规程，注重从不同途径收集数据，力争对于区域/学校/学生群体的教育条件和教育成就、教师的教-学过程和结果进行多方面的事实性数据收集，在此基础上展开评估工作，并通过连续性和制度化的评估增强历史结果的可比性，通过结果（督导/评估报告）的公开化促成评估的准确性，这些方面的做法保障了教育督导的科学性和实效性。

第二节　政府监督与大学自治：加州大学共同治理下的教育督导

教育督导是依法对教育行政部门和学校进行指导、监督、检查、评估的行为，以保障教育目标的实现[①]。教育督导可分为督政、督管和督学三种类型：督政是对教育行政部门履行教育职责、落实教育方针情况的督查；督管是监督、检查、评估学校的办学行为及学校管理等情况；督学则是监测和评估学校教学质量、学生的

① 孙河川．教育督导与评估指标［M］．北京：中国社会科学出版社，2017：3．

学业水平、教师发展等。完善教育督导制度是保障教育质量、促进教育发展、实现科学管理的重要手段。

在高等教育现代化的进程中，大学如何在与政府和市场关系的转变中保障教育质量、保持学术自主也日益受到关注。美国由于教育体系的高度分权，联邦层面没有统一独立的教育督导机构，同时大学自治的传统也使得美国的高等教育督导不完全依赖外界的监督评估，因而美国建立起了政府监督和大学自治相结合的高等教育督导机制。这种督导与美国公立高校的共同治理模式密切相关。加州大学成立于 1868 年，一直沿用共同治理模式进行决策和管理[①]，是美国第一个建设多个校区的公立大学系统。根据《美国新闻与世界报道》的 2019 年美国大学排名，加州大学洛杉矶分校和伯克利分校分别排在全美第 19 名和第 22 名，而其余排名前 20 的院校均为私立大学。作为一个公立高等教育系统，加州大学的成绩不可谓不突出。以加州大学为例，探究美国高等教育督导的具体模式和特征，可以为我国高等教育督导的发展提供借鉴。

一、美国共同治理模式下的高等教育督导

美国高等教育在移植英国大学的学术法人制度的基础上，又吸收了信托与校董会制度，形成了以“法人—校董会制度结构”为基础的、外部多元资助与干预并存的大学自治制度[②]。这种制度

---

① 徐少君，眭依凡，俞婷婕等. 加州大学共同治理：权力结构、运行机制、问题与挑战——访加州大学学术评议会前主席 James A. Chalfant 教授[J]. 复旦教育论坛，2019，17(1)：7—13.

② 刘虹. 控制与自治：美国政府与大学关系研究[M]. 上海：复旦大学出版社，2012：62.

包含了高校教职工对决策过程的参与，因此也被称为“共同治理”(Shared Governance)。

共同治理的概念来源于1966年美国大学教授联合会(AAUP)、美国教育协会(ACE)和大学与学院校董会协会(AGB)联合发表的《学院与大学治理宣言》，这份声明将共同治理定义为：“基于教师和行政部门双方专长的权利和决策的责任分工，以代表教师和行政人员共同工作的承诺”[①]，并明确了校董会、校长和教职工的主要权责范围。美国教育分权体制为这种自治制度的发展提供了坚实的支撑，使得共同治理模式在1988年率先于加州开始了立法进程[②]。共同治理强调学术评议会在教学和研究方面的作用，被认为有助于促进多元文化的发展，提高机构的生产力[③]，以及保证学术自由与管理民主[④]。共同治理模式的组织关系如图4-2所示。基于这种模式，美国州政府并没有专门设立一个督导部门对高等教育系统进行自上而下的督导，而是通过内外结合的一系列监督管理机制对大学进行督政、督管和督学。

在外部管理上，美国公立大学的运作受到三方影响：联邦政府、州政府、非官方团体。联邦政府通过教育拨款的形式把联邦的政策渗透到各州和地方，但其拨款占大学资金比例较小，影响也较低；州政府也通过提供财政补助、绩效资金的方式，对高等教育发

---

① American Association of University Professors. Statement on Government of Colleges and Universities[EB/OL]. https://www.aaup.org/report/statement-government-colleges-and-universities, 2019-01-08.

② 甘永涛.美国大学共同治理制度的演进[J].清华大学教育研究,2009,30(3):25—30.

③ S TENSAKER B, VABØ A. Re-inventing Shared Governance [J]. Higher Education Quarterly, 2013,67(3):256-274.

④ 甘永涛.美国大学共同治理制度的演进[J].清华大学教育研究,2009,30(3):25—30.

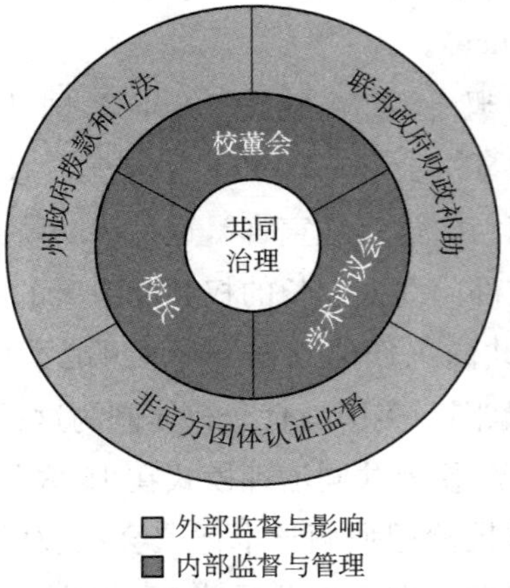

图 4－1　共同治理模式下的组织关系

展实施间接影响，此外，州政府还通过担任校董会成员，制定适用于高等教育的法律和规范，以及建立全州范围的治理型校董会，在大学治理中谋求更多权利①；非官方团体主要包括区域性认证评估机构、私人基金会、大学协会、区域性协议组织等，其中区域性认证评估机构主要负责相关各州院校的评估工作，为各州分权下的高等教育机构提供基本标准和质量保障。认证制度是对政府管理的一种制衡，也是社会公众参与高等教育管理之门。

在美国高校的内部管理中，校董会处于组织系统的顶端，是高校的法定代表机构和最高决策权威，致力于维护高校与外部利益相关者（如公民、捐赠者、股东等）的关系，同时也是一种内在监督机制。校董会将管理大学的责任委托给校长，并每年对校长进行

---

① ［美］罗纳德 · G · 埃伦伯格. 美国的大学治理［M］. 沈文钦等，译. 北京：北京大学出版社，2010：37.

评估[①]。校长通过高校管理层对大学进行直接管理,同时需要定期向校董会报告,每年向州政府提交责任报告,还需接受来自内部审计项目的监督。此外,美国大学的教职工还通过学术评议对学术事务进行进度监督、评估和建议。学术评议会提高了教授对大学治理的参与度,搭建了教师与行政人员之间的交流平台。

二、加州大学的教育督导分析

(一) 州政府——立法监督和拨款监督

1879 年加州修订的新宪法赋予了加州大学校董会、管理者以及教职工对大学的运营、控制和治理的独特权利,没有任何成文法可以夺走这一权利[②]。但这并不意味着加州大学可以完全独立于加州的社会和经济发展需求运行,州政府通过立法和拨款的方式对加州大学进行影响或监督。如《1960 年总体规划》规定了加州大学的录取标准为加州排名前 12.5%的毕业生[③],从法律上对大学招生进行管理。加州大学在获得州政府拨款时必须服从其设置的附加要求,并在大学资金的投入及安全问题上服从州议会的管理。此外,加州学生援助委员会是对政府拨款进行督政工作的主要州立机构,负责管理学生财务资助项目,评估、分析资助政策,并对学生援助资金的投入情况进行汇报。

---

① [美]罗纳德·G·埃伦伯格. 美国的大学治理[M]. 沈文钦等,译. 北京：北京大学出版社,2010：12.

② DUOGLASS J A. How and Why the University of California Got Its Autonomy [J]. Center for Studies in Higher Education, 2015(4)：1－14.

③ DUOGLASS J A. How and Why the University of California Got Its Autonomy [J]. Center for Studies in Higher Education, 2015(4)：1－14.

（二）校董会——政府对大学的间接督导

根据加州宪法第九节第九条，加州大学校董会拥有组织与治理加州大学的全部权利，仅受到必要的法律约束。校董会由 26 名成员组成，对大学的政策和财务进行把控。除了州长、副州长、州议会会长、州教育总督、校长、校友会会长和副会长因其职位担任当然董事外，州长另外任命 18 名董事，任期均为 12 年。此外，校董会每年任命 1 名学生董事。校董会定期举行会议，下设 6 个常委会，分别在学术与学生事务、合规与审计、财务与资产、治理与薪酬、医疗保健等方面为校董会提供策略指导和建议，并对相关事务进行监督。

校董会属于公立法人，一定程度上避免了政府对大学的直接干预，保护了大学的自主权。然而，通过担任当然董事和任命大部分校董会成员的方式，州政府对加州大学宏观政策的制定和实施依旧产生了强烈的影响，大学各部门和政府的联系也变得更加紧密①。校长和常务委员会的汇报，以及校董会的定期会议，都加强了政府对大学的间接督导。

（三）校长——督管运营、落实问责

校长由校董会任命，实施校董会为加州大学制定的策略和目标，并对校董会进行汇报。加州大学的校长是加州大学的首席执行官、学术领导者以及公共职责的监管者。在学术上，校长与学术评议会保持一致，领导并执行大学的学术发展；在日常事务方面，校长统领整个大学系统的管理工作，并支持、评估各校区校长的工

---

① FINNEY J E，RISO C，OROSZ K，et al. From Master Plan to Mediocrity：Higher Education Performance & Policy in California [EB/OL]. https://www.gse.upenn.edu/pdf/irhe/California_Report.pdf，2019-07-17.

作。作为加州大学的代表，校长需要确保校董会各项决策的实施，并公布大学运营的相关信息，以接受来自内部和外部的监督，落实大学的问责。

问责制是敦促高校履行职责、进行督管的主要方式，大学要将教育成果信息向社会公布。校长办公室下设的机构研究与学术规划院落实了加州大学以数据为基础的问责，其中最主要也最重要的就是年度责任报告。2018 年度责任报告涵盖了本科生、研究生、教职工的各方面现状，以及大学在多样性、教学事务、研究事务、公共事务、医疗保健、机构绩效、荣誉排名等方面的情况，并且提供充分的数据和证据支撑。责任报告既达到了加州大学作为一个公立机构信息公开透明的要求，也为校董会和政府提供了一份大学综合评估报告。此外，校长办公室的内部审计项目通过向合规与审计委员会提交年度合规报告，以及向校长提供审计活动的建议等方式，辅助校长办公室对大学治理、风险管理和内部控制进行督管。

（四）学术评议会——督导学术事务

校董会授权大学教职工以学术评议会的形式来管理大学的学术事务，参与加州大学的决策制定，保证教学和研究的质量。其主要职权包括决定录取条件和招聘教职工条件、学位证书和学历的授予权、学院和课程的管理权以及监督权。加州大学的学术评议会及其下属委员会共同建立了一个周期性的本科及研究生项目评估系统（Program Review Process，PRP），由相关教职工、学生和外部团队共同进行评价。PRP 基于学院的自我调研报告和各类的档案资料对学位项目进行全方面评估，包括项目目标、教育要素、教学要素、给学生的建议和指导、基础设施、教学环境等。学院的自我调研报告和相关材料经过审核评估后，评估委员会将给出相应的建议或者展开实地考察，最终学院根据评估结果对该项目或专业进行一定的改进。PRP 旨在保证各个项目符合西部院校联盟（WASC）的认证标准，并使得加州大学所有的学位项目在培养目标、过程、质量上做到公开透明，实现对学生的问责。

除了参与学术事务的决策和评估学位项目之外，学术评议会还对加州大学系统中各个分校校长进行监督。学术评议会每五年向加州大学总校长提交一份各分校校长的评估报告，依照指导标准对校长从领导能力、决策能力、组织管理能力、作为学校代表的能力四个方面进行评估。校长将参考这份评估报告对分校校长的表现做出评价。

（五）非官方团体——独立客观的自愿性督导

非官方团体对大学和政府起到监督为主、指导为辅的督导作用。接受非官方团体的督导不是强制性的，但由于一些团体在民间具有很强的影响力，大学和政府往往自愿接受这些团体的监督和评估，以扩大自身的影响力。

在督学方面，加州大学的每个院校都经过 WASC 下属的高等院校认证委员会（WASCUC）的质量认证。通过对合规性、教育教学、学生成就、质量保障、可持续性等多个方面的考察和评估，WASCUS 向加州大学提交评估报告并给出建议，加州大学根据评估结果对不足之处加以改进，使之符合认证标准。认证的有效期为 6 至 10 年不等，因此认证不仅是对学校质量的认可，而且是学术圈对教学的监察和督导。

在督政方面，全国州预算办公室协会（NASBO）作为独立的非政府教育组织，旨在收集、整理、研究各州预算，使得州政府在财政管理上公开透明，保证公民对州政府工作的知情权，改善各州财务政策并促进政策的实施。2013 年 NASBO 发表的有关高等教育的研究报告《通过预算过程促进高等教育：挑战与机遇》中指出，当前州政府对于高等教育的财政模式并非可持续的，高校需要接受这种政府有限投资的新常态，想办法在开源节流的同时提高效率和质量①。通过对各州财政投入的调研和汇报，外部协会承担了部分督政职责，促使教育行政监督落到实处。

三、加州大学教育督导的特点与启示

（一）优点——保护了大学的自主权

共同治理模式下多元化的督导主体在教育督导的过程中极大程度上保护了大学的自主权。外部形成了州政府和非官方团体相结合的督导主体，内部形成了校董会、校长、学术评议会三足鼎立的督导主体。州政府对加州大学进行立法监督和拨款监督，同时通过担任当然董事、任命校董会成员的方式对加州大学进行间接督导。非官方团体监督政府财政投入，认证大学教育质量，克服了信息不对等的弊端，为政府的重要教育决策提供了依据②。校长及校长办公室督管学校运营，落实问责。学术评议会对各类学术事务进行督学，保障教学质量。多元主体避免了督导过程中政府对大学的直接干预，保证了督导结果的公正性和客观性。大学内部的校董会、校长和学术评议会参与督导、共担责任，保障了大学在督导过程中的自主权，使得大学卓越目标得以实现。

---

① National Association of State Budget Officers. Improving Postsecondary Education Through the Budget Process: Challenges & Opportunities [EB/OL]. https://www.nasbo.org/mainsite/reports-data/higher-education-reports/improving-postsecondary-education, 2019 - 01 - 08.

② 沈蓓绯，潘洪林，蒋建宏. 美国公立大学的廉政建设和教育行政监督[J]. 中南大学学报(社会科学版)，2012，18(2)：217—222.

(二) 缺点——缺乏统筹协调的中间机构

1960 年高等教育协调委员会领导制定了加州高等教育总体规划,既保证了加州居民享有高等教育的机会,也避免了高等教育大众化进程中大学研究水准的下降①。1974 年,加州中学后教育委员会(California Postsecondary Education Commission, CPEC)作为加州高等教育的计划和协调部门成立,取代了原本的协调委员会,主要负责高等教育的项目评估,提供政策建议和预算支持。可以说,CPEC 曾是加州政府与其高等教育系统之间的协调和督导部门。2011 年,州长以该机构低效率和节省预算为由将其关闭。CPEC 有助于监督高等教育市场竞争的秩序和质量,保证教育资源的合理配置,使得大学的专业设置与社会需求结合程度更高②。它的退出使加州高等教育总体规划失去了组织依托,加州高等教育督导也失去了一个面向全州的目标,高等教育管理体制进一步分散。政府督导的目的指向加州社会和经济的整体发展,而大学自我督导关注自身目标的实现,目前这种缺乏统筹和协调的督导势必造成教育改革推进乏力③。

(三) 启示

通过对加州大学共同治理下的教育督导的研究可以发现,政府的监督、支持和引导是实现高等教育的可持续发展以及形成有

---

① 潘建军. 从被崇拜到流于平庸——美国加州高等教育质量下滑的原因及其启示[J]. 高等教育研究,2015(7): 103—109.

② 旋天颖. 美国州高等教育委员会对大学专业设置的管理[J]. 中国高教研究,2006(9): 43—45.

③ 潘建军. 从被崇拜到流于平庸——美国加州高等教育质量下滑的原因及其启示[J]. 高等教育研究,2015(7): 103—109.

序的高等教育体系的基础，而大学自治是保障学术自由和进行有效自我督导的前提。客观、有效、全面的高等教育督导应谋求政府和大学之间的良性合作。改革开放以来，我国教育督导的内容与范围不断扩大，督导人员的专业素养不断提高，督导制度不断完善，但在督导主体上仍较为单一，督导模式也偏向传统的自上而下式。在教育部的统筹协调下，引入多元督导主体，提升大学参与督导和评估的自主性，可以提高我国高等教育督导的科学性和民主性，促进高等教育整体的良性竞争以及与所在区域的共同发展。

第五章

澳大利亚教育督导制度与实践

澳大利亚有识之士很早就意识到，一个国家未来发展和全球竞争力主要取决于高品质和高水平的学校教育。因此，澳大利亚政府对学校教育非常重视，也敏锐地洞察到通过学校教育培养学生具备终身学习、未来职业发展和迈入社会适应生活方面的基本认识和技能是发展国家竞争力所必需的基础。2008 年 12 月，澳大利亚教育、职业、训练和青年事务部长委员会（Ministerial Council on Education, Employment, Training and Youth Affairs, 简称 MCEETYA）发表《墨尔本宣言》并提出澳大利亚学校教育要提升公平和卓越，使所有年轻的澳大利亚人成为成功的学习者、自信和创意的个人、行动和认可的公民。①

2017 年《美国新闻与世界报道》（U. S. News and World Roport）开展的“全球教育质量国家排名”中，澳大利亚教育质量全球排名第四。② 其中，澳大利亚教育督导发挥了其应有的作用，本

---

① Ministerial Council on Education. Employment, Training and Youth Affairs. [EB/OL]. http://www. acara. edu. au/default. asp. Melbourne Declaration Educational Goals for Young Australians. 2010－12－08, 2013－03－15.

② 搜狐教育. 2017 年澳洲“全球教育质量”排名世界第四！[EB/OL]. http://www. sohu. com/a/192152850_242904.

报告在对澳大利亚教育行政与管理体制进行简单梳理基础上，对澳大利亚教育督导的现行制度框架进行分析，随后对澳大利亚基础教育、高等教育和职业成人教育的督导实践进行深度分析，在此基础上归纳总结澳大利亚教育督导制度与实践的成功经验和值得借鉴的特征。

第一节　澳大利亚基础教育督导制度与实践

一、澳大利亚教育行政与管理体制

澳大利亚教育行政与管理实行三级管理体制：联邦政府、州政府、市政府。联邦政府教育部主要负责制定教育大纲、教育目标，并规划联邦对各州的教育经费拨款，通过财政拨款来发挥其教育管理职能，并达到教育控制的目的。联邦政府不直接管理全国小学的课程，只对各州中小学课程发展给予指导和资助。课程管理权限主要在各州。①

澳大利亚除高等教育外，澳大利亚各类教育均由州政府教育部统一管理，州政府在澳大利亚的基础教育中扮演着重要的角色。各州政府教育部具体负责管理全州中小学校的教育，并提供系统服务。② 因此，各州的教育政策往往因地制宜而各不相同。各州之内划分成若干个学区，学区与行政区划之间并没有实质的关

---

① 教育督导团．澳大利亚教育督导工作考察报告[J]．教育督导与评估，2002，(1)：45—48.

② 曹小青．西澳大利亚基础教育之印象[J]．上海教育，2010(05)：44—45.

系。[①] 学区是州教育部的派出机构，负责本学区内中小学校的管理工作，主要是为学区内中小学校提供支持性服务。[②]

澳大利亚的学校教育分为小学教育(1 至 6 年级)、中学教育(7 至 12 年级)、高等教育、技术和进修教育(Technical and Further Education，简称 TAFE)。从学校层面来看，澳大利亚的教育行政管理的参与主体具有多元性的特点，家长、教师工会和学生均可参与到学校管理中去，家长和教师工会甚至对校长的招聘和任用等具有一定程度的制约作用。此外，学生在教育督导过程中的重要作用也得到了充分的重视，学校注重发挥学生代表组织的作用，学生对教师有一定的选择权。[③]

20 世纪 90 年代，澳大利亚又进行了以下三个方面的改革：一是将管理结构扁平化，以使学区对学校的管辖更加集中，并提升学校所获取的服务质量；二是去行政化，主要表现为削减教育行政机构编制数；三是调整学区人事岗位设置，扩大课程指导、教学服务等服务性质的人员岗位。[④] 这些改革措施反映出本次改革的初衷：为学校提供更多更直接的服务。从而有助于教育督导更具有针对性和系统性。这实际上是加强教育督导的具体表现，扩大学区数也是强化教育行政服务功能的体现，增加了学区数实际上也增加了学校与学区的接触，学校从学区所能得到的专业指导机会

① 教育督导团. 澳大利亚教育督导工作考察报告[J]. 教育督导与评估，2002，(1)：45—48.

② 教育督导团. 澳大利亚教育督导工作考察报告[J]. 教育督导与评估，2002，(1)：45—48.

③ 程红兵. 澳大利亚的教育行政管理[J]. 教师博览，2002(01)：18—19.

④ 洪成文. 90 年代国外教育督导发展轨迹初探[J]. 比较教育研究，2001，(06)：54—58.

也由此而增加。[①]

二、澳大利亚基础教育督导制度框架分析

（一）三级督导制度分析

澳大利亚是世界上没有独立设置教育督导机构的国家之一，澳大利亚强调政府在教育督导中发挥重要作用，其教育督导镶嵌在教育行政体制内，教育督导与教育行政之间密不可分，教育督导内在于教育管理职能中。[②] 在联邦政府层面，澳大利亚联邦政府教育部部长是政务员，是执政党的成员，随该党在大选中是否执政而决定去留；副部长以下的官员则为公务员，是终身制的。为避免政党更替对教育工作的影响，部长下设教育委员会，委员会内设若干名学监（相当于我国的督学）和一名总学监（相当于我国的总督学），该机构负责督导检查的职能。首先是督查教育经费的执行情况。经费督查主要是两部分：一是联邦政府下拨的中小学生人均教育经费执行情况；二是联邦政府拨款支持的各项改革的专项经费执行情况。上述两项内容，由该委员会每半年提出一份财务执行报告。其次是评估与监测其中小学校的教育教学质量。教学质量的监测与评估主要是督查各州是否达到了规定的教学要求。[③]

在州的层面，澳大利亚各州均设有教育部，州教育部长由通过大选产生的州政府总理直接任命；州教育部执行部长设一正三

---

① 洪成文. 90 年代国外教育督导发展轨迹初探[J]. 比较教育研究，2001，(06)：54—58.

② 黄葳. 教育督导学[M]. 北京：中国人民大学出版社，2010，12—13.

③ 教育督导团. 澳大利亚教育督导工作考察报告[J]. 教育督导与评估，2002，(1)：45—48.

副，都是专业技术官僚，专职公务人员不受大选影响。澳大利亚每州分为若干个地区，每个地区都设有与执行部长分管业务相对应的机构，直接领导与管理下属的学校。① 州政府教育部对学校的管理主要体现在：制定方针；负责拨款；请专家委员会制定教学大纲；为公立学校输送合格教师；政府派 1 名代表与教师代表、教师工会代表、家长委员会代表组成 4 人小组选聘校长；每年检查一次学校财务；每年督导学校 1 次（1 名监学与校长谈话约 2 小时左右）。除此之外，政府对学校不干预、不下达指令性任务、不考评、不检查、不评比，让校长有充分的时间和精力来管理学校。②

澳大利亚第三级督导在学区。学区由学监（负责人称总学监）、教材组（负责对学校、教师选用的教材进行监督和指导）、学生辅导组（负责对学科教学质量的监测和评估，发现学习成绩差的学生，指导教师实施“早期干预”）负责。学区的组成人员绝大部分是从各校选调的学科方面的专家、学者。③

以经济发展水平处于澳全国领先地位新南威尔士州（New South Wales, NSW）为例，说明基础教育督导情况。新南威尔士州下设 40 个学区，从 1995 年开始，该州废除了每 4 年对中小学评估一次的督导评估办法（主要原因是各校办学条件已无大的差异，教师学历均在学士学位以上，生均教育经费标准也是一样的），改为以学校自评为主要形式，学校每年必须按照统一规格写一份自查报告。州督导部门发现问题再进行督导评估。目前督导的内容

---

① 冯慧. 澳大利亚教育行政组织研究及借鉴[J]. 中共郑州市委党校学报，2005(02)：97—98.

② 程红兵. 澳大利亚的教育行政管理[J]. 教师博览，2002(01)：18—19.

③ 教育督导团. 澳大利亚教育督导工作考察报告[J]. 教育督导与评估，2002，(1)：45—48.

主要集中在教学质量和教育管理上。

1. 针对学校的改革、发展方向及教材选用等问题，由学校主动提出指导要求。学区接到申请后，组织专家工作小组进校，工作小组与校长、教师共同分析、讨论。共同协商改革的内容、项目、措施，最后形成报告，交由校长落实。需要州教育部支持的项目，经批准后，州教育部即会按报告申请，给予经费支持。

2. 对学校教学计划执行情况进行督导。这类督导由学区决定。督导时由学区的学科专家参加。督导后，由学区向学校校长提出改进的要求和建议。校长必须对督导建议负责落实。

3. 对学校管理工作进行督导评估。这种督导评估由学区官员或上级教育主管部门(私立学校由办学单位)或学生家长提出评估要求。内容包括学生的学习成绩、学校的办学设施和学生福利等。学区组织专家进校督导评估。对没有达到管理规定的问题，校长要做出解释，对问题严重的学校要重点督查。

由于经济发达、资源丰富，加上重视教育质量等方面的督导，新南威尔士州学生成绩在澳名列前茅。

(二)"学监制度"：督导运行机制的组织保障

为加强教育管理与监督，澳大利亚联邦政府在20世纪90年代开始实行"学监制度"。概括而言，是以州为单位、以学校为对象的区域性教育管理与监督制度。具体做法是：州教育部在所辖范围内划分学区，学区设学监，学监执行州教育部要求，具体负责对本学区内学校的管理、监督、指导与评价。

以新南威尔士州为例，该州按人口的1/10划定了10个地区，每个地区设总学监1名，由州教育部任命，设学监5～6人，每个学监负责一个学区，约30所中小学校，学监在总监领导下履行职责，开展工作。该州的学监制度主要有以下特点：

1. 学监的职责明确

学监对地区总监负责，落实州教育部的相关政策；

对学区内学校的发展规划、工作计划、培养目标把关定向；

进行社会调查，开展社会攻关，协调学校与师生、学校与社会的关系；

发现和妥善解决学校工作中存在的实际问题；

就相关问题向州教育部和地区总监提出建议和意见。

2. 学监任职条件严格

学监以水平较高的教育管理人员和优秀教师为主体组成；

熟悉本部门的政策和政策执行情况，善于发现和研究问题；

责任心强，勇于承担责任，有创新意识；

具有确保高水平教育的能力和良好的人际关系。

3. 赋予学监权力

学监对学校校长提出要求，对学校及校长工作进行评价；

对学校计划的执行和经费开支情况进行监督检查；

了解社区内各界对学校的反应与意见，协调处理社区、学生家长对学校的投诉、教师之间的纠纷；

校长出现空缺时，组织公开招聘校长。

4. 实行学监选聘制度

符合任职条件的学监由总学监招聘选用，州教育部长任命；

学监一般任期3～4年，由总学监与其签定任期合同，合同期满后，学监要做述职报告，胜任工作的可继续聘任；

因各种原因不再续签合同的，可改做校长或教师工作；

学监定期参加培训，培训工作由总学监具体负责。

5. 对学监进行考核与监督

州教育部制订学监考核办法，教育部和总学监定期对学监进行考核，重点是进行学监关键性表现质数的考核评价，同时随时了解来自各方面的意见和建议。校长和教师对学监的工作进行自下而上的监督，学监还要接受学区内社会各界的监督。①

澳大利亚虽然没有设立独立的督导机构，但其各级各类教育组织与机构在很大程度上行使教育督导的职能。比如很多政府或民间教育组织机构在指导中小学教育的发展和监督中小学教育质量方面，通过对教育及其相关事宜进行评估或指导，从而起到教育督导作用。

以维多利亚州(Victoria，VIC)为例，该州设有三个重要的教育机构：课程与考试委员会、教学委员会、注册与资格委员会。课程与考试委员会不是州教育内部的行政机构，而是一个主管全州教育标准制定、学校办学质量监控考试、教育证书考试的专业管理机构，其基本职能是，通过提供课程与评估服务，帮助学生在知识、技能、态度三个方面的成长与发展。

教学委员会是一个法定的规范与促进教师专业发展的管理机构。教学委员会的主要职责包括：(1)对全州所有教师进行注册登记，以保证只有具备资质的人员才能在学校任教；(2)把教师专业推向更加宽广的社会；(3)与教师一起编制专业工作标准；(4)通过入职培训计划，为入职一年以内的教师提供专业支持；(5)审批和认证教师职前培养课程；(6)对教师行为严重不端、严重缺乏任教能力的个案进行调查取证。

注册与资格委员会是一个负责全州范围内学校教育、社会教育以及“在家上学”质量保障的机构，主要通过对办学机构的注册、在家上学学生的注册、课程认证、制定有关标准以及相关的咨询活动来行使其监督的职能。②

---

① 陶涛.澳大利亚的学监制度及其启示[J].吉林教育，2008，(33)：91—92.

② 罗朝猛.澳大利亚：教育督导以学校自我评估为主[N].现代教育报首都教育，2014-11-05(8).

（三）澳大利亚基础教育督导的职能分析

从政府督导的职能上来看，澳大利亚州政府开展的教育督导愈加注重为督导对象提供更多的咨询、指导和支持，而较少地关注传统的教育检查。从政府督导的主导性来看，一些州和地区的政府规定，在每年对中小学进行完一次财务检查和与校长的谈话之外，就不得再对学校的事务进行任何程度上的干预，[①]将督导效果的实现更多地寄托于学校的自主性和规范性，同时并没有否认外部督导的重要作用，充分发挥外部督导对学校的评估和指导的作用。

从州的层面来说，90 年代以前，各州对学校课程实行的是集权管理，州教育部直接管理本州的中小学课程，例如制定发展规划、编制课程计划、教学大纲等。进入 90 年代以后，各州政府在管理上简政放权，强调学校的自我管理，与此同时，校长在教育督导中承担着重要的任务，发挥着对本校教师的教育问责职能，并推动学校的持续改进。在遵循联邦政府层面和州政府层面关于学校发展各类政策规定的基础上，校长有权根据本校实际情况决定学校的课程和教学计划，并督导课程和教学的具体实施，以提高学校质量，推动学生的持续发展。[②]

在最新发布的 PISA 2015 报告中，澳大利亚科学成绩排名第 10，数学为第 20，阅读为第 12。非营利公共教育基金会（Public Education Foundation）首次将学生的成绩与对经济的影响联系起来。该报告采用了经合组织（OECD）的一个公式，来评估澳大利

① 俞婷婕．澳大利亚教育督导的特点及启示［J］．国家教育行政学院报，2007，（10）：91—95．

② 教育督导团．澳大利亚教育督导工作考察报告［J］．教育督导与评估，2002，（1）：45—48．

亚学生在国际学生评估项目(PISA)中表现不佳会对经济造成何种影响。基金会执行董事 David Hetherington 表示,澳大利亚学生成绩的下降对应的 GDP 损失可达 1200 亿澳元。

三、澳大利亚中小学教育督导的案例分析

2016 年起,维多利亚州政府对全体中小学实施了质量改进计划,包括督导与质量监测等。质量改善系统被设计为帮助学校评估和发展其改善努力的有效性。学校聚焦一两个具体的实践。老师和领导者需要共同努力达成对具体实践的深度理解,尝试干预措施,评价对于学生学习与发展的影响力。基本流程为:(1)评估与诊断;(2)优先考虑与目标设定;(3)发展与计划;(4)实施与监控。

(一) 评价与诊断

评价学生学业成绩、幸福指数、参与度、生产率等方面的进步:(1)评估先前努力的有效性或影响力;(2)诊断要求关注的领域;(3)记录并报告当前的状况、资源和基础;(4)与其他学校分享成功与经验教训。

1. 出现:教师关注班级中影响学习、投入(参与)和幸福的因素。教师检测班级中学生当前知道的和能够做的。

2. 演进:教师认真地鉴别影响班级中学生学习、参与和幸福的因素。教师检测班级学生学习的范围(广度),并考虑评估信息以及更为广泛的影响因素。

3. 嵌入:学校教职员工一起工作鉴别影响学生学习、参与和幸福的因素。教师团队采用广泛的评价方法来理解和诊断学生的进步。

4. 优化:全校性共同体参与加鉴别影响学生认知、社会和情感发展的因素。教师团队综合多维证据资源,获得关于学生进步

的深度理解，包括进步是否低于期望值、专门方面的进步，以及特定的学生和群体。

(二) 优先考虑与设定目标

改善关键领域：(1)清楚何为成功及其影响力；(2)设定目标；(3)建立监测或评估改善的指标(indicators)。

1. 出现：教师利用证据收集来鉴别学生学习和发展方面的差距。学习领导优先考虑聚焦的最重要领域。

2. 发展：教师诊断学生学习的优势和不足，并充分考虑影响当前学习结果的因素。教师建议优先领域和潜在的学习目标，并与同事和领导一起讨论。

3. 嵌入：学校职员共同鉴定学生学习和发展的关键问题，并优先考虑分享聚焦领域，在规定领域被期望进步的目标已明晰，且与学校改进优先考虑的目标一致。

4. 优化：学校领导鼓励以成长的心态和开放的、协作的思维思考改进实践，鼓励员工网络学习和建立学习共同体。问题分析是合作的和证据驱动的，具体改善有限考虑，清晰目标全校性共同分享。

(三) 发展与计划

基于证据的支持，计划和发展改善的举措：(1)开发和发展全校性教与学的计划和项目；(2)决定具体的行动和方法；(3)决定角色、责任和时间表；(4)同意并交流。

1. 出现：教师利用证据收集，计划自己的方法，并乐于听取同事们的想法。教师考虑如何评估选择的教学策略与方法的影响。

2. 发展：学校职员分享与聚焦领域相关的理念和策略。教师论证他们的评价教学(策略)影响力的方法。

3. 嵌入：职员团队利用基于证据的领域鉴别高影响力的(教

学)策略，最适应被界定的学习和改善目标。职员设计如何直接地观察、检测并记录学生进步，评价采用的(教学)策略和方法的影响力。教师要求同仁一起课堂观察并提供观课反馈。

4. 优化：职员团队界定学生在规定领域的进步，包括工作范例和不同程度进步的描述。团队聘请外部专家指导高意向策略的选择，设计收集学生在教学周期期间的学习证据的系统方法。职员团队计划密集的课堂观察和反馈，包括记录和课例分析。

(四) 实施与监控

实施、收集数据并监控：(1)专业化学习；(2)合作并保持一致性；(3)资源分配；(4)课程和评价；(5)计划与项目；(6)学生学习结果或效果。

1. 出现：学校鼓励教师监控他们在学生进步方面的影响力。教师视查和决定积极影响学生进步的新措施。教师在教研组或学科组内进行彼此分享交流。

2. 发展：教师系统地规范性检查并计划新实践如何发展的路径，教师如何影响学生；学校允许教师讨论他们的成果；教师决定他们未来差异化行为，如何实施为未来教学和学习周期的变革。

3. 嵌入：学校帮助教师发展收集、解释评价来自多方资源的证据的技能，并基于证据做出恰当的判断。学校为教师创造合作、彼此观课以及讨论成果的空间。学校为教员提供彼此学习的广泛的机会，促进新学习进入实践的转换。学校开始通过网络与其他学校进行分享成功案例。

4. 优化：教师把形成性评价嵌入，成为学习项目的一部分，持续关注来自学生的反馈。团队采用适度对连续的案例式工作，对于学生进步的不同方法的记录评价。教师集体论证被采纳的方法，以及他们影响力的证据，建立证据决策的有效性，发展精确目标导向的教学策略。

2018 年，维多利亚州采用了新方法，强调持续改进、聚焦目标，不论学生的背景或环境均具有在学校的学习权益，且能够得到差异化的支持。新的方法要求收集并且分析关于学生学习、教师实践与课程内容的证据。通过检测每一个学校的学业成绩，我们能够确定现行水平，鉴定导向学生学习结果的最有效的改善领域。新的差异化学校成绩方法被开发为更为精确的方法，使其能够检测学校成绩，推动学校的改善。新的差异化学校绩效法能够更精确地检测整个系统的学校成绩，并补充新的学校审查和对学校改善举措的差异化支持。差异化学校表现法使用较少的指标，使所有学校都符合相同的标准，并将学校分配到五个差异化学校绩效群体中。重点仍然是衡量学生成绩、参与和福祉方面的成果。第一类影响力，第二类更新，第三类伸展，第四类转型，第五类重新负责。

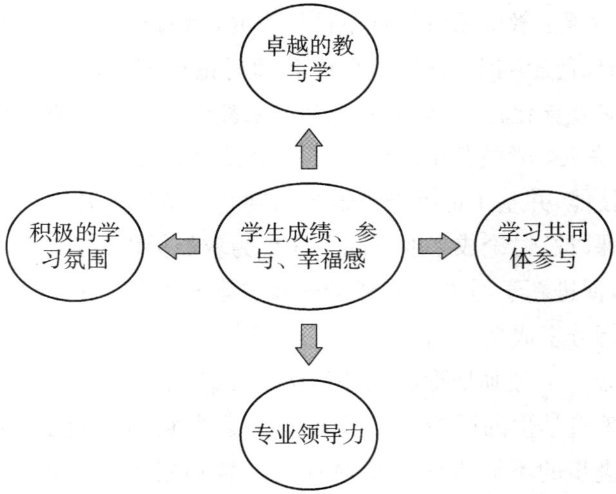

图 5-1　优质学校关键因素与指标维度

维多利亚州政府认为，好的学校聚焦于学生成绩、参与和福祉三大方面。推动学校发展的关键实践包括：(1)卓越的教与学——课程规划与评估、建构卓越的实践、学习影响力评价、基于证据的教学策略的高影响力；(2)积极的学习氛围——赋权学生并建构对学校的自豪感、健康与福利(幸福感)、设定期望与促进全纳、智力参与与自我意识；(3)专业领导力——建设领导团队、教学与分享领导力、策略资源管理、愿景价值与文化；(4)学习共同体参与——父亲、母亲与监护者均为伙伴、全球公民、网络化工作，即学校、服务与代理机构之间建设共同体。

如何决定学校的绩效类型呢？差异化学校绩效法(Differentiated School Performance Method)从以下五大领域检测学校：学业成绩、学校氛围、承诺、参加、对学校的态度等。质量检测每一领域近三年的变化，表现为五个水平(表 5-1)。

表 5-1 现行水平与变化水平的五个档次

现行水平	变化水平
5-非常高	5-显著增加的
4-高	4-增加的
3-中等	3-维持的
2-低	2-降低的
1-非常低	1-显著降低的

现行水平与变化水平交叉为五格乘五格的表格。现行水平与变化水平交叉成为 5×5 表格的 25 格方块，学校绩效被绘制在某一个方块中，学校在表格中的位置，基于现行的水平以及最近三年绩效的变化，决定其检测的绩效组类。每一个方块的位置反映学校绩效状况，25 格汇总成为学校绩效变化的整体状况，即学校发

展与质量检测的最终情况。

为了获得一组绩效结果，学校必须有一个充足的满意而且有效的检测。一个有效的检测能够在五个数字点及以上计算出来，因此，一个领域的绩效检测能够在充分有效可被检测时被聚合。通过充分数字而且有效的检测，学校将获得一个绩效组。学校绩效报告鉴别（明确）领域多少和检测能够获得的充分证据（数字）来决定其处于哪种类型的绩效组。

表 5-2　学校质量改善的五宫格变化表

水平	1（显著降低）	2（降低）	3（维持）	4（增加）	5（显著增加）
5（非常高）					
4（高）					
3（中等）					
2（低）					
1（非常低）					

第二节　澳大利亚高等教育督导与质量检测

澳大利亚高等教育已是一个以公立大学为主的系统，有 38 所公立大学，还有少量的私立大学和其他高等教育供给商招收较小比例的学生。所有公立大学在政策安排上都是平等的，但是出于历史原因，这些大学在使命、规模和运作方面存在巨大差异。大体上，可以把它们分为研究型大学（如墨尔本大学）、工科院校（如皇家墨尔本理工大学）、地区性大学（如新英格兰大学）以及城市大学（如西悉尼大学）几种类型。

澳大利亚高等教育以质量保障体系为本位的督导实践通过

30 年的摸索目前已非常完备且独具特色，其一从组织机构上对高等教育质量进行保障，其二从政策支持走向法律支撑，其三是基于标准框架的质量保障体系，其四是基于绩效的监管。

一、以机构提供教育质量的组织保障

（一）成立澳大利亚高等教育质量保障委员会

1992 年，澳大利亚高等教育质量保障委员会（Committee for Quality Assurance in Higher Education, CQAHE）成立，旨在从组织机构上保障高等教育的质量。该委员会也出台了相关质量保障的建议报告。1995 年，在前期工作基础上，澳大利亚出台了学历资格评定框架（Australian Qualification Framework, AQF），该框架是国家性的教育体系，由澳大利亚教育就业和劳动关系部直接管理，对澳大利亚的高中、职业技术教育和高等教育在学历标准等方面进行了规定，确保学历的最低门槛。

20 世纪 90 年代中期，澳大利亚政府开始关注高等教育的督导事宜。澳大利亚高等教育委员会设计了为期三年的督导与评估方案。一方面要求大学提供自评报告，包括其质量保障政策、过程与结果等方面内容。另一方面，同行评价小组对大学进行为期 1 天的现场访问，直接与员工、学生进行面谈。由委员会出台包括依据学校自评做出的级别水准的督导报告。在此基础上，政府给予年度财政支持，把评估结果和教育经费直接挂钩。第一年，把大学分为 6 个级别水准，最高水准的大学获得财政支持力度最大，占其年度总财政支持的 3%。大学认为，质量评估与督导的某些方面是有价值的，它鼓励大学进行自我评价、数据收集与内部讨论等，对于大学质量改善有正面推动作用的。但是，这类督导也受到相关批评：一是劳民伤财，准备自查报告和计划访问大学需要投入大量人力物力财力；二是督导停留在表层，走马观花式督导访问大学只能看到大学的表面问题；三是对大学的分级与排名也存在许多异议。①

20世纪末，澳大利亚政府强调高等教育的竞争力，一方面有利于大学质量改进计划的实施，另一方面，建立大学自身用以衡量其绩效的关键指标体系。《质量保障与改进计划》由教育训练与青年事务工作部每年出台一次。教育训练与青年事务部按比较的格式出版这些信息。1998年的报告定名为《高等院校的特征与绩效》，列出了200多项指标。报告对原始数据进行各种排列之后，按以下项目提供各种指标数据：(1)学生：总数、专业分布、入学类型、缴费类型、年龄、性别、入学基础、公平组别；(2)员工：总数、学科分布、年龄、性别、水准；(3)财政：按来源分布的运转财政、分类运转支出、分类资产；(4)学生产出：保持率、累进率(progression rate)、毕业生就业、毕业生对课程及教学的满意情况等。毕业生就业通过《毕业生去向调查》(*Graduate Destination Survey*, *GDS*)问卷获得相关数据：(1)毕业生刚获取的学历资格；(2)大学最后一个学年的有偿工作情况；(3)该调查开展时，被试的工作和学习情况；(4)获得学历资格后，接下来一年的就业情况；(5)获得学历资格后，接下来一年的学习情况；(6)其他一些人口统计学数据。

毕业生对课程与教学的满意度通过《课程体验问卷》(*Course Experience Questionnaire*)获得相关信息。自1992年以来，联邦政府为该项目提供资助，问卷发放给所有完成课业的毕业生。调

① Miller, H. D. The Management of Change in Universities: Universities, State and Economy in Australia, Canada and United Kingdom [M]. Buckingham: Open University Press and Society for Research into Higher Education, 1995: 5 - 6.

查由澳大利亚毕业生就业协会负责。此项调查是一个通过澳大利亚大学校长委员会在澳大利亚大学之间合作所达成协议的结果，主要目的是自我评估与不断完善。大多数澳大利亚大学有其自己的内部问卷调查，目的是寻求学生对教学质量的反馈，常常以每门课程为调查对象。同时，《课程体验问卷》也是一个标准的面向全系统的调查，集中于毕业生对他们所学过的所有课程的理解，以期成为检查学生学习结果的一项替代性手段。因此，《课程体验问卷》设计检验教学方面的项目是与学生有效学习相联系的。

（二）成立澳大利亚大学质量保证署

2000 年，澳大利亚大学质量保证署（Australian Universities Quality Agency，AUQA）成立，是一个不受干扰、独立的评估机构（assessment agency），主要与各高校共同开展质量保证的相关工作。该署每五年对大学及州或地区的高等教育机构基于严格、灵活、合作、协作、透明、经济、开放等原则进行质量审核，强调"目标适应"的督导与评估。其质量保障措施在于调查高等教育机构的目标与为达成目标而制定的政策和实施过程之间的一致性。大学通过审核可以获得同行和社会的信任与认同，同时也有利于提高国际声誉。①

2003 年，澳大利亚颁布高等教育支持法案。法案强调对于高等教育的支持基于质量（quality）与问责（accountability）两大关键要素。一方面，法案支持澳大利亚国家资格证书框架（National Qualification Frameworks，NQFs）涉及高等教育相关学历资格的规定和质量要求，同时考虑向每一位个体提供入学机会的公平要

---

① 唐科莉. 澳大利亚迈向教育质量新时代——"高等教育质量和标准署"与"技能质量署"的建立[EB/OL]. http://www.szjy.gov.cn/item/11340.aspx.

求以及向每一位学生提供教育受益的公平机会。另一方面,就问责而言,强调:(1)基于法案的财政可行性要求;(2)政府的规范要求;(3)贡献及费用一致性要求。1989 年开始实施高等教育贡献计划,学生支付成本的 20%费用。

同一年,澳大利亚高等教育报告《我们的大学:回应澳大利亚的未来》(*Our Universities: Backing Australia's Future*)由澳大利亚教育、科学与培训部出台,报告推动三大质量评估与监测项目的启动,其中 2006 年设立和启动的是教与学成绩基金项目。项目通过《课程体验问卷》和毕业结果进行教学质量的评估与监测。

陆克文第一次担任澳大利亚政府总理的 2007 年 12 月至 2010 年 6 月,陆克文政府反思澳大利亚高等教育政策,认为此前澳大利亚大学质量保证署的"目标适应"的质量保障方式成效不佳。2004 年,澳大利亚成立了高等教育卡里特学与教研究所,此机构在 2008 年变更为澳大利亚学习与教学理事会(Australian Learning and Teaching Council, ALTC),主要负责澳大利亚大学教学奖励,增进澳大利亚政府关注高等教育机构的学与教活动,意识到教学质量的重要性,传递教学重要性的价值信息,并对优秀教学给予奖励。该理事会是澳大利亚政府教育就业部和工作关系部门的一项举措。

澳大利亚学习与教学理事会的设立可谓澳大利亚高等教育创新的重大标志之一。澳大利亚大学的学与教相关事务每年可获得 2700 万澳元的项目资助,建立可持续发展的澳大利亚高等教育机构学与教的网络,成为学与教质量保障与提升的领导者。理事会发起关于学术标准、教学质量评估等议题的争论与讨论,建立教学标准和学术帮助标准,帮助改变澳大利亚大学文化。The ReMarksPDF project 由 Stephen Colbran 教授管理,由澳大利亚学习与教学理事会资助,是教学学术标准项目(Teaching Academic Standards, LTAS)的学科成果。教学学术标准项目是澳大利亚高等教育领域目前进行的一个有关标准的杰出项目。该项目吸纳了全国性的学术共同体，独立于其所属的机构和特定的课程，关注于辨别出“有重要意义的学习”，围绕被期望的学习成果提出清单和说明。这一项目的最终报告和在澳大利亚九所大学试行的关于教学标准的项目已经完成。①

高等教育的教学学术标准项目于 2009 年启动，2010 年 12 月已在八个主要学科领域进行，已起草并出版了历史、会计、工程和法律等六个学科的陈述。高等教育的教学标准包括：(1)课程、教学、对学习者支持和评价的维度，这些方面为符合获得高等教育资格的学习和教育成果确立了前提条件；(2)在特定领域的知识和技能上，学生和毕业生所需达到和已经达到的清楚明晰的水平。联邦政府通过相关机构开发教学指标以反映教学绩效情况。此外，大学体验调查预示了使用大学学习评估(Collegiate Learning Assessment, CLA)的意向。

2008 年以丹尼斯・布拉德利教授为评审委员会主席而出台的《澳大利亚高等教育评审报告》(又称为《布拉德利评审报告》)描绘了澳大利亚高等教育未来改革与发展的蓝图，报告提出将澳大利亚推向一个全民参与的高等教育体系，包括提高澳大利亚学士的比例、改善入学公平、高等教育提供者的多样化、改善学生资助系统、加强质量保障和标准管理等，为实现这一壮举提供了政策和监管架构的模型。

后续的基于 2011 年第三级教育质量和标准局法案(Tertiary Education Quality and Standards Agency Act)出台的高等教育标准框架(Higher Education Standards Framework, HESF)明确了

① The Teaching Standards Framework project Final report [EB/OL]. http://www.altc.edu.au/project-teaching-standards-framework-project-2010.

课程与教学的标准框架,即高等教育提供者的课程认证标准必须满足以下六条原则:(1)课程设计是恰当的且满足质量标准;(2)课程资源化且信息充分;(3)准入标准是合适的;(4)教与学是高质量的;(5)评估是有效的,且预期的学习成果达到能够实现;(6)课程的监控、评审、更新和终止都得到了适当的管理。

在20世纪的前十年,澳大利亚建立并形成了高等教育的质量保障、督导监控、评估与监测的基本共识和监管框架(regulatory framework)。就高等教育发展而言,澳大利亚政府支持澳大利亚建立高质量、多样性和公平公正的高等教育体系。一方面,高等教育致力于澳大利亚文化和智力社会发展方面的不可取代的贡献;另一方面,高等教育必须满足澳大利亚社会经济发展的需求。其二,高等教育质量体现在大学实现其本质目的,一方面个体通过接受高等教育,获得与社会、经济、文化发展一致的智力和领导力;另一方面致力于知识的创新、与应用。其三,加强澳大利亚的知识基础,增进澳大利亚研究能力对于国民经济发展和国家竞争力的贡献。最后,支持学生公平公正接受高等教育。就督导的监管框架而言,2011年之后,澳大利亚进入了以第三级教育质量和标准局法案为依据的新时代。

(三) 澳大利亚议会通过建立第三级教育质量和标准局

2011年3月澳大利亚议会通过建立第三级教育质量和标准局(Tertiary Education Quality and Standards Agency,简称TEQSA)的立法,即第三级教育质量和标准局法案。法案权威版(2011年颁布,2017年修订[①])第八部分对于第三级教育质量和标

① Tertiary Education Quality and Standards Agency Act 2011 Authorized Version Compilation No. 13, Compilation date: 2017-08-23; Registered: 2017-08-29.

准局进行了法律规约，包括七款法律条文，第一款对其建立、功能和权利进行了规约，依次对其委员会任命、程序、首席执行官(CEO)、职员、费用、计划进行了详细说明和规定。法案明确，第三级教育质量和标准局是一等级实体，委员(Commissioners)是有效权威，官员包括：委员、首席执行官和职员。实习执行官负责第三级教育质量和标准局的管理和行政事务。①

第三级教育质量和标准局的功能包括：(1)依据法案对注册过的高等教育机构进行登记备案；(2)依据法案对学习课程进行授权(accredit)；(3)调查该法案或该法案的相关条款是否已被遵守，包括进行合规性评价和质量评估以及授权课程的认可评审；(4)向向部长就高等教育质量和规范提出建议；(5)收集、分析、解释以及传播信息包括高等教育供给方、规定的高等教育奖励、质量确保实践和质量改善、高等教育标准框架、咨询建议、质量改善培训指导以及为小组提供资源和设施使小组履行其职能的目的。

第三级教育质量和标准局有权做任何与其功能相关的事情；作为独立机构而存在，它享有英联邦的特权和豁免权；但教育部长可以决定其与高等教育相关的其他作用包括方向指导。职员(包括实习执行官)必须由部长以书面文件任命，满足以下两个条件：一是此人恰当的资历以及知识或经验让部长满意；二是部长会就此任命与研究部部长协商。职员可以全职和部分时间工作，一个任期不超过五年。利益或金钱的书面说明必须交给部长。第三级教育质量和标准局年度自检工作之后均基于财政年度撰写并发布澳大利亚高等教育监管行为成绩报告，相关信息均可以在澳大利亚第三级教育质量和标准局官方网站查阅。②

① 吕飞. 澳大利亚第三级教育质量署与标准署质量监管研究[D]. 北京：首都师范大学，2012.

② https://www.teqsa.gov.au/corporate-plan-and-performance-reporting.

二、从政策支持走向法律支撑的高等教育质量保障

2011 年，第三级教育质量和标准局成立同时，澳大利亚第三级教育质量和标准局法案也向全国颁布。法案明确了其使命与权限，每一个州负责第三级教育尤其是负责高等教育的部长必须接受第三级教育质量和标准局的咨询与指导。法案明确以下目标：(1)为澳大利亚高等教育机构提供国家一致性标准；(2)采用标准本位质量框架、与监管必要性风险相关和均衡性原则对高等教育机构进行监管；(3)保持和增进澳大利亚高等教育与培训服务的质量的声誉、澳大利亚高等教育领域的国际竞争力、澳大利亚高等教育的卓越性、多样性和创新性；(4)鼓励和促进高等教育体系能够满足澳大利亚社会和经济发展需要，即培养接受过优质高等教育并具有高技能的澳大利亚青少年；(5)澳大利亚高等教育要求并支持学生承担高质量的高等教育；(6)确保学生接受高质量高等教育并提供相关信息。

法案包括导论、监管的基本原则、注册登记、课程认证、高等教育标准框架、调查权、强制执行、第三级教育质量和标准局、高等教育标准小组等 12 个部分共 205 条。①

三、建构基于标准框架的高等教育质量保障体系

2011 年，澳大利亚颁布高等教育标准框架，这是入门标准，包括：(1)供给方的注册标准、分类标准和课程认证标准；(2)质量标

---

① Tertiary Education Quality and Standards Agency Act 2011 Authorised Version Compilation No. 13. Compilation date: 2017 - 08 - 23; Registered: 2017 - 08 - 29.

准;(3)教与学的标准。高等教育标准框架于2011年9月第一版由工业、革新、科学、研究和高等教育部(Department of Industry, Innovation, Science, Research and Tertiary Education)提供,受2100法案保护,2015年入门标准框架有新版,仍然包括高等教育供给者的注册标准、分类标准、课程认证标准和资格标准。

按照法律规定,只有通过第三级教育质量和标准局认可,这些机构才可以开设这些获得政府认可的大学学士、硕士及博士课程。供给方的注册标准包括提供身份:(1)高等教育提供者要对自己提供的高等教育负责和保持名誉;(2)财政审核和可持续性,即高等教育提供者拥有财政资源和财政管理能力来维持基于注册标准的高等教育供给;(3)合作和学术管理:高等教育提供者显示其良好的合作和学术管理能力;(4)学术质量和诚信置于首位;(5)良好的管理和恰当的人力资源;(6)对于学生的责任,包括信息的供给、支持和平等对待;(7)高等教育提供者确保拥有良好维持且充裕的物理、电子资源和基础设施,使其能够成就自己的教育目标,无论澳大利亚当地的大学还是海外的大学。

澳大利亚高等教育资格标准把高等教育程度分为五至十的等级:第五等级即高等教育文凭(Diploma);第六等级有高级文凭(Advanced Diploma)和协士(Associate Degree);第七等级是学士学位(Bachelor Degree);第八等级有荣誉学士(Bachelor Honours Degree)、毕业证书(Graduate Certificate)、毕业文凭(Graduate Diploma);第九等级为准硕士学位(Masters Degree, Extended)、课程硕士学位(Masters Degree, Coursework)、学术硕士学位(Masters Degree, Research);第十等级即最高等级为:博士学位(Doctoral Degree)和高级博士学位(Higher Doctoral Degree)。

标准框架包括高等教育标准和高等教育供给者的标准。高等教育标准即质量标准的基本要求,包括七个方面:一是学生参与和收获；二是学习环境；三是教学；四是学术和学术训练；五是机构质量保障；六是治理与问责；七是成果、信息和信息管理。

在学生参与和收获方面，明晰了学生入学条件，强调学术准备和语言熟练程度，从学生权益保障的立场出发，规定了学生学习义务与责任，先前学习及学分的认定，学生学习结果的评价，学生转学或转专业等满足学生需求的支持。

在学习环境方面，首先强调满足学生学习需要的设施设备及校园空间，强调校园空间和建筑空间设计符合学习的特性，确保校园（含校园网络安全）的安全。其次，强调教与学方法等方面适应并满足学生差异性，以使高等教育体现公正性。其三，全方位支持学生学习，包括心理健康、学习能力以及幸福（well-being）需要。其四，学校提供配套服务，包括应急服务、健康服务、法律服务、咨询服务和商品服务等。最后，学校要及时处理和积极化解学生的不满和抱怨（student grievances and complaints），内部无法化解则要考虑第三方介入。

关于教学，强调课程教学设计，并对课程结构、教学模式、选课要求、学生学习责任以及期望的学习结果作出规定，此外，还主张课程知识的先进性，鼓励探究与进步，并提供满足教与学的学习资源。

关于学术和学术训练，在学术诚信与伦理、知识产权保护、学术合作的成功管理以及师生学术成果登记与发布上作了规定。在高级学位资格获得方面，明确实行导师制（supervisory arrangements），导师必须具有博士学位或丰富的学术经验，在学术性学生学习期间，给予全方位指导。

关于质量保障方面，其一是课程审核与认证，强调机构内部制度化自我认证的重要性，包括第一次提供的或重新认证的课程（course）必须加强审核。其二是学术诚信，任何高等教育机构及其人员，必须秉持学术诚信原则，不得谣传(misrepresentation)、造假(fabrication)、欺骗(cheating)、剽窃(plagiarism)、滥用知识产权(misuse of intellectual property)以及违约。一方面加强对学生尤其是学术性学生的学术诚信教育与指导，另一方面对于学术诚信也采用问责措施，一旦发现违背学术诚信事件出现，则剥夺肇事者研究相应的研究资格和获奖。其三是监测评估和改进(monitoring, review and improvement)。重点是对课程的评估，包括对课程设计、课程内容、期望学习结果和最终学生取得的学习结果、课程评价方法等进行评估。第四是与其他团队的交流。

关于大学治理与问责(governance and accountability)。对澳大利亚海内外高等教育的运行状况负责，包括资格授予、持续满足高等教育标准框架要求以及供给者自身的代表。定期(至少每七年)对高等教育供给者及其学术治理过程进行独立审查，以确保这些审查的结果是由一个有能力的审议机构完成的，并且确信商定的行动得到执行。未来愿景及现实目标明晰，并付诸行动。学术治理和领导机制有效运作以维持高等教育质量。学术治理的程序与结构已建立，责任被集体安排。成就有效学术品质，包括教学、学术及学术训练。建立并启动学术治理和成果的机构标准。在机构水平上建立和维持学术领导力，与其水准一致。

七是成果、信息和信息管理。及时、准确发布支持学生学习的信息，包括选课信息、活动信息、学生规范、个人支持服务、文化支持、语言支持、协助解决内部和外部抱怨的信息。及时告知高等教育机构可能影响学生进行选择决策的变化的最新信息；给予并支持国际学生申请学习的相关信息，包括生活成本、健康照顾安排、膳宿等。

为加强标准的研制与管理，法案第九部分有关于高等教育标准小组(Higher Education Standards Panel)成立及相关法律规定。与第三级教育质量和标准局委员会一样，高等教育标准小组成员，由教育与培训部部长书面任命，但任期不超过三年且不得在外部被有偿雇佣即便部分工作时间，委员会成员与小组成员的任命不得重复或交叉，小组由主席和 4～10 名成员组成，小组成员必须向部长书面说明自己的经济情况。小组成员需要拥有专业知识和论证特长，包括高等教育和质量标准发展的智慧，以及有志于国家和州高等教育发展的志向，其主要功能包括：(1)如获部长要求或小组自己倡议，向教育部长或研究部长提出与高等教育标准框架有关的建议；如获第三级教育质量和标准局要求或小组自己倡议，就与高等教育标准架构有关的事宜，向第三级教育质量和标准局提供意见及建议；(2)小组履行其职能时必须咨询各利益方；(3)在没有立法文书情况下小组可以通过书面方式设立咨询委员会，协助其履行其各项职能。高等教育标准小组同样享有联邦特权与豁免权。

四、基于绩效指标的质量检测

2017 年颁布的对 2015 年版的高等教育标准框架的背景解释，强调澳大利亚高等教育基本的逻辑关系：学生的前景在于学生的参与与获得最终结果表现为顺利毕业。学生的参与与获得，需要从里往外的五层结构性要素推动与支撑。最核心的是学习与环境，即学生学习的主动性和大学环境(书香校园、数字校园、安全校园、绿色校园等)。其次是教、学和学术训练；教育质量的保障关键是教学与学术，归因为强大的师资队伍。其三是制度化质量保障体系的建立与完善。其四是治理与问责。最后是发表、信息与信息管理。可见质量保障需要靠治理与问责，澳大利亚政府把相关权力赋予给了第三级教育质量和标准局。其一通过有效监管确保澳大利亚高等教育的质量与声誉。其二对高等教育质量能够做出高效、有效、快速反应，尤其是基于风险的质量保障和监管。其三，与政府、高等教育供给者和利益各方建立建设性与合作性关系。其四，强调供给者内在的有效的质量保证。无论第三级教育质量和标准局自身，还是被监管的高等教育供给方，都强调自我的评估。政府问责(accountability)基于澳大利亚的相关法律第35款(section 35 of the Public Governance, Performance and Account-ability Act 2013)。[①]

问责的依据体现为绩效(performance)。澳大利亚联邦政府2014年10月发布了监管绩效框架(Regulator Performance Framework, RPF)，框架是与各方利益相关者协商的结果。结果本位的关键绩效指标(outcomes-based key performance indicators)主要包括六方面：(1)减少监管负担原则；(2)充分交流原则；(3)风险与均衡原则；(4)有效且协调监控原则；(5)透明原则；(6)持续改善原则。

高等教育标准小组提供外部的效度，第三级教育质量和标准局责任当局负责出具报告，要求基于上述六方面的关键绩效指标(KPIs)进行自我绩效评估。

报告提供给教育培训部部长并高度关注。第三级教育质量和标准局的监管绩效框架包括以下六方面的关键绩效指标：(1)第三级教育质量和标准局的监管并不需要阻止高等教育供给者的有效运行；(2)第三级教育质量和标准局与高等教育供给者的交流是清晰而有效的，且有针对性的；(3)由第三级教育质量和标准局负责的监控行动，所采取的监管行动与所管理的风险成正比；(4)第

---

① 陈欣，郝世文. 澳大利亚高等教育问责和质量保证：2007年之后的新举措[J]. 外国教育研究，2013，(4).

三级教育质量和标准局的规范和监管方法是合理而协调的;(5)第三级教育质量和标准局处理高等教育供给者事务是开放的、透明的和一致的;(6)第三级教育质量和标准局的监管框架通过与规范利益相关者的协议而持续改进。

例如,关键绩效指标 1 强调第三级教育质量和标准局的监管不干预高等教育机构正常有效运行,体现为通过协商参与促进相互理解,与高等教育机构建立定期建设性协商制度,基于国家政策通过制定相应的监管机构绩效框架绩效指标参与国际机构事务包括职员交换和合作项目等。

关键绩效指标 4 可由以下证明:与教育和培训部合作,对提供者的数据收集简化和自动化,并加强访问和共享。与专业机构合作,加强数据共享,从而减轻由第三级教育质量和标准局和专业机构监管对供给者的监管负担。

开放、透明和一致性指标(即关键绩效指标 5)体现为监管决策过程和结构的透明(国家注册登记的月出版物、AAT 决策或谈判的结果的出版物、成绩总体考察的公开分享、来自监管风险的分析报告发布等)。

关键绩效指标 6 包括:制定和过渡到高等教育标准等使用良好的措施;与利益相关者建立生产性协商机制,利用各种媒体和渠道向利益相关者传达相关信息。

第三节　澳大利亚职业与成人教育督导

澳大利亚对职业与成人教育(含培训)的督导亦强调三方面:一是行业标准如澳大利亚学历资格框架(AQF);二是政府职能建构了统一的全国办学质量保障体系,用于监控注册培训机构培训和技能鉴定服务的质量，包括培训包（Training Package）及澳大利亚质量培训框架；三是自我评估，基于标准、框架和指标体系进行自我评估。

随着澳大利亚高等教育的大门逐渐打开，竞争也越来越激烈。除了注册公立、私立、独立大学之外，还有不少公司、公立的技术和继续教育（即中专、中技）学院提供注册的高等教育及职业教育和培训（Vocational Education and Training，相当于中国的中专、中技）课程。例如：墨尔本的 Homesglen 技术和继续教育就与堪培拉大学合作，提供旅游及酒店管理学士学位。学生大学毕业可以选择堪培拉大学学士文凭，或是 Homesglen 技术和继续教育的学士文凭。除了全国化、国际化之外，还有一些澳大利亚大学大力扩展产业链战略。比如像一些以实践为主的科技大学，例如斯威本科技大学在大学部基础上，继续发展职业教育和培训，使之成为一条产业链，加大学生生源吸收，并且为学生提供一站式的高等教育，增加不同体系的衔接性，帮助学生在最短的时间内读完所想学习的科目。在这一点上，一些技术和继续教育学院也从另一端开始朝着这条战略路线前行。例如，位于墨尔本的 NMIT 技术和继续教育学院，与拉筹伯大学合作筹划建立工艺学院（Polytechnic University）。大学与工艺学院的主要区别在于大学更注重于学术项目，而工艺学院则将注意力放在职业培训之上。这和澳大利亚已有的科技大学、理工大学似乎有着类似之处。

一、督导与评估标准和机构分析

澳大利亚政府对于职业（培训）与成人教育的督导，强调基于标准的多方评估，市场导向，确保质量。澳大利亚职业教育评估有统一严格的法规制度作为依据，如《国家职业教育和培训注册标准

2011》、《职业教育和培训质量框架(2011)》、《职业教育和培训课程认证标准(2012)》、《财政可行性风险评估要求 2011》、各行各业的培训包等等。这些法规制度都是权威部门发布的，从而使评估依据有很大的权威性。在制度上确保评估工作的严肃性与结果的可靠性，保障了职业教育质量持续的提升与评估工作的规范性。此外，所有评估均提供评估指南与模板，每个评估过程中均提供详细的《学员指南》与《学员评估指南》，提供提交评估材料规范模板。这些指南与模板明确告诉学员与培训机构关于评估的具体安排、要求、注意点、申诉办法和程序等，强化评估工作的可操作性。[①]

澳大利亚基本上每年都出台课程认证标准，现在所用的职业教育和培训课程认证标准于 2012 年颁布，适用于接受技能质量署监管的所有课程，也适用于新制度实施前州和地区课程认证机构认证的课程。该标准主要有课程认定要求和课程设计标准。课程认证要求为：(1)课程必须符合行业、企业和社区需求；(2)提供适当的能力结果和令人满意的评估基础材料；(3)符合国家质量保证要求；(4)符合学历资格框架的适当水平。课程设计标准体现在培训包标准方面。培训包是规范和界定国家职业教育与培训的统一资格标准，有能力标准、资格和评估指南三个主体，还包括学习策略、评估材料和职业发展材料等辅助材料。培训包标准规定行业各岗位从业人员所应具备的文化知识、技能和素质标准，其中必不可少的能力标准有工作技能、工作管理技能、事故处理技能和与他人合作的技能。课程设计的具体标准为：(1)课程是基于既定产业企业、教育、立法(或社区)需要而开发的；(2)课程是经由国家认可能力的单位开发的，与培训包的开发手册要求相一致，与已认可

① 周祥瑜，吕红. 澳大利亚的职业教育质量保障体系——国家质量培训框架[J]. 职业技术教育(科教版)，2005(31)：79—82.

的培训包的资质没有任何重复；(3)有些达到与国家学历资格框架描述相一致的课程或者满足既定行业、企业、社区需要的课程，但没有满足培训资格所需广度和深度的课程也可得到认证；(4)业已证明确实为专业或行业机构适用的课程；(5)设计必须符合课程结构原则；(6)评估证明课程是适切的，效果是显著的；(7)提供了适当的教育信息与路径；(8)有指定的具体学习要求，有具体限制学习的条件；(9)指定了课程评价的具体策略，如评价是有效的、可靠的、灵活的和公平的，证据是充分的、有效的、真实的和当前的，评价标准与相关培训包要求一致，确保满足相关工作场所与监管的需求，能辨别判断现场评估与模拟现场评估的技能表现；(10)有适当的支付模式导向、限制课程支付和基于工作培训需求的建议；(11)有专门的设备与资源、有职业技能培训教师和必不可少的课程发行顾问；(12)整个认证评估期间要确保课程内容和结果随时可被复查，且始终保障复查材料与评估内容的高度相关性。

职业教育评估机构健全。国家技能质量署是国家统一的注册评估机构，同时还对已注册机构进行定期检查评估。国家质量委员会成立于 2005 年 12 月，主要监管职业教育与培训的质量保障，确保质量培训框架(AQTF)标准应用的一致性。主要职能是负责职业教育质量管理，颁布职业技能标准，制定职业课程开发原则，宏观监控职业教育质量，负责职教机构的设置、注册和办学水平评估，确保职业教育质量达到在国家技能框架范围内统一标准和持续的提升。委员会有认可培训包及其他质量保证的具体权利。其具体职责为：向部长委员会报告国家技能框架运行情况，包括培训包、质量培训框架标准和其他质量保证的运行情况；向部长提出培训包认可建议；在国家技能框架内建议改进国家质量统一性的方案等。该委员会由行业、工会、政府部门、培训机构、弱势群体等各方代表组成，共 20 个成员，其中 5 人来自行业组织和企业，占委员会总人数的 1/4。

澳大利亚技能质量署成立于 2011 年 7 月，主要职能是监管澳大利亚职业教育与培训机构，确保提供的职业教育课程与培训机构达到全国统一的质量标准，是联邦层面的职业教育评估机构。该署工作人员包括专员和职员，其中专员 3 人（1 名首席专员、两名专员），最长任期五年。首席专员即该署的首席执行官，负责管理和行政。专员由州长委派，一名负责监管，另一名负责风险分析与调查，而职员的主要职能是负责对专员的监管，并支持专员的工作。州和领地注册/课程认证机构隶属于州和领地教育行政部门，是连接国家质量委员会与培训机构之间的桥梁，代表国家最高教育行政部门——教育科学部，负责机构办学过程的管理、监督国家质量培训框架的执行情况，负责办学机构的办学条件审核、专业申报、五年一轮次水平评估的组织和质量投诉处理，水平评估专家组中必须有行业代表参与。行业技能委员会是全国性行业培训咨询组织，由雇主和雇员代表组成，代表行业企业和工人在职业教育中的利益，负责开发培训计划、制订培训包和职业能力标准等，职责是诊断雇主培训需求、开发与修订培训包、向培训机构提供智力支持。培训包有效期三年，到期须重新修订，修订后还需对其内容进行认证。企业、雇主和雇员代表、注册和管理机构、注册培训机构、政府等代表均要参与制定与修改培训包。该委员会还根据各行业发展现状和特点分为不同领域的委员会，每个领域按照行业技能标准和要求分为若干职业模块。每个职业模块又分为若干单元，每一单元又分为若干要素。注册培训机构（RTO）及其设立的课程董事会、评估机构（人员）和若干质量保障工作小组共同构成了职业教育与培训的内部评估主体，主要负责课程教学质量的评估。课程董事会负责注册机构层面的课程实施，来自行业的代表基本上占董事会成员的一半左右。评估机构（人员）负责注册机构具体的教学单位课程资源评估，包括人才培养方案、教学材料和能力本位评估所需的人力、物力及环境条件的配置。质量保障工作小组负责审核专业教学材料和鉴定组织安排，每门课程均有自己的质量保障工作小组，小组成员来自其他培训机构，小组主要采用同行评价与认定的评价方法。

各州均设有教学评估机构。教学评估机构根据注册机构标准与课程认定标准对培训机构及其课程进行评估认证，行业技能委员会组织制定培训包来规范课程认证与评价标准。注册培训机构还设立课程董事会、评估机构（人员）和质量保障工作小组对其培训质量进行评估。这样，澳大利亚就形成了较为完善的职业教育与培训评估组织机构，为评估工作的顺利开展提供了组织保障。

外部评估主体主要有国家质量委员会（NQC）、澳大利亚技能质量署（ASQA）、州和领地注册/课程认证机构、行业技能委员会等机构。内部评估主要为注册培训机构（RTO）及其评估机构与质量工作小组。

二、督导评估理念探究

澳大利亚职业教育评估有较为先进的评估理念，体现了第四代评价理念。在评估过程中，评估者与被评估者要经常沟通、交流与反馈，关注学生的发展，满足学生个性发展需求，强调“以学生为本”，注重学生参与评估过程。学生也是评估主体之一，强调学生对评估过程与结果的认可，强调真实性评价与情境性评价，做到了评价真实技能的目的，及时告知学员的不足所在，使其明确努力的方向。

其一，导向市场的理念。澳大利亚是市场化程度较高的国家，职业教育与培训走市场化主导道路，重视产业界对职业教育全过程深度参与。当然，在评估方面也不例外。在不同评估机构中均有不同程度的产业界人士参与，甚至在有些评估中产业界人士起主导作用。质量委员会中来自行业组织和企业的代表占总成员的1/4。州和领地注册/课程认证机构组织的水平评估专家组中必须有行业代表参与。由产业界组成的技能委员会主导培训包的制定与修订。可见，产业界不仅是评估的主体，还是评估标准制定的主体，甚至主导了评估标准的制定。这样使职业教育发展建立在产业需求基础上，满足市场与产业经济的价值诉求，强化职业教育助推经济发展的功能，在评估中产业界有绝对的话语权，产业界人士是评估的主体，被评估机构与学生也是评估主体，内部评估采用同行评价，其他培训机构也成为评估主体。在注册机构财政风险评估中还引入了第三方评估，还有证券委员会对注册机构的业务调查。澳大利亚职业教育评估主体走多元化之路，引入了第三方评估机构，产业界在评估主体中的地位越来越突出。

其二，能力本位的理念。澳大利亚强调对学生实际工作能力的评估，是基于能力本位的评估。强调学生真实技能的获得，对于能力的强调不仅体现在有关法规上，还体现在教学设计与评价上。以能力目标作为评估的尺度，提出课程的最低能力测试考核要求。为了客观评价学生的能力，教师经常在真实工作情境中对学生的表现进行现场评价，看其是否掌握了必要的操作技能，这样评价结果与学生工作能力成正相关，若是条件不具备，则采用模拟现场工作情境进行评价，尽可能得出学生真实技能水平，真正实现高分就是高能的局面。①

① 李聪. 能力评估模式：澳大利亚职业教育培训的经验[J]. 江苏教育(职业教育版)，2011(2)：61—63.

其三，工作过程导向的理念。技术和继续教育的课程强调以工作过程为导向，把职业关键能力分解为若干个能力单元(Units of Competency)和行为标准(Performance Criteria)，形成能力标准(Competency Standard)。学生在完成各项评估任务，达到各种能力标准之后经历了一次模拟工作过程。因此，学生除了必须掌握工作所需知识和技能之外，还会在团队合作、与人沟通、策划、实施、总结、评估等多方面得到锻炼。这种模式不仅可以更真实地培养学生的职业能力，同时还能培养学生职业素养和与人沟通等社会交际能力，有助于学生更快地进入职业角色。

技术和继续教育的课程设有一个培训包，把课程的评估标准分割为不同能力要素(elements of Competency)，每学完一个能力模块，学生就要按要求完成资料收集、演讲、小组作业等多种形式的评估。考核应在学完该部分内容之后进行，每一项评估只占一部分分数。课程学完，学生完成所有考核，教师将所有考核项的得分相加，得出该课程的总分。这样的评估系统打破了“一两次考试定整个课程总分”的终结性考核的传统，学生既可以更深刻地理解每一个短期阶段的学习目标，也可以承上启下地、更好地完成整个工作过程，从而达到课程的要求。

另外，技术和继续教育允许学生出现不及格，也就是“能力未达到”(即 NT＝Not Competent)，这部分学生可以在一定时间内申请再次考核，只要考核符合能力标准，即可变成“能力达到”(Competent)。这种考核方式给予学生更多的机会，而不是“一考定终身”，更为人性化，可以鼓励学生努力学习。

其四，全纳理念。澳大利亚关注接受职业教育的全面性。尤其确保弱势群体与边缘群体接受职业教育的权利平等，强调接受职业教育的参与度，将参与度纳入评估范畴，体现了职业教育的人人性与大众性。①

三、评估过程与结果分析

为体现“效果与效率”的教育与培训理念，澳大利亚职业教育与培训从学生满意度、雇主满意度和培训完成能力三个指标进行评估。对接受国际学生的技术和继续教育学院，还需要满足海外学生教育服务条款（Education Services for Overseas Students）、联邦政府招收海外学生院校及课程注册登记（Commonwealth Register of Institutions and Courses for Overseas Students）等额外的合规性要求。课程的评估体系遵循有效性（Validity）、可靠性（Reliability）、公正性（Fairness）和灵活性（Flexibility）四项原则。主要针对所包含的知识、技能和态度进行评估。②

评估学生需求满足程度的指标主要包括：入学人数、课程完成率、毕业率、辍学率与就业率、学生获奖情况以及学生理解知识，掌握实际技能，培养实际动手能力。自我循证评估（evidence-based evaluations）理念在澳大利亚技术和继续教育学院被普遍接受，许多技术和继续教育学院尽力收集各方信息，用以评估自身在整个职业教育与培训行业中的位置与水平。例如昆士兰学院通过访问国家在线数据库和报告将自身绩效与州平均水平同其他技术和继续教育学院情况进行比较，科学评估自身价值。

---

① 马龙云.澳洲职业教育对我国实践教学的启示[J].继续教育研究，2010(2)：122—123.

② Josie Misko，Sian Halliday-Wynes. Tracking Our Success：How TAFE Institutes Evaluate Their Effectiveness and Efficiency [EB/OL].（2017－03－04）[2017－10－14]. https://www.ncver.edu.au/__data/assets/file/0021/8382/tracking-our-success-2169.pdf.

督导与评估采用了“全面质量管理”的质量观。管理由组织内的全体人员共同完成，对影响职业教育与培训质量的各种因素进行全过程管理。质量不仅包括职业教育与教学效果的质量，同时也包括整个澳大利亚职业技术与继续教育机构组织运行质量。

为满足行业的需求，澳大利亚技术与继续教育学院采用多种正式与非正式的方式收集行业需求相关信息。技术与继续教育学院管理者会列席地区、州与全国相关理事会，许多有影响力的行业领导者也会作为技术与继续教育学院董事会与理事会成员，出席讨论有关问题，共谋澳大利亚职业教育与培训的发展。此类高水平的协商，十分有助于及时发现教育中的新问题，促进利益相关者之间关系的健康发展。技术与继续教育学院中大多数管理者与教职工是行业协会成员，成为帮助学院了解行业当前发展形势、明确技能要求，确定培训目标雇主的重要手段。通过对工作场所中雇主与学生的访谈，了解学生是否满足行业生产标准需要，对学院运行与教学中存在的不足及时调整，发挥职业教育与培训作用。一些技术与继续教育学院开始采用客户关系管理系统（Customer Relationship Management），帮助他们实时与客户交流，锁定主要目标客户。

澳大利亚的职业教育与培训机构众多，有私立的、有社区的、有企业内部的，技术与继续教育是由联邦政府和州政府共同出资筹办，两级政府按照 ANTA 协议明确各自所需承担的职业教育与培训费用的公立职业教育培训机构。面对有限的政府职业教育预算，各类机构间、机构内部各个学院间形成了一种竞争关系，期望在政府职业教育预算中占有更大比例，以保证自身的生存与发展。为加强竞争力，澳大利亚政府委员会（COAG）提出多项改革措施，技术与继续教育的评估与监测基于“效果与效率”（Effectiveness and Efficiency）的理念。效果与效率能够使技术与继续教育在竞争中获得更多的政府职业教育拨款。同时，为保证职业教育与培训的质量，澳大利亚制定了资金问责制度。政府向技术与继续教育学院购买教育与培训项目，在项目完成后会对教育与培训结果进行评估，对没有达到预先要求的项目，政府有权回收购买培训项目的费用。①

澳大利亚技术与继续教育学院主要依靠外部质量保证体系监管职业教育与培训的质量。AQTF 是评估所有技术与继续教育学院“效率与效果”的重要指标。所有技术与继续教育学院只有通过AQTF 的认证之后才能为国家承认的职业教育与培训提供机构，所颁发的证书才能受到国家认可。来自外部质量保证机构的指标也是评估技术与继续教育学院质量的重要标准。如一些学院引进的“卓越经营框架”(Business Excellence Framework)，就从方向与目标的明确性、有关市场需求信息的使用、道德伦理行为、对社会和环境负责的办学方式等方面对技术与继续教育学院质量进行判断。同时，学院充分认识行业在评估验证过程中所发挥的重要作用，因此积极将行业参与度作为评价标准，纳入质量保证体系内。除了国家质量保证标准之外，澳大利亚技术与继续教育学院还必须满足其他立法要求(如职业健康与安全)、行业课程认证机构的标准与相关国际组织标准。

澳大利亚技术与继续教育学院十分注重对工作过程的质量控制，通过对整个过程的监管，及时发现问题，采取补救措施。保证质量需要充分的工作过程记录与说明，全体教职人员是支撑职业教育与培训质量的重要力量。为此，澳大利亚技术与继续教育学院提出将质量原则融入日常工作实践是实现高质量教育所需要关注的重点问题。近年来，澳大利亚的技术与继续教育模式得到全

① 匡瑛. 高等职业教育发展与变革之比较研究[D]. 上海：华东师范大学，2005.

世界的广泛关注。根据课程特点，技术与继续教育课程的培训包规定了课程模块（Unit）的评估方法。评估方法非常多样，包括调研、演讲、面试、绘图、培训、论文等。有些需要个人单独完成，有些则需要团队协作完成。丰富的评估方式可以让每一位学生在书面和口头表达等多方面得到锻炼，发挥优势，锻炼不足。这样的课程评估方式不仅活跃了课堂氛围，还可以大大提高学生学习的兴趣和自信心，从而达到更好的学习效果。

在技术与继续教育机构中，学生可以通过焦点问题讨论小组、师生一对一讨论、成为治理组织成员和意见投诉箱的方式提出自己的需求与建议。对学生的调查结果主要集中在教与学（teaching and learning）两方面，这些信息也成为改进技术和继续教育学院教学的重要依据。

澳大利亚技术与继续教育（TAFE）是澳大利亚政府认可的注册职业培训机构（Registered Training Organization）之一，主要负责高等职业教育培训和评估。技术与继续教育模式是国际公认的比较成功的高等职业教育模式，其核心除了课程培训包之外，以能力为本位（Competency-based Training，简称 CBT）的课程评估体系也受到国际关注，它是行业共同制定的工作具体标准。

培训机构必须通过注册授权才可开展培训业务，成为注册培训机构。培训机构在第一次申请注册时要接受办学条件和办学资格的评估。新注册机构还要在一年内接受一次评估。超过一年以上的机构要每年进行一次自评估。注册培训有效期五年。到期还需接受继续注册评估，继续注册评估可以是全面检查，也可以是局部抽查，还可以依据上报书面材料进行评估。根据评估结果来决定培训机构是否继续注册、能否继续办学。注册有效期为结束前半年。

技能质量署会提醒培训机构提交继续注册材料，若没有提交材料，该机构注册就会失效。注册评估不仅是职业教育与培训的准入要求，还是质量持续改进的要求。注册评估使培训机构不断改进其制度和服务，持续检查与完善培训状况，不断提高办学质量，使学生获得更大成果，不断满足市场持续变化的需求。在澳大利亚职业教育与培训的外部评估中，初始注册评估无疑最具代表性。现在通过初始注册评估来看外部评估的过程：初始注册评估过程分四个阶段，第一阶段为准备阶段。(1)注册资格确认（只有在技能质量署管辖权范围内的培训机构才有权申请注册）。(2)理解注册要求。遵守包括注册标准与注册条件在内的质量框架，理解职业教育与培训运行的所有知识，包括培训包、资格框架(AOF)、质量框架在内的国家技能框架(NSF)，了解财政可行性风险评估标准(2011)及相关要求。(3)进行财政可行性风险评估，提交财政可行性评估包。财政可行性风险评估包是由与技能质量署签约的、有独立资格的评估师做出，评估师将培训机构作为一个独立的财政商业实体对其进行财政可行性评估，主要评估项目为预测财政项目计划和财政比率。第二阶段为申请阶段。提交财政可行性风险评估包和包含自评报告的申请书，自评估报告需通过自评估检测来看其是否遵循质量框架。第三阶段为评估阶段。(1)有技能质量署复查所提名的高级和/或有影响的人员的材料来看他们的业务状况；(2)技能质量署对提交的支撑性材料进行的符合性核查，确认申请机构履行的义务，核查与注册标准相关制度，确保申请机构准备好培训所需的资格或能力；(3)技能质量署现场考察，考察申请机构在运用策略、资源和材料方面的资格或能力，考察管理系统、配送策略、培训/考核材料的适当性，考察设施和设备的可行性和任用人员的文凭资格；(4)技能质量署对申请机构是否符合质量框架做出初步鉴定。如果不符合，申请机构可在 20 个工作日内提交附加或修改证据来证明其符合质量框架。技能质量署会对提供的新证据进行分析后再做出鉴定。第四阶段为告知结果阶段。在技能质量署做出决定的 30 天内向申请机构书面通知结果。如果申请批准，则发放注册证书、注册范围文件、注册时期、注册细节和注册详细费用；如果没有批准，则以书面通知没有批准的理由。根据《国家职业教育和培训注册 2011》第 199—200 条法规，没有批准申请的机构可申请重新审查，批准的机构也可就注册期限与注册细节申请重新鉴定，申请机构若对评估结果不满意还可行政上诉法庭。内部评估过程一般为：(1)创设评估情境；(2)准备评估；(3)计划并准备搜集证据；(4)搜集证据并做出评估决定；(5)提供评估反馈；(6)记录和报告评估结果；(7)反思评估过程；(8)参与重新评估和申诉程序。在评估前，评估者与被评估者进行会谈，就评估的内容进行交流与对话，评估者向被评估者解释评估的目的、过程、内容与标准，确保被评估者完全理解评估的各个方面与各个过程，并建议被评估者先进行自我评估。当评估者确认被评估者做好接受评估准备后再制定评估计划，评估计划向被评估者公开，要得到被评估者的支持与认可，然后再根据计划进行评估。评估过程不是简单地对受训者所学课程进行考核，而是提倡现场鉴定和综合考核。根据完成任务的表现来判断是否达到培训包所描述的职业能力，按照既定的知识、能力与态度要素来判断学生在职业场所的能力表现。评估过程是一个收集证据并判断学生是否达到能力的过程，强调证据的收集，证据收集在整个评估过程中都居于中心地位。倡导过程性评估，关注学生真实技能的提高，评估工作有较强的操作性。

澳大利亚政府将注册评估结果与办学经费相挂钩，与新增经费的分配挂钩。要求职业教育与培训必须满足市场、行业和个人需要，要求培训机构高效运作。评估结果权威性大。政府给通过注册评估的机构提供大量的办学经费。公立培训机构 90%以上的经费由政府拨给。国家还对各类培训机构的培训质量定期进行评估。评估以劳动力市场的“就业率”、产业部门的“满意率”作为考核培训机构合格的标准。凡就业率低于60%的培训机构，政府将取消当年培训拨款计划，连续几年不能达标的将予以关闭。

第四节 澳大利亚督导实践的经验与启示

一、基于立法和标准框架的督导与评估

1995年，澳大利亚出台了学历资格评定框架（Australian Oualification Framework，AQF），1998年的报告定名为《高等院校的特征与绩效》，列出了200多项指标。2011年第三级教育质量和标准局法案（Tertiary Education Quality and Standards Agency Act）法案出台了高等教育标准框架（TEQSA）。2011年，澳大利亚颁布高等教育标准框架（Higher Education Standards Framework，HESF），《国家职业教育和培训注册标准2011》《VET质量框架（2011）》《VET课程认证标准（2012）》《财政可行性风险评估要求2011》、各行各业的培训包等等。

2008年12月，澳大利亚教育、职业、训练和青年事务部长委员会（Ministerial Council on Education，Employment，Training and Youth Affairs，简称MCEETYA）在《墨尔本宣言》中提出澳大利亚学校教育要提升公平和卓越，使所有年轻的澳大利亚人成为成功的学习者、自信和创意的个人、行动和认可的公民。2009年，MCEETYA为促进《墨尔本宣言》实现，发布了4年行动计划（Four—Year Plan 2009—2012）。2010年12月8日，澳大利亚合并MCEETYA，组建教育、幼儿发展与青少年事务部级委员会

(Ministerial Council for Education, Early Childhood Development and Youth Affairs,简称 MCEECDYA)并召开会议讨论通过《澳大利亚课程纲要》。之后澳大利亚课程评估与报告管理局(Australian Curriculum, Assessment and Reporting Authority,简称 ACARA)首次正式发布详细课程纲要内容,指出各州最早从 2011 年,最迟于 2013 年,全面实施新的课程。2012 年 5 月,ACARA 再次进行研讨并发布该纲要新的文本,再次要求 2013 年开始澳大利亚全面实施新的全国统一课程计划方案。2012 年 1 月,澳大利亚重新整合修订的七项"关键能力"(General Competencies)内容纳入澳大利亚课程统筹规划设计之中,其所规定的"关键能力"是所有的学生、所有的学习领域都必须遵循的,横跨在分布的各个学科内容之中。2012 年 12 月,澳大利亚颁布的英语、数学、科学和历史四个学科中都有七大"关键能力"详细设计。

二、质量导向与保证

1999 年制定并发布了《阿德莱德宣言——21 世纪学校教育的国家目标》(简称《阿德莱德宣言》)。在此宣言中,明确提出将提升学生的学业标准、筹划国家课程建设和谋求学校教育公平作为国家教育的发展战略。学生取得的学业成就是衡量教育状况的重要指标,因此还制定了全国评估计划(National Assessment Program,简称 NAP),用来检测学生在国家目标上取得的成就。

2008 年颁布了《墨尔本宣言》。与前一宣言相比,促进公平和优质以及培养成功、自信、积极、明智的公民成为了教育的两大目标。为实现上述目标,国家教育部研究并制定了八项行动。其中与教育评估相关的是"创立世界级的课程与评估"(Promote world—class curriculum and assessment)。这一行动改变了澳大利亚各州(领地)课程不一的状况,创立了国家统一课程标准,并设计了全国统一的学生评估计划。从 2008 年 5 月开始实施全国中小学生读写与数学能力评估。

2017 年,维多利亚州政府认为,好的学校聚焦于学生成绩、参与和福祉三大方面。推动学校发展的关键实践包括:(1)卓越的教与学;(2)积极的学习氛围;(3)专业领导力;(4)学习共同体参与。学校改善的督导以此为原则。

高等教育从其成立的督导和评估机构名称可以窥见对质量的重视,从质量署到质量与标准局,均是以质量保障为导向的督导评估思路。

三、强调自我督查与评估

澳大利亚无论对于中小学的督导还是对于高校的督导,均强调机构自身的督查与评估。以经济发展水平处于全澳领先地位的新南威尔士州为例,说明基础教育督导情况。新南威尔士州下设 40 个学区,从 1995 年开始,该州废除了每 4 年对中小学评估一次的督导评估办法(主要原因是各校办学条件已无大的差异,教师学历均在学士学位以上,生均教育经费标准也是一样的),改为以学校自评为主要形式,学校每年必须按照统一规格写一份自查报告。州督导部门发现问题再进行督导评估。高等教育同样如此,例如 2015 年澳大利亚纽卡斯尔大学质量评估项目管理及其澳大利亚纽卡斯尔大学年度报告。2015 年度报告概述了纽卡斯尔大学 2015 年成就以及截至 2015 年 12 月 31 日的财务状况。报告基于学校战略计划目标,审查校园活动,并比较往年绩效,概述 2016 年的优先发展事项。

四、确保督导过程的客观与独立性

2000 年成立的澳大利亚大学质量保证署(Australian Universities Quality Agency, AUQA)是一个不受干扰、独立的评估机构(Assessment Agency)。随后成立的第三级教育质量和标准教育局同样是一个独立的督查与评估机构。不仅如此,参与督导和评估的人员同样有严格的规定,即在督导和评估过程中不受干扰,始终秉持客观公正的原则从事督导和评估工作。

五、重视各级管理教育的督导

澳大利亚不仅重视基础教育和高等教育的督导和评估,同样重视职业技术教育领域的督导和评估。基础教育督导有总学监与学监制度的保障,高等教育主要基于第三级教育质量和标准局颁布的高等教育标准框架(TEQSA)进行督导和评估。职业教育督导和评估则以《国家职业教育和培训注册标准 2011》《VET 质量框架(2011)》《VET 课程认证标准(2012)》《财政可行性风险评估要求 2011》、各行各业的培训包为依据进行。

第六章

加拿大教育督导制度与实践研究

加拿大是世界上面积第二大的国家，西抵太平洋，东迄大西洋，北至北冰洋，东北部和丹麦领地格陵兰岛相望，东部和法属圣皮埃尔和密克隆群岛相望，南方与美国本土接壤，西北方与美国阿拉斯加州为邻，领土面积为998.467万平方公里。

但是，加拿大人口稀少，主要集中在南部五大湖沿岸，2018年总人口为3705.89万人。尽管人口少，加拿大仍然属于高度发达的资本主义国家，一方面得益于丰富的自然资源，但更得益于加拿大人口受教育程度。高素质人口造就了加拿大民主自由的政治、法治透明的政府、高度发达的科技、繁荣的经济以及富裕的社会。

加拿大的教育与它的文化一样具有崇尚多元、兼收并蓄的特质，人们享受着教育的优质与公平。在近年来的多次国际PISA测验中，加拿大的15岁中学学生在科学素养、阅素养读和数学素养上表现出色，公众对其中小学教育满意度普遍很高。加拿大教育质量不仅仅得益于其系统完备的中小学教育体系，高质量的高等教育机构和大学，还得益于其教育督导制度，加拿大教育督导追求公平优质教育的宗旨、帮助指导学校与广大师生的服务理念以及专业规范的督导工作体系是其教育督导成功之关键。

第一节　加拿大基础教育教育督导制度

一、加拿大的联邦制下的分级教育管理体系

加拿大政治体制为联邦制和议会制君主立宪制，英王伊丽莎白二世为国家元首及国家象征，但无实际权力。官方语言有英语和法语两种，是典型的双语国家。作为联邦制国家，加拿大的教育管理体制实行联邦宪法指导下的分级管理，以省（加拿大有10个省和3个领地）管为主，下设市（区）级，按属地关系，直接管理有关小学、中学、大学。

具体为：国家（联邦）不设教育职能管理部门，而是以宪法等法律规定的方式，确定全国教育发展的大政方针和政策，并依据战略发展的重点，通过联邦有关部委以“项目投入”的方式对各地教育进行有针对性的投入，从总体上带动全国教育的平衡及协调发展。

加拿大不设教育部，各省教育事务的协商与决策通过1967年成立的教育部长理事会（Council of Ministers of Education）来推动，理事会代表了国家对教育的意见。一方面，商议国家教育改革与政策的出台；另一方面，负责促进和直辖市各省间的教育合作；同国家教育组织和联邦政府进行磋商合作。

加拿大的学校（学区）实行董事局（或校委会）领导下的校长负责制。学校的具体管理工作大多由学区董事会掌管，其职责包括：雇佣或解雇教职人员、建立和维护学校及学校的建设和设备、经费开支、教学安排以及征收教育费用的税收等。在加拿大，没有标准的全国统一的学科内容。各省教育部负责设计和规定学校所设课程内容及科目教授顺序，并规定必修科目，提供大量的选修科目。加拿

大的高等教育机构分为社区学院和大学两类。除此之外，加拿大的职业教育、成人教育和特殊教育都兴起较早，具有良好的发展态势。

二、加拿大教育督导制度体系

19 世纪中期到 20 世纪 60 年代，一个独具特色的学校管理和督导体系在加拿大普及。加拿大中小学的教育督导制度主要由省教育部和地方学校管理委员会构成，省教育部的职责是内部学校管理，地方学校管理委员会的职责是外部学校管理。内部学校管理是处于教育过程中心的战略因素，如课程设置、教科书、考试、教师培训、授予证书及督导等。外部学校管理是制约和资助学校准备工作的环境因素，例如教学楼和人事政策等。

加拿大各省教育部分别制定自己的教育法案，对包括教育督导在内的方方面面的事务进行规范和管理。因此，加拿大没有中央级、覆盖全国的统一的教育督导制度。加拿大各省教育督导既体现出一些相似的基本规范，又有各自的特色。

加拿大各省和地区已经形成由省级负责的督导机制，自上而下地对本省中小学发挥着至关重要的督导力量，此外，加拿大教育部长委员会发挥着省与省之间的合作交流，两者共同促进加拿大各省的教育督导的有效运作，最终实现加拿大高质量的中小学教育。加拿大各省和地区(10 省和 3 个地区)设立了分管教育的部门。首先，就省督导层面而言，加拿大省级立法机构有权对本省的教育督导工作制定相关的法律，各省和地区的教育部负责本省中小学教育的组织、评价和管理等工作。其次，就地方学区层面而言，关于教育的地方治理，通常是授权给“学校董事会”“学区”“学校部门”或“地区教育委员会”，这些机构的成员均是通过公众投票选举产生的。除此之外，加拿大的教育部长委员会行使着省际之间的教育交流与合作，可称为加拿大教育督导的省际合作机制。加拿大的教育部长委员会对加拿大全国范围内的教育督导实践发挥着引领作用。

在省级层面上，加拿大各省教育部任命省级教育督导员(provincial supervisory officer)，由他们组成教育督导团(组)，主要职责是检查教育部制定的法规及政策的贯彻和落实情况；监督地方教育当局及学校的教学管理工作；及时反映地方的教育需求和教育意见。被任命的省级教育督导员必须具有丰富的工作经验，且必须具有文科高等教育学历证书。督导员的道德水准、个性特征以及行事风格在遴选过程中占有重要比重，他们还必须体现出代表省教育部的立场、价值观以及权威和尊严。地方各学区教育委员会也须任命一名或几名教育督导员(督学)作为教育主管，监督本学区范围内的各项工作。如不列颠哥伦比亚省《学校法》规定："每个(学区)委员会必须任命一名学区督学，他在学区委员会总的领导下，监督和指导学区委员会聘任的教育人员；行使总的组织、管理、监督和评价所有教育项目的权力并监督学校的运行。

学区委员会还可以任命一名或更多的助理督学协助督学开展工作。安大略省的《教育法案》不仅规定每个学区都必须任命具有较丰富的教育工作经验和较高道德人格的人员担任学区督导员，甚至两个或两个以上公立学校(或罗马天主教学校)都可以在教育部长的批准下任命一位教育督导员负责检查和指导本学校所有的事务，他们也被称为"初级督导员"。地方教育督导员的任命必须符合省教育部的统一要求并得到教育部长的认可。横向来看，加拿大教育督导人员还有乡村督导员(rural supervisor)和城市督导员(urban supervisor)之分。乡村督导员所督导的学校一般分散在大范围地理区域中，因此，他们在任期间对每所学校要参观一至两次，但要在路途上花费大量时间。城市督导员必须保证有丰富的经验，监督学校执行教育部确立的政策规定。

三、加拿大教育督导的目标与内容

提高每一个学生的学习成就被视为加拿大各省教育部的最主要目标。就教育督导而言，主要基于从学区到学校的各级责任目标以及在国际上有关学区和学校改进研究的最新成果的基础上，基于学区年度工作计划和相关承诺，每年均组织省级学区督导检查。负责组织和实施教育督导的相关部门在制定检查的目标时，既要有全局的总的目标要求，更要适当地考虑到被督导检查对象的实际情况而制定有针对性的目标。

以安大略省为例，其基础教育有三个目标，即提高学生成绩、缩小学生差距和增强公众对公立教育的信心。为了达到这三个目标，在追求“优质”方面，安省成立了教育质量与测试责任办公室(EQAO)，分别在三年级，六年级、九年级和十年级对学生进行阅读、计算和科学等方面的学业水平评估，通过评估让学校、教师和学生、家长了解情况，明确弱项所在，教育督导员着重发现问题并指导学校解决，以保障教育的优质水平。提升中小学生的读写算等基本技能是加拿大教育督导的一项主要内容。在追求“公平”方面，安省学区教育局设有专门推行教育公平的部门，由一位教育督导员(学监)负责，帮助学校开展公平性教育，在他们看来教育的平等性就是通过满足个体的需求来提供公平的机会。平等异于完全等同，平等意味着要消除壁垒、消除歧视，补救过去因歧视造成的影响，因而他们高度重视移民的教育，认为移民子女的教育十分重要，移民子女同样享受着政府对本国居民的教育待遇，同时他们对特殊儿童的教育相当重视，融合教育做到极致，全纳教育真正体现，另外学校还有义工和辅助教师专门帮助需要帮助的学生。

当前加拿大各省和地区的测验内容主要是阅读、数学和科学等核心学科。一方面,“参与”各种国际性和全国性的测验评价项目。另一方面,“自制”适合本省学生的大量测验评价项目,这是各省评价学生学业表现的最为普遍的形式。这也是加拿大中小学教育督导的主要内容。加拿大教育督导的方式也各不相同,管理并实施大量评价项目是加拿大各省和地区当前教育督导的主要方式,各种评估和监测的手段和技术的运用具有借鉴价值,比如各省和地区均会发布教育年度报告。此外,公众参与已成为各省和地区的有效督导实践。

以安大略省为例,每年督导检查前,教育部都制定出一份《学区督导检查指南》的文件。该文件针对督导检查的十个关键领域分别设计了若干具体的与检查内容相关的问题、评估的四个水平及其含义,以便在检查实施过程中根据所视察到的真实情况评估该学区在上述问题方面所取得的成就及水平,并做出客观的评价。各个签有责任合约的学区都要成立一个督导检查组。检查组主席由一名来自其他学区的专业督导人员担任,其他成员包括教育工作者、家长及教育部官员等各方相关利益的代表。在实施过程中,检查组制定有明确的督导检查目标及一系列规范的督导检查程序和内容。20个学区的督导检查要在半年之内全部完成。每个学区检查结束后,督导组要向教育部长和学区委员会提交一份督导报告。该报告以《学区督导检查指南》为基础,必须如实反映学区在督导检查主要内容方面的表现情况,并向教育部长和学区委员会提出被检查学区及所辖学校在促进学生成就工作方面的建议。省级督导员及教育部相关官员在检查学校的最后一天要核查督导组主席提交的报告的真实性,并在提出修改意见后返回给督导组,最终由督导组主席编辑定稿并提交给教育部长和学区委员会。学区督导检查制度是构成省教育部责任框架的重要组成部分,也是省级教育督导落实的具体体现。加拿大正是在这种以省级督导一般性设置为基础,各省分别按自身情况制定个性化学区督导细则的框架之中实现对教育系统的督导检查职能的。

年度督导检查的基本目标包括视察所有学校并进行评估，分别实事求是向该省教育部、学区和公众提供检查的学区及其所辖学校工作的成绩与不足之处，并在实施检查过程中对该学区提高学生成绩方面在最终提交的督导检查报告中反映出来。此外，督导检查的结果及其使用，结合学区的实际特点制定了具体目标：(1)督导组在检查完后，客观地分析此次检查的结果以及学区与学校工作所取得成就的数据；(2)检查结果进行了总结并提出督导组的意见和建议。(3)确定学区在促进学生成就方面优势；(4)学区具体的实际情况，且具有可操作性。

方法由四部分构成：(1)督导检查组会见由学区委员会，针对整个检查过程中了解到的该学区委员会成员、教师、督导员与校长等各方组成的学区及所辖学校工作情况的不足，督导检查组提出整改意见；(2)检查组视察所有学校并提出学校规划等一系列改善工作的相关建议；(3)加强搜集、整理和分析与学生学习相关的信息以及与家长顾问委员会人员等座谈；(4)督导为制定学校目标的前期工作。

第二节 加拿大省级学区督导检查制度——以教育督导员为切入点

一、教育督导员的资格认证——以安大略省为个案分析

加拿大各省教育部任命省级教育督导员，组成教育督导(组)，主要职责是检查教育部制定的法规及政策的贯彻和落实情况，监督地方教育当局及学校的教学管理工作，及时反映地方的教育需求和教育意见。省级教育督导员的任命以丰富的工作经验、文科

高等教育学历证书为基础，辅之以道德水准、个性特征以及行事风格的考察。地方层面，各学区教育委员会须任命一名或几名教育督导员作为教育主管，监督本学区范围内的各项工作，地方教育督导员的任命必须符合省教育部的统一要求并得到教育部长的认可。

以安大略省为例，在任命一名教育督导员之前，教育部需要对他足以胜任这一岗位的证明进行备案，即教育督导员证书（Supervisory Officer's Certificate），并出具证明他成为督学合法性的确认函。安大略省教育部于 2011 年颁布并执行文件《教育督导员：认证、任用和暂停/解聘通知——立法条件和部门程序指南》（SUPERVISORY OFFICERS：Certification，Appointment and Notice of Suspension/Dismissal-A Guide to Legislative Requirements and Ministry Procedures）。在这份文件中，教育督导员被分为"学术型教育督导员"（academic supervisory officer，以下简称：学术督学）和"事务型教育督导员"（business supervisory officer，以下简称：事务督学）两类。[①]

表 6－1　学术督学与商务督学的比较

学术督学	事务督学
必须具有教师资格证	不需要教师资格证
负责学校教育的检查评估	监督教育局的业务职能
教育领域内的专业人士群体	来自背景更广泛的专业人士群体

（资料来源：整理自安大略省教育部的《教育督导员：认证、任用和暂停/解聘通知——立法条件和部门程序指南》。）

① SUPERVISORY OFFICERS Certification，Appointment and Notice of Suspension/Dismissal A Guide to Legislative Requirements and Ministry Procedures. http://www. edu. gov. on. ca/eng/policyfunding/memos/dec2011/SO2011Certification_Appointments_Guide. pdf[EB/OL]. Leadership Development Branch，Ministry of Education. [2011－12]. [2017－10－06].

学术督学负责学校教育的检查评估，必须具备教师资格证和教育督导员证书，且拥有至少 5 年成功的教学管理经验。教育督导员证书的获得要求候选人完成“教育督导员资格认证计划”(supervisory officer's qualification program, SOQP)，该计划由 4 个教学模块和 1 个实习模块组成。如今 SOQP 计划的培训单位(SOQP Provider)有 4 处，其中 3 处培训单位以英语为授课语言，1 处培训单位为法语。完成 SOQP 计划的部分或全部模块均可视作候选人资格和经验的一部分。候选人完成全部模块的学习后，首先，SOQP 计划的培训单位须向安大略省教师学院(Ontario College of Teachers)递交证明该候选人已完成 SOQP 计划相关材料与文件。其次，由安大略省教师学院审核并输入该候选人的资格认证和注册信息，并向教育部(Ministry of Education)递交建议书，证明该候选人符合成为教育督导员的条件。最后，由教育部审核该候选人的资格认证情况，并直接向候选人颁发教育督导员证书。

事务督学则发挥着监督教育局的职能。他们不需要教师资格证，来自背景更广泛的专业人士群体。根据《教育督导员》文件，事务督学至少拥有 7 年在工商管理领域的成功经验，包括至少 3 年与事务督学角色相关的管理职务；或拥有硕士学位或者拥有建筑师、注册总会计师、认证管理会计师、特许会计师、律师、专业工程师或专业规划师的执业资格，或有足以胜任事务督学职务资格的其他专业能力；抑或已成功完成了教育局管理项目；或是在 5 年内成功完成“事务型教育督导员资格认证计划”(business supervisory officer's qualification program, BSOQP)。

该计划由两个必修课程和 4 个选修课程组成，必修课程分为教育局财务和教育局行政两大类。不同于学术督学，事务督学的候选人完成 BSOQP 计划的学习后，由 BSOQP 计划的培训单位

图 6-1　学术督学的资格认证

（资料来源：整理自安大略省教育部的《教育督导员：认证、任用和暂停/解聘通知——立法条件和部门程序指南。）①

图 6-2　事务督学的资格认证

（资料来源：整理自安大略省教育部的《教育督导员：认证、任用和暂停/解聘通知——立法条件和部门程序指南》②。）

---

① SUPERVISORY OFFICERS Certification, Appointment and Notice of Suspension/Dismissal A Guide to Legislative Requirements and Ministry Procedures. http://www. edu. gov. on. ca/eng/policyfunding/memos/dec2011/SO2011Certification_Appointments_Guide. pdf [EB/OL]. Leadership Development Branch, Ministry of Education. [2011-12]. [2017-10-06].

② SUPERVISORY OFFICERS Certification, Appointment and Notice of Suspension/Dismissal A Guide to Legislative Requirements and Ministry Procedures. http://www. edu. gov. on. ca/eng/policyfunding/memos/dec2011/SO2011Certification_Appointments_Guide. pdf [EB/OL]. Leadership Development Branch, Ministry of Education. [2011-12]. [2017-10-06].

(BSOQP Provider)向教育部递交证明该候选人已完成 BSOQP 计划的相关材料与文件,再由教育部审核该候选人的资格认证情况,并直接向候选人颁发教育督导员证书。

二、教育督导员的任命

在任命一名教育督导员之前,教育部需要对他足以胜任这一岗位的证明进行备案,并出具证明他成为督学合法性的确认函(具体内容见表 6-2),因此教育局在聘用过程中须预留 15 至 20 个工作日。

表 6-2 教育部出具的确认函中需包括的内容

常规任命	限期任命
任命者的职称和具体职位	任命者的职称和具体职位
岗位职责的一般性陈述	岗位职责的一般性陈述
任命的有效期	任命的有效期
任命者的合法全名	任命者的合法全名
/	证明任命者符合教育督导员条件的文件材料
(学术督学)安大略省教师学院出具的注册编码	(学术督学)安大略省教师学院出具的注册编码

(资料来源:整理自安大略省教育部的《教育督导员:认证、任用和暂停/解聘通知——立法条件和部门程序指南》①。)

① SUPERVISORY OFFICERS Certification, Appointment and Notice of Suspension/Dismissal A Guide to Legislative Requirements and Ministry Procedures. http://www. edu. gov. on. ca/eng/policyfunding/memos/dec2011/SO2011Certification_Appointments_Guide. pdf[EB/OL]. Leadership Development Branch, Ministry of E-ducation. [2011-12]. [2017-10-06].

对教育督导员的任命，一般有两种：常规任命（regular appointment）和限期任命（limited appointment）。限期任命的时间期限不超过两年，在两年任命结束后可最多延长两年的任期。其任命过程如图 6－3 所示。

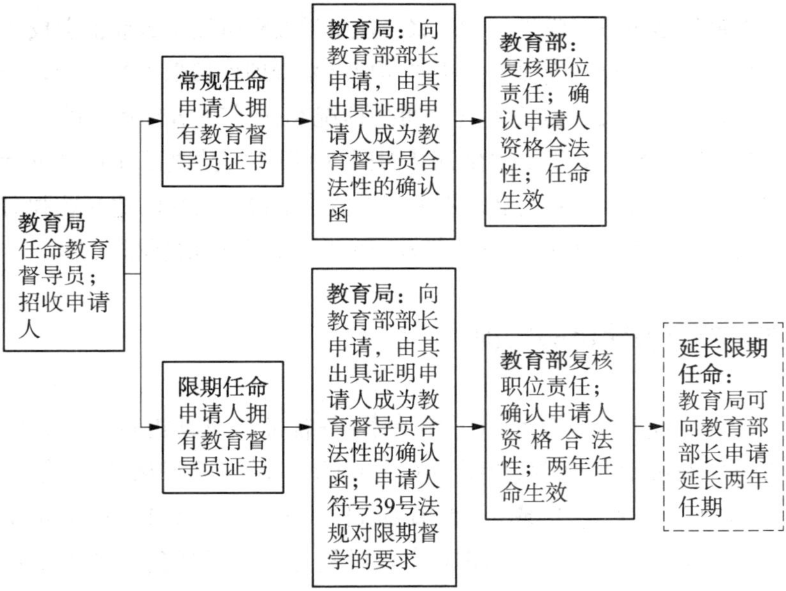

图 6－3 教育督导员的任命过程

（资料来源：翻译自安大略省教育部的《教育督导员：认证、任用和暂停/解聘通知——立法条件和部门程序指南》①。）

① SUPERVISORY OFFICERS Certification, Appointment and Notice of Suspension/Dismissal A Guide to Legislative Requirements and Ministry Procedures. http://www.edu.gov.on.ca/eng/policyfunding/memos/dec2011/SO2011Certification_Appointments_Guide.pdf[EB/OL]. Leadership Development Branch, Ministry of Education. [2011－12]. [2017－10－06].

三、教育督导员的责任

在教育督导员任职过程中，他需要履行的责任一般如下[①]：(1)帮助教师提高教育质量；(2)与学校委员会合作，其目标是使学校能最好地服务于学生的需求；(3)视察学校和班级；(4)准备学校或班级检查报告；(5)确保依照法律和规定来管理他权限下的学校；(6)向教育部长提交一份关于责任履行情况和所管辖学校状况的年度报告；(7)当校舍处于不卫生的状况时，向相关的健康医疗官员进行报告；(8)监管学校委员会的事务；(9)监管学校委员会的建筑物和财产的使用和维护；(10)行使法规政策所规定的其他权利和职责。

四、教育督导员的培训

为了提高教育督导员工作效率，各省都会对其进行培训。以大不列颠哥伦比亚省(British Columbia)为例，该省从2011年开始实行"督学专业成长证书项目"(Supervisor Development Certificate Program, SDCP)，实行对象是省内担任公职的固定督学(即常规任命)，项目为期两年，为每一位参与者提供量身定做的学习计划，旨在提高参与者的胜任力，因此无论是新手督学亦或是熟手督学都可以从中获益。[②]

---

① 钱一呈主编. 外国教育督导与评价制度研究[M]. 北京：中央广播电视大学出版社，2006.

② Supervisor Development Certificate Program. https://www2.gov.bc.ca/gov/content/careers-myhr/all-employees/career-development/learning-education?keyword=provincial&keyword=supervisory&keyword=officer [EB/OL]. Province of British Columbia, [2018-01-10].

在教育督导员的能力培养中，考虑到其职业生涯发展及其在学校和教育体系中的作用，“领导力”（leadership）的训练相当重要。以安大略省为例，安大略省教育部 2007 年颁布《校长和副校长及教育督导员领导力框架前言》（Preamble to the Leadership Frameworks for Principals and Vice-Principals and for Supervisory Officers）①，为学校领导者与教育督导员的领导力培养提供连续高效的实施办法。这份框架详述了优秀领导力的具体表现，为学校领导者与教育督导员的未来发展提供了完整的体系，足以适用于他们在整个职业生涯中可能发挥作用的所有环境。

教育督导员领导力框架分为两个部分：(1)领导者的实践和能力；(2)体系内的实践和程序。在第一部分“领导者的实践和能力”中，又细分为 5 个要素：设置目标，即与团队建立一个共同愿景，促进团队目标的进行，以实现高效的预期；处理并建立人际关系，即基于相互尊重的关系，教育督导员努力培养与学生、教职工、家庭和社区之间真诚的信任关系，以所有学生的最佳利益为准则开展工作；促进组织发展，即建立协作文化，建立成功的组织结构，并将教育局和学校连接到更广泛的社会环境中；领导教学计划，即有效管理教育体系，使每个人都能专注于教学和学习；尽职尽责，即为学生的成功创造条件，确保学生从高质量教育中获益。在第二部分“体系内的实践和程序”中，划分成 6 个要素：改善学校和教育局的目标，即学校和教育局致力于提高学生成就，致力于消除学生成绩间差距，致力于以合乎道德的方式对待所有人；培养专业文化，即教育局与学校领导层建立起积极、尊重、信任的工作关系；

① SUPERVISORY OFFICERS Certification, Appointment and Notice of Suspension/Dismissal A Guide to Legislative Requirements and Ministry Procedures. http://www.edu.gov.on.ca/eng/policyfunding/memos/dec2011/SO2011Certification_Appointments_Guide.pdf [EB/OL]. Province of Ontario, [2017-10-07].

发展领导力，即为校长和副校长提供必要的培训和机会，使其成为有远见且与时俱进的教学领导者和文化管理者；完善行政结构，即简化办公室内外的管理流程，使用技术资源，以减轻行政管理负担；获得家长和社区的支持，即协助和支持学校让家长和社区参与学校建设和管理；完善换届计划，即从一届领导团队到下一届的过渡中，所有方面都得到了认真的考虑。

五、教育督导员的与时俱进

包括教育督导员在内的教师、学校、教育局等都会通过成绩以评估学生的智力发展和学业完成率，进而考察学校的课程实施和教学有效性等方面。然而从 2015 年 7 月 1 日始，大不列颠哥伦比亚省原先实行的“问责框架”（Accountability Framework）发生了重大变化。“成绩契约”（Achievement Contracts，是学校、学区和教育部负责的一种方式，体现了各个学区的特点、重心和需求，是在课堂、学校、地区和省级层面上考虑学生成绩信息而形成的）、学生成绩的督学报告（Superintendent's Reports on Student Achievement）、地区扫盲计划（District Literacy Plans）和学校规划委员会（School Planning Councils）已不再受教育部委托。《提升学生学习质量的框架》（A Framework for Enhancing Student Learning）（草案）将取代之前的问责框架。这份框架重点关注每个学生，致力于提高每个学生的学习能力，并解决特定学生群体中长期存在的差异，如土著学生和有特殊需求的学生群体。在省级层面，框架的目标分为智力发展（intellectual）、社交能力发展（human and social）和职业发展（career）三大类。落实到教育局级层面，以三角洲公立教育局（Delta School District）为例，目标细化为学生参与度（student engagement）、社会责任感和社会情感培养

(social responsibility and social-emotional learning)和为未来培养学习者(empowering learners for the future)。教学目标的变化意味着课程、教学方法等也会发生改变,继而意味着教育督导员的视察标准、考核内容、工作方法等都要随之更新。换言之,教育督导员的具体工作并不是固定不变的,随着全球教育的发展趋势、随着教育部的政策调整,教育督导员的职责、工作都会与时俱进,适应新时代的发展。

第三节　加拿大教育督导制度的经验及对我国的启示

加拿大是联邦制国家,联邦政府不设教育管理和督导职能部门,而是以宪法等法律规定方式确定国家教育发展政策方针,教育管理体制在宪法指导下实行省级、市级、区级的分级管理,按属地关系,管理着中小学和大学。这样的分级管理有助于加拿大学校教育质量的提高,有助于各管理单位各司其职,提高其工作效率。加拿大各省教育部长们成立了教育部长理事会(CMEC),该理事会在各省起到协作作用,但不具备行政职能。加拿大各省教育行政机构通过制定各项教育法律法规来控制教育发展方向和水平,以确保学校教育质量的稳定和发展。加拿大高质量的教育督导制度对受教育人口众多的中国来说,有极大的借鉴意义,这里就加拿大的教育督导评价制度和实践总结以下几点启示。

其一,创新督导理念:教育善治引领。

超载仅仅视教育督导为政府的一种行政监督行为的传统思维非常必要。树立一个将教育督导看作是教育行政部门组织和指导的,各方面集思广益,共同为促进学校工作和学生发展出谋划策的、民主的、发展性的、积极的督导理念,并在实践中努力探索和尝试新的理念指导下的督导模式。督导人员构成不应仅是教育行政与督导部门的人员,而应更广泛地吸收代表各方教育利益的人士参加,如家长、社会工作人员等。

在遵循总体目标要求的基础上,要适当考虑到被督导检查对象的实际情况而制定有针对性的目标,以便能够更切合每次督导检查的实际,使督导检查过程便于操作,且能对被检查对象的工作改进发挥更有效的指导。

其二,调整督导职能:服务指导导向。

加拿大教育督导员的主要工作对象是校长,其主要职责除了监督校长执行教育法规、履行校长职责外,更主要的日益被重视的是帮助校长发展学校,包括帮助校长确立学校学术方面的发展方向,帮助校长建立与社会、家长、教师、学生等各方面的关系,帮助校长完成课表的制定、班级的编制、文案的整理等常规化复杂化的技术性工作等,以确保校长在学校真正履行教学领导者的角色,同时帮助校长通过校长评估。加拿大的校长评估工作主要由教育行政部门的助理督学具体负责,校长及相关人员予以配合,事实上,助理督学不仅是校长的“监督者”,更是校长工作的促进者,是校长的重要“顾问”和“后盾”,督导评价的实质就在于帮助校长最大限度地发展自己和学校。可见,加拿大的督导宗旨是“服务帮助”,而不是等级资质评估、选优评估,这也大大降低了人为影响的部分,深受校长的欢迎。

从督导流程看,在加国,督导人员发现学校问题后,会向教育局有关部门报告,随后部门派出专业人员到学校进行进一步的诊断和帮助,给予有力的改进支持。例如,EQAO 测试后,学监和教育局会帮助学校和教师发现和鉴定问题,组织项目组到学校开展“教学关键性路径”研讨,通过前期评估、干预和后期评估等进行分析和策略探讨,给学校提供和介绍课程、专家资源等,切实帮助学校和教师提高教学质量。

其三，规范督导流程：客观公正原则。

需要规范具体督导过程中的工作程序及工作方法。督导人员应该对预先制定好的一套完整的工作程序有清晰的认识，做到心中有数，并严格按照工作程序办事。督导人员应该运用多样化的工作方法，依据既有可操作性又有一定弹性的督导指标文件，客观、公正、踏踏实实地开展督导检查工作；同时，被督导对象也应该以平常的心态认真地迎接督导检查，另外，督导人员根据实际观察和了解到的客观情况做好检查结果的记录也非常重要。

其四，分类督导人员：推动多元化与专业化。

加拿大各省设立了省级教育督导员，地方学区设立了相应的地方督导员，检查和指导着复杂的教育系统的有关事务。加拿大的督导人员拥有相当的权利和荣誉，他们是教育部的代理人，教育部希望并授权他们去推行官方政策。加拿大督导人员的资质条件非常高，一方面要求具有硕士学位或具有同等学力的实际水平，另一方面必须有很高的专业素质。“成功的教学经验”是加拿大各省督导人员获得任职的先决条件，安大略省要求学监必须是从教 10 年以上的成功教师，同时必须经过副校长、校长各层次岗位的历练，并在每 5 年一轮的校长考核评估中获得优秀，还要花 8 年时间进修相关学监培训课程，精通基础教育各学段课程、教材、教法的理论和实践。根据安大略省对校长资质的规定，教师必须学完规定的校长课程，经过考试拿到学分，通过教师教育学院组织的专家答辩后才能取得相应的正、副校长资质，并且在担任副校长 3 年以上后才有可能申请校长资质。可见，从普通教师成长为学区学监，一般要有 20 年左右的教育资历。就督导人员的任命程序而言，成为省级督导员需要通过一套严格的省级考试，地方督导员由地方各学区委员会任命和雇佣，但仍要得到省教育部的特别批准，以保证他们是有经验的并且对官方的期望和价值观很熟悉。在各级督导员的遴选中,督导人员的道德水准、个性特征以及行事风格占有重要比重,并且他们必须体现出代表省教育部的立场、价值观以及权威和尊严。加拿大对督导人员素质的高标准和严格规范的选用,表明教育督导在整个教育系统中极其重要,保障了教育督导工作的权威性和有效性。

加拿大安大略省教育部将督导人员细分为"学术督导员"和"事务督导员",并明确职位要求,如:学位、经验、领导力等。除此之外,加拿大安大略省教育部实行督导员资格认证计划,需完成固定模块的学习方能成为常规任命的督导员。对于未完成固定模块学习的候选人,教育部也提供了两年(甚至4年)的缓冲期,旨在确保其优质地完成培养计划。我国也应提倡督导人员的类型多样化,明确督导人员的具体职责,采取模块化的方式培养督导人员。

其五,运用督导评价结果:科学合理原则。

督导的目的既在于检查工作,指出被检查对象工作中存在的问题和不足,更在于帮助和督促其改进工作。因此,负责督导检查的部门必须重视和充分利用检查的结果,既要看到下级教育行政部门和学校的工作所取得的成绩和好的经验做法并积极加以推广,又要中肯、客观地指出存在的问题和不足,帮助被督导检查对象寻求解决办法,督促其改进工作,并及时反馈工作改进的情况,为进一步制定政策提供依据。

加拿大的教育督导的目标应日益指向"所有人"且考虑每个人的未来。首先,这里所提到的"所有人"指的是教育督导人群需要将土著人等特殊群体也包含在内,同时教育督导更应该关注"所有人"的未来,尤其是指向可持续发展的教育,加拿大教育部长委员会发布的"学习型加拿大2020",明确提出新学习愿景就是确保全加拿大人获得高质量的终身学习机会。与此同时,终生学习的全方位能力，生活技能、社会技能日益成为加拿大各省和教育督导的关注内容。近些年来，加拿大各省和地区已开始制定的全方位的督导内容，努力突破对核心学科学业表现的瓶颈，可以预测这种趋势将在该国教育督导改革中继续加强。最后一方面即加拿大教育督导评估和监测的手段和技术日益多元化，同时还提高了公众和社区的参与度，这将共同推动加拿大教育督导的实践变革。

第七章

日本教育督导的制度与实践

教育督导，即教育督导机构根据国家的教育方针、政策、法规，对下级政府的教育工作、教育行政部门和学校的工作进行监督、检查、评价和指导，并向同级政府和教育行政部门报告督导结果，提出意见和建议，对教育活动进行调控，以使教育和教学工作遵循教育规律去进行，使国家的教育方针、政策、法规得以很好地贯彻执行，不断提高教育质量，促进教育事业的健康发展，保证教育目标的实现。教育督导人员作为督导制度中极为重要的一部分，在很大程度上决定着该制度的成效。[①] 日本的教育督导制度从早期明治维新着手建立，到二战后还经过了一系列质的转变，有一定借鉴意义。

第一节　日本教育督导制度的发展历史

日本督导发展有过三次改革方向，为了现代化，为了去军国主

① 芮娴. 从中国、英国、日本三国比较谈中小学教育督导的人员管理问题[J]. 基础教育研究，2013，(19)：3—5.

义，为了去学历主义。[①] 分别以明治维新、二战、二十世纪七八十年代为节点。日本的教育督导制度发展史以第二次世界大战为分水岭，战前战后呈现出两种截然不同的发展态势。二战之前的日本教育督导制度称为“视学制度”，是在中央集权的教育行政体系下建立起来的对教育内容、教育人事进行行政监督的督导制度。这种督导制度带有鲜明的“监督、检查、命令”[②]的强制意味，因而在战后教育民主化改革中被否定，取而代之的是仅对学校事务进行指导和建议的指导主事制度。日本教育行政体制的彻底转型，导致了督导体制的转型。

一、二战之前：中央集权教育行政体系下的视学制度

1872 年，日本颁布了近代第一个教育改革法令《学制》，《学制》规定日本效仿法国在全国建立八个大学区，实行中央集权的教育行政管理。同年，日本为在第一大学区本部所在地的东京督学局配置督学及其附属官员，专门指导和监督所在大学区内的学校事务，并将督学情况向文部省作出汇报。东京督学局督学的出现被视为日本近代视学制度的发端。同年，文部省为招聘的文部省顾问（起初为督务官，后为学监）戴维・马莱设督务所，后合并于督学局。[③] 文部省原来预定在全国八个学区分别设置督学局，在督学之下设大中小学视学官[④]，但因为经费的原因，1874 年在文部省

① 李建民，肖甦. 新世纪日本教育督导改革探析[J]. 比较教育研究，2007，(07)：17—21.

② 文部科学省. 学制百年史[EB/OL]. http://www. mext. go. jp/b_menu/Hakusho/html/others/detail/1317552. htm.

③ 文部科学省. 学制百二十年史[EB/OL]. http://www. mext. go. jp/b_menu/hakusho/html/others/detail/1318237. htm.

④ 石戸谷哲夫「視学制度」『教育学大事典 3』第一法規出版、1978 年、116—117 頁。

作为文部省的外设机构，设统管全国的督学局，并配置大、中、小视学。[①] 1874 年第一次颁布与督学有关的章程《督学局职制及事务章程》，设立大中小三级督学，受文部卿指挥，并规定了督学职责的权限：鉴别监督地方教育官员的工作状态，学校的教学情况，对人员的升迁提意见，督促上级指令的实施等。其中规定，督学局分别设大、中、小督学来检查和监督各大学区的教育，还相应增设大、中、小视学，负责各大学区的巡视事务、负责检查学校事务。各中学区另设学监，每名学监负责 20—30 个小学区的学务视察工作，自此在明治初期形成督学、视学和学监的监督体系，前两者为中央政府官员，后者为地方政府。

1877 年，随着戴维・马莱被解聘，督学局也随之被废除。[②] 1877 年之后，日本暂停督学和视学的官职设置。直至 1885 年，日本在文部省设置专门的视学部，第二年配置视学官，教育视学才得以重新回到正轨。此后，视学部新增视学委员和兼任视学官。而视学官在经历了废除、重新设置、减员、增员的一系列频繁的人事变动后趋于稳定，直到 1913 年正式改称督学官。督学官的任务是接受上级命令，视察教育行政状况、学校的教育状况、卫生状况、学校人员的工作状况、通俗教育以及教育设施状况等。[③] 视学委员的主要任务是“服从文部大臣的命令，视察上级指定的学校事务”。[④] 1942 年，文部省将督学官和社会教育官、教学官合并成教学官。

---

① 山本正身『日本教育史』慶應義塾大学出版会、2014 年、6 頁。

② 平田宗史「わが国の地方視学制度の成立過程」『福岡教育大学紀要　第 27 号　第 4 分冊』福岡教育大学、1977 年、25—34 頁。

③ 文部科学省. 学制百年史[EB/OL]. http://www.mext.go.jp/b_menu/hakusho/html/others/detail/1317646.htm.

④ 文部科学省. 学制百年史[EB/OL]. http://www.mext.go.jp/b_menu/hakusho/html/others/detail/1317646.htm.

1885 年 2 月，文部省将全国分为六个地区，在文部省第二局内设六个地区部，各设一名部长及数名下属官员，担任地方教育视学事务。同年 7 月，地方部减少至 5 个，同年 12 月，设视学部。1886 年 2 月，文部省官制出台，共设 5 名视学官。1887 年 10 月，文部省新设普通学务局，从第一处到第五处的处长兼任视学官，分管全国教育督导工作。1891 年 8 月，文部省制定“分課規程”，设视学部，配置视学官及视学委员。1893 年 10 月，由于行政整理，视学官被废止，改由文部省参事官负责全国学事视察。1897 年 10 月，文部省再度设 7 名专任的视学官，1898 年 10 月又因行政整理而被减少至 5 名，但同时又设置了一些兼任的视学官。

1899 年，颁布《视学官及视学特别任用令》规定官吏们必须重视推广和总结教育的经验。全面设置视学官和视学，工资均有文部省拨付。[①] 1908 年，《文部省视学官及文部省视学委员职务规程》，把全国分 7 个视学区域，包括专门教育视学官与普通教育视学官，对象实业教育与普通教育。视学官人数增加至 11 人。直到 1913 年将视学官改称为督学官，1942 年，文部省视学官与社会教育官和教学官统一合并为教学官。

日本在设置中央一级的督学局的同时，因为经济原因，并未按学制的规定也在地方设立相应的督学局，因此，地方教育行政机构的教育督导重要性增加。文部省设立之初，府县等地方教育行政机构的学事，由府县庶务处学务科承担。1875 年正式设置学务处。[②] 1890 年 10 月日本“地方官官制”改正，学务由内务部第三处担任，1897 年，第三处中分别以文部省费负担设道厅府县视学二、三名。1899 年 6 月“地方官官制”改正，第三处成为教育学艺专任

---

① 文部科学省. 学制百年史[EB/OL]. http://www.mext.go.jp/b_menu/hakusho/html/others/detail/1317646.htm.

② 神田修「視学制度」『新教育学大事典 3』第一法規出版、1990 年、25 頁。

机关,处长兼任新设的道厅府县视学官(地方视学官),下设内务省费负担的道厅府县视学。1905 年 4 月“地方官官制”改正,道厅府县视学官被废止[①]。但是,地方重新设置道厅府县视学官的要求强烈,1913 年,重新设置由理事官兼任的府县视学官,1924 年改由地方事务官兼任。1928 年,设专任的道厅府县视学官。[②] 也就是说,直到 1928 年,在地方配置专任道厅府县视学官才成为常例。同年规定,视学官的选拔需通过内阁总理大臣直接监督的高等考试委员会,视学的选拔需通过各地方官厅长官直接监督的普通考试委员会。[③]

在郡层次,1878 年 7 月公布“府县官职制”中,郡长被赋予教育行政权,1881 年 1 月,文部省颁布的“学务担任者事务要项”使郡学务担任书记制度化。1890 年 5 月根据郡制改正及同年 10 月公布的第二次小学校令,实施新郡制的郡设郡视学,1900 年 4 月,全国各郡必须以郡费设一名郡视学。直到 1926 年随着郡制的废止而废止。[④]

学制颁布以后,各地开始自主设置被称为“巡回训导”的指导监督小学教育内容、方法的机构。各地使用的名称并不一致,但用“巡回训导”的最多。但不久由于各郡学务担任书记设置,同时也因为经费困难,数量急剧减少。1883 年 8 月,文部省建议设置指导监督小学教师的督业训导,1884 年 3 月,“巡回训导”改称“小学督

---

① 平田宗史「わが国の地方視学制度の成立過程」『福岡教育大学紀要　第 27 号　第 4 分冊』福岡教育大学、1977 年、26、32 頁。

② 平田宗史「わが国の地方視学制度の成立過程」『福岡教育大学紀要　第 27 号　第 4 分冊』福岡教育大学、1977 年、26、32 頁。

③ 文部科学省. 学制百年史[EB/OL]. http://www. mext. go. jp/b_menu/Hakusho/html/others/detail/1317552. htm.

④ 平田宗史「わが国の地方視学制度の成立過程」『福岡教育大学紀要　第 27 号　第 4 分冊』福岡教育大学、1977 年、26 頁。

业”。但因为是自由设置，并非所有府县设置。1887年9月，文部省指示各地，不要以区町村费设“小学督业”，其职能由郡视学担任。

《学制》规定设学区总裁(取缔)而且，学区总裁原则上专任，但是实际上一般都是由作为行政长官的区长、户长兼任。① 1879年9月第一次教育令废除了学区总裁，学事巡视由文部省官员负责。② 其后，1880年12月第二次教育令中规定设置学务委员，而1890年第三次教育令又废止了学务委员，到1890年10月，第二次小学校令再次设立学务委员，成为市、町、村长的教育辅佐者。学务委员制度一直延续到战后教育改革。③

从明治到第二次世界大战日本战败，日本的教育督导制度经历了复杂的沿革变迁，从中我们可以看到日本政府对于教育督导体制、机制的摸索过程。在战前天皇制中央集权教育体制下，教育督导除了对教育内容、方法的监控，更关注对教师思想的监控。④ 教育督导作为维持天皇制中央集权统治下教育体系运行的手段得到高度重视。

在第二次世界大战战败前，日本的教育行政为“敕令主义”⑤体制。教育督导制度也在敕令之下逐步建立并体系化。在中央一级，陆续颁布了《视学规程》(1893年)、《文部省视学官及视

---

① 平田宗史「わが国の地方視学制度の成立過程」『福岡教育大学紀要　第27号　第4分冊』福岡教育大学、1977年、25頁。

② 平田宗史「わが国の地方視学制度の成立過程」『福岡教育大学紀要　第27号　第4分冊』福岡教育大学、1977年、25頁。

③ 平田宗史「わが国の地方視学制度の成立過程」『福岡教育大学紀要　第27号　第4分冊』福岡教育大学、1977年、26—27頁。

④ 尾崎公子「公教育形成期における教員管理政策」『日本教育行政学会年報』No.31、2005年、98—114頁。

⑤ 所谓“敕令主义”就是不管有没有议会的赞成，必须遵守以天皇名义发布的勅令。战前日本法律均以天皇令形式发布。战后因违背主权在民的新宪法精神，敕令被废止，代之以法律。

学特别任用规定》(1899 年)、《文部省视学官及文部省视学委员职务规程》(1908 年)、《文部省督学官及文部省视学委员视察规程》(1928 年)、《视学委员职务规程》(1928 年)①等敕令,对督学人员的职务、准入资格、选拔方式,视察事项等内容作了详尽的规定。

在地方一级,改正《小学校令》(1890 年)、《视学官及视学特别任用令》(1899 年)等敕令,严格控制督学人员的定员、任用资格等。并且各级督学人员作为行政官吏,以监督学校教育事务为主要任务,按照统一章程行使职责,通过国家强制力自上而下的将命令传达到学校现场。总体来说,中央集权式的教育行政管理制度赋予视学极大的工作权限,同时视学制度也成为中央教育行政权力干预教育系统的有效手段。

在二战结束前的这 70 多年间,日本的教育制度建立于中央集权基础上,通过敕令主义与督导制度把教育界统一规整起来。前者,敕令主义建立于文部省提出草案,枢密院讨论,天皇裁夺的过程之上,民众没有发言权与质疑权。而督导制度的任务就是将这些决策一一传达下去。② 其主要特点如下:一是中央集权,有统一章程,处于行政支配,督导人员为国家行政官吏;二是带有权威性色彩。对学校进行他评,认证一批"优良小学校"和"模范小学校"等,进行"学校调查"等,在方法上也缺少具体性。

二、二战之后:地方分权教育行政体系下的指导主事制度

第二次世界大战后,日本在联合国军总司令部的监督和指导

---

① 文部科学省. 学制百年史[EB/OL]. http://www.mext.go.jp/b_menu/hakusho/html/others/detail/1318237.htm.

② 顾明远. 外国教育督导(第二版)[M]. 北京:人民教育出版社. 2002.

下，在美国教育使节团[①]以及日本方面的教育刷新委员会[②]的建议下，排除军国主义和极端民族主义，形成战后教育改革的框架。1948年，设立地方教育委员会制度。1949年，《文部省设置法》颁布。《文部省设置法》否定战前国家主义基础上的教育行政制度，要求将原文部省大部分权限尽可能向地方教育委员会让渡，主要任务不再是通过行政命令指挥和监督全国各级教育，而是提供专业和技术上的指导、建议和援助。

作为战前教育行政体系主要组成部分的视学制度，在战后发生了本质转变。文部省将教学官重新改称视学官，同时通过1947年的《视学官视察指导规程》，规定视学官可就教育事业、教职员及学生活动状况、地方教育管理、教育设施、教育组织部门进行视察、建议和指导。[③]

1948年7月，日本公布《教育委员会法》，该法规定都道府县设都道府县教育委员会，市、町、村设地方教育委员会，委员会成员由选举产生，任期4年，明确了教育的民主化、教育行政的地方分权，旨在保证地方教育的自主性。由此，地方各级设置教育委员会作为教育行政机关。而教育委员会“发挥有效的研究功能与指导能力，提供不含统率力与行政权力的建议和指导”。[④] 日本的教育行政从战前的命令转型为“建议和指导”极其关键。作为日本教育

---

① 美国教育使节团于1946年3月、1950年8月，两次到访日本，两次分别提出报告书，对战后日本教育改革发挥了决定性的影响。

② 原为协助美国教育使节团而设立的日本方面专家委员会，1946年8月根据教育刷新委员会官制设立的直属内阁总理的教育改革审议会。1949年改称“教育刷新审议会”，1952年6月废止。根据教育刷新委员会最后的建议“关于中央教育审议会”，1952年6月，作为文部大臣咨询机构中央教育审议会成立。

③ 文部科学省. 学制百年史［EB/OL］. http://www.mext.go.jp/b_menu/hakusho/html/others/detail/1317646.htm.

④ 教育法研究会：《教育委員会・理論と運営》，東京. 時事通信社，1949年，第130页。

行政的重要一环，不带命令、监督权的指导主事制度建立。配备指导主事代替视学官和视学，具体承担对教育事业、教职员及学生活动状况、地方教育管理、教育设施、教育组织部门“建议和指导”职责。基于对战前视学制度的批判和反省，指导主事不干涉教员的人事，而是作为教员的咨询对象，进行专业的建议和指导。该法中明确规定，“指导主事不得命令和监督”。[①]

1951 年《旧金山和约》鉴订后，日本重获独立，日本实际上进行了对战后教育改革的“再改革”，教育民主化改革的部分内容被否定。日本在 1956 年颁布《地方教育行政组织及其运营法》(以下简称“地教行法”)取代《教育委员会法》，成为地方教育行政的根本准则。新法案否定了指导主事仅限于“建议和指导”“不得命令和监督”条款，代之以“接受上司命令”的新条款。该法的第 19 条第 3 款，重新定义了指导主事的职务内容，新条例这样写道：指导主事“接受上司的命令，对学校[②]教育课程、学习指导或者其他学校教育相关的专门事项进行指导”。[③] 同时新法案规定教育长“统管事务局事务，指挥监督所属职员”。[④] 指导主事接受工作上的指挥监督，在工作中服从上级的纪律。这就意味着，原先独立在组织命令系统之外的指导主事，在法律上被正式编入了指挥监督关系。在从事指导建议活动的同时，也开始辅助教育长处理一般教育事务。鉴于指导主事工作的专业性，每项具体工作的执行，并不总是需要上级的明示。因而，指导主事与教育长之间形成的职务关系，

---

① 《教育委员会法》第 46 条，1948 年. 出自众议院. http://www. shugiin. go. jp/internet/itdb_housei. nsf/html/houritsu/00219480715170. htm.

② 1947 年《学校教育法》第 1 条规定学校包含：小学、初中、高中、中等教育学校、大学、高等专门学校、盲学校、聋学校、养护学校及幼儿园。

③ 《地方教育行政组织及其运营的法律》第 19 条第 3 款，1956 年。

④ 同法第 20 条第 1 款。

有别于一般行政组织。指导主事虽然处在下级位置，却能在工作上保持相对独立，这也是由指导主事是教育专业职位的本质决定的。

在指导主事制度设立之初，指导主事与校长、教育长同属法律上的"专业教育职员"。日本将持有教师资格证书视为指导主事的必要条件，并试图通过直接责任制来确保指导与建议的专业性。但在1954年，日本以人才不足、行政简化、资格证书的必要性较低为理由，废除了指导主事证书任用制，代之以任用资格制。持有教育普通一级证书、在大学修习完成规定学分、有五年以上的从教经验成为指导主事的必要条件。[①] 1956年，这一规定同样被废除，变成了《地教行法》中"有教育学识并且对学校教育课程、学习指导以及其他学校教育相关的专门事项有素养和经验[②]"的抽象规定。在没有明确的任用资格的情况下，指导主事的录用和晋升也并非通过考试竞争，而是教育委员会根据教育长的选考及推荐结果作出决定。

1974年，文部省修订公布《文部省设置法文部省组织令》，（在文部省的初等中等教育局、教育援助局、高等教育局设置视学官，受上司之名，从事所在局相关事务的联络、调整等）其中设置有梯级的初、中等教育局及大学局，并分别设置视学官与视学委员会。

其中视学官有明确职责，如初等中等教育局，它的职责是：在把握各地实情的基础上，进行必要的指导和建议；就与所承担事项

---

① 高橋寛人：《教育行政の独立と地方教育行政職員の専門性に関する史的検討》，载《日本教育行政学会年報》2001年第27期，第22页。

② 同法第19条第4款。

※注：9、10、12均出自衆院，地方教育行政の組織及び運営に関する法律 http://www.shugiin.go.jp/internet/itdb_housei.nsf/html/houritsu/02419560630162.htm.

相关的"学习指导要领"、教学指导书、相关解说书的编辑工作，与相关课进行协调；对如何改善初等、中等教育进行研究与规划。[①]

而《地方教育行政组织及运营法》规定在都道府及市镇村设置教育委员会，这是地方的情况。设立教育长，指挥监督所属职员，下分有教育次长，监管范围包括庶务课、学校教育课、设施课、社会教育课、体育课等。

1984 年，重新设置了视导部门。1986 年，日本都道府县教委的视学官达 7754 人，都道县的最多，而这也证明了日本教育制度的进一步完善与教育活动的繁荣。这段时间内的督导制度主力就是去除日本教育界的军国主义，换之为民主高效的指导式制度，教育行政体制的新设，重新给各级教育委员会及视导人员自主权。

从中央集权到民主法治改造，日本督导体制逐渐向地方分权模式改进，到了 21 世纪，日本已经形成了一个从中央到地方相当健全且完备的督学网络。此时的日本，督导体制特别重视服务性，督导人员在深入了解学校内部情况后，民主性地给出建议。日本还特别强调督导人员结构的专业化，注重科学性，以建议和咨询为主，直接干预学校的具体事务，充分发挥其灵活性和自主性。尤其是在上个世纪 80 年代日本"考试地狱"的报道层出不穷后，日本教育界越发避免学生学习的高度竞争压力，批判学历主义掌控下的各种弊端。关于这段时间内日本督导制度的具体设置情况，笔者将会在接下来的部分详细解析。

总之，战后日本通过将指导主事纳入教育委员会的指挥监督之下，由教育委员会把控指导主事任用与晋升这两条途径，强化教育委员会对教育督导的领导。1956 年之后，教育委员会对学校的

---

① 钱一呈主编. 外国教育督导与评价制度研究[M]. 北京：中央广播电视大学出版社，2006.

统制逐步加强，但是指导主事对教员进行非权威型专业指导建议的本质未发生变化。[①] 回顾日本教育督导制度的发展轨迹，值得引起注意的是，教育督导职位专业性的弱化，正是直接导致学校指导官僚化的重要原因。这一点可通过比对日本战前、战后督导人员职能差异得出。

第二节　日本的中央教育督导制度

日本督导机构分为两个层次三个级别，两个层次，中央与地方，文部科学省的视学官与地方教育委员会的指导主事，其次是三个级别，对应日本的行政划分，文部科学省、都道府县、市町村。2000 年来，日本加重对市町村督导机构的配置，使得督导人员的设置由原来的菱形（都道府县最多）向金字塔型转变，民主化倾向加强。

2001 年，日本文部省和科学技术厅合并成文部科学省。根据《文部科学省组织规则》的规定，在初等中等教育局配置视学官 12 名。[②] 视学官接受上级命令，对初等中等教育[③]进行专门的、技术的指导以及建议。[④] 在高等教育局配置视学官 5 名。[⑤] 视学官接受上级命令，对大学及高等专门学校进行专门的、技术的指导以及建议。[⑥] 为了更好地促进督导工作的顺利进行，文部科学大臣在初等中等教育局、高等教育局分别任命主任视学官 1 名，负责统筹

---

① 高橋寛人，p. 26。

②《文部省组织规则》第 22 条第 1 款。

③ 幼儿园、小学、初中、义务教育学校、高中、中等教育学校、特殊教育学校以及幼保融合型认定儿童园。

④ 同法第 22 条第 6 款，※注：属体育厅及终身学习政策局权责的除外。

⑤ 同法第 35 条第 1 款。

⑥ 同法第 35 条第 3 款，※注：属体育厅及终身学习政策局权责的除外。

视学官的工作，并对视学官的职务做出调整。① 除专职督导人员外，两局分别外聘兼职视学委员若干名，以协助视学官的工作。视学委员的主要任务是接受命令，对特别指定的教育事项进行指导和建议。②

日本没有在文部科学省设置独立的督导部门，并且督导人员只是在宏观层面就教育机构设置、学生指导、教育课程、学校教育管理等方面对地方教育委员会提出指导和建议。例如，受文部科学省管理的教职员支援机构(NITS)是一所面向全国公立学校教职员进行指导、建议和援助的研修机构。机构为了进一步充实教员校内研修，提高教员的素质，通过录制视频向全国各学校提供在线研修服务。其中包含由文部科学省主持的《新学习指导要领》修订要点解说。初等中等教育局的视学官负责解说特殊教育课程与社会课程的修订要点，并向相关教员提供在线指导与建议。

日本地方分权的教育管理体制，决定中央督学人员不能过多的干涉地方教育事务，因而其实际督导权限不大，且多侧重提供咨询服务。

第三节　日本的地方教育督导制度：指导主事制度的现状

1958 年《学习指导要领》修订后，日本为了普及新修订的教育

① 同法第 22 条第 7 款、同法第 35 条第 4 款。

② 同法第 34 条、同法第 45 条。

※注：14、16、17—20 均出自電子政府の総合窓口，文部科学省組織規，2001 年。http://elaws.egov.go.jp/search/elawsSearch/elaws_search/lsg0500/detail?lawId=413M60000080001#424.

课程，指导主事的工资开始由国库负担，使得全国指导主事的总人数大幅增加。七八十年代，经济社会发展变迁给学校教育带来一系列负面影响，例如不登校、校园暴力、班级崩溃等问题层出不穷，并随着时间的推移不断显现出来。为了解决这些问题，日本开始大规模的推行新的教育改革。改革涉及教育制度、学校管理等多方面，地方教育督导的作用被重视起来。同时2000年以后，《学习指导要领》和《教育基本法》的修订等一系列重大教育事件，也在深刻的影响指导主事制度的发展。地方教育督导规模日趋庞大，其地位也在逐年递升中。

一、指导主事制度的法律规定

从1872年督学局的设立开始，持续了73年的视学行政在1948年《教育委员会法》的颁布下戛然而止。新的指导主事行政由此诞生。根据《教育委员会法》第46条，"指导主事给予教员以建议和指导，不得行使命令及监督"。[①] 之后，1950年该法进行修订，删除第46条，在52条第4款中规定，"指导主事给予校长及教员以建议和指导，不得行使命令及监督"[②]，指导主事建议和指导的对象扩大到了学校管理层。

1956年公布的《地教行法》则重新解释了指导主事的本职工作。指导主事"接受上司的命令，对学校教育课程、学习指导或者其他学校教育相关的专门事项进行指导"。[③] 2017年日本对该法

---

① 《教育委员会法》第46条，1948年. 出自衆議院 http://www.shugiin.go.jp/internet/itdb_housei.nsf/html/houritsu/00219480715170.htm.

② 《教育委员会法》第52条第4款，1950年 http://www.houko.com/00/01/S23/170.HTM.

③ 同注释9。

进行修订，沿用至今的这一款项未有根本变化。稍有不同的是指导主事的指导对象范围有所扩大，除《教育基本法》第1条规定的幼儿园、小学、初中、义务教育学校、高中、中等教育学校、特殊教育学校、大学以及高等专门学校[①]外，新增《关于推动学前儿童相关教育、保育全面供给的法律》第2条第7款规定的幼保合作型认定儿童园。[②]

此外，《地教行法》还对地方督导部门组织形式、指导主事的人事制度都作了详尽的规定，地方各级教育委员会均需遵照该法执行。

（一）督导部门组织形式

关于部门设置。根据《地教行法》修订法，教育委员会一般下设事务局作为教育督导部门。设置事务局是“为了处理在教育委员会权限范围内的事务”[③]，教育委员会事务局的内部组织，依据教育委员会规章确定。[④]

关于指导主事与其他职员。都道府县教育委员会的事务局配置指导主事、事务职员、技术职员或者其他必需的职员。[⑤] 市、町、村教育委员会的事务局依照都道府县的标准，配置指导主事和其他职员。[⑥] 都道府县与市、町、村教育委员会事务局的所有职员均

---

① 《教育基本法》第1条，2017年. 出自電子政府の総合窓口 http://elaws.e-gov.go.jp/search/elawsSearch/elaws_search/lsg0500/detail?lawId=331AC0000000162#B.

② 《关于推动学前儿童相关教育、保育全面供给的法律》第2条第7款. 出自電子政府の総合窓口 http://elaws.e-gov.go.jp/search/elawsSearch/elaws_search/lsg0500/detail?openerCode=1&lawId=418AC0000000077_20170401_429AC0000000005.

③ 《地方教育行政组织及其运营的法律》第17条第1款。

④ 同法第17条第2款。

⑤ 同法第18条第1款。

⑥ 同法第18条第2款。

由教育委员会任命。[①] 事务职员接受上司的命令，从事事务工作。[②] 技术职员接受上司命令，从事技术工作。[③] 另外，教育委员会还在事务局职员中指定职员，负责督导事务相关的教育行政协商及其相关事务。[④] 事务局根据地方公共团体的条例确定定员，但是兼职职员数不受此限制。[⑤]

除《地教行法》的各项规定之外，其余与事务局职员相关的必要事项，均由政令规定。[⑥] 例如，各级教育委员会会依据事务局的需求，在督导人员基本配置的基础上，增设主任指导主事，以发挥领导职能。都道府县的教育委员会甚至还会安排首席指导主事、总括指导主事等专兼职管理职位，目的是起到统筹督导全局、协调上下级的作用。

（二）指导主事的人事制度

指导主事在职位性质上属于教育公务员，因而其人事变动需依照《教育公务员特例法》，该法规定指导主事的录用及升迁需通过教育委员会教育长的选考。[⑦] 指导主事的任免、人事评价、工资、处罚、义务、退职管理或其他相关事项，除《地教行法》和《教育公务员特例法》特别规定外，均依照《地方公务员法》。[⑧]

---

① 同法第 18 条第 7 款。
② 同法第 18 条第 5 款。
③ 同法第 18 条第 6 款。
④ 同法第 18 条第 8 款。
⑤ 同法第 19 条。
⑥ 同法第 18 条第 9 款。
⑦ 《教育公务员特例法》第 15 条，2017. 出自電子政府の総合窓口 http://elaws. e-gov. go. jp/search/elawsSearch/elaws_search/lsg0500/detail? openerCode＝1&lawId＝324AC0000000001_20170401_428AC0000000087＃2.
⑧ 同法第 20 条。

指导主事的任用资格①在《地教行法》有明确的规定，必须满足以下所有条件：(1)有教育学识；(2)对学校教育课程、学习指导以及其他学校教育相关的专门事项有素养和经验；(3)公立学校的教员。② 大学以外的公立学校教员可充任指导主事。③ 在有其身份、职位的状态下，不从事教员工作，充当指导主事的情况称为“补充指导主事”。除此之外，该法的同法施行令还对指导主事任用的注意点作了具体的补充说明：

(1) 教育委员会在任命大学以外的公立学校的教员④为指导主事时，若该职员已被其他教育委员会任命，则必须征得其他教育委员会的任命权所有者的同意。⑤

(2) 都道府县教育委员会在任命县费负担的教员为指导主事时，必须征得该教员所属市(包含特别区)町村教育委员会的同意。⑥

(3) 充任指导主事的教员，在任期中保留公立学校的职务，但不得从事教员工作。⑦

---

① 同法第 18 条第 4 款。

② 根据《教育公务员特例法》第 2 条第 2 款，公立学校教员包括，公立学校的教授、副教授、助教、副校长(包括副园长)、教务主任、主干教谕(包括幼保融合型儿童园的主干养护教谕及主干营养教谕)、指导教谕、教谕、副教谕、养护教谕、养护副教谕、营养教谕、主干保育教谕、指导保育教谕、保育教谕、副保育教谕及讲师。出处同注释 36。

③ 同法第 18 条第 4 款。

※注：26—35、37、38、40 均出自電子政府の総合窓口，地方教育行政の組織及び運営に関する法律，2017. http://elaws. e-gov. go. jp/search/elawsSearch/elaws_search/lsg0500/detail? lawId=331AC0000000162#B.

④ 根据同法施行令第 4 条第 1 款，如若是幼保合作型认定儿童园的教员，则需征得该教员所属地方公共团体的首长的同意。

⑤ 6 同法施行令第 4 条第 1 款。

⑥ 7 同法施行令第 4 条第 2 款。

⑦ 8 同法施行令第 5 条。

※注：41—44 均出自電子政府の総合窓口，地方教育行政の組織及び運営に関する法律施行令，2017 年 http://elaws. egov. go. jp/search/elawsSearch/elaws_search/lsg0500/detail? lawId=331CO0000000221.

补充指导主事制度的设定初衷是考虑到一线教员与教育实践的密切联系[①]以及指导主事与教员之间人事流动的便利性。但是，实际上指导主事的专业性并不等同于教员的专业性。《地教行法》的这一条款是在指导主事任用资格不够明确的情况下，作为指导主事专业资格制度的确立及其资质形成的手段而进行的探索。然而教育委员会在确保指导主事专业性时，可能面临着过度依赖这一条款，从而在现行法上出现滥用的问题。在认识到日本教育督导制度具有健全的法律法规作为保障的同时，对于可能出现的问题点同样需加以注意。

二、指导主事的工作内容

指导主事的工作范围包括：(1)各种建议指导活动；(2)指导行政事务；(3)自我研修与自我评价。前面提到，指导主事的主要任务是向学校提供专业的指导、建议和帮助，因而各种建议指导活动是指导主事工作内容的核心，所花费的时间和精力也最多。指导主事可从以下若干方面向学校进行建议指导活动：(1)教育课程的调查与改善；(2)指导法及其指导者的调查与改善；(3)儿童研究的改善；(4)教材教育的调查与改善；(5)学校环境的调查与改善；(6)学校与家庭以及社会的关系的调查与改善；(7)各种形式的教员在职教育的实施与改善。

了解各学校的实际情况是指导行政有效展开的前提保障。学校访问是指导主事下到教育现场，接触学校教育事务的最直接方式，在指导主事的职务中占据非常重要的位置。按照访问形式，学

① 《地方教育行政组织及其运营的法律》第 19 条 4 款，1956 年出自衆議院 http://www. shugiin. go. jp/internet/itdb _ housei. nsf/html/houritsu/02419560630162.htm.

校访问主要分为计划访问和申请访问。计划访问是为了了解教育委员会下辖学校的实际状况,而进行的定期访问。申请访问是接受学校的委托,指导主事访问学校现场,并以研修会讲师、研究讨论会委员等身份,向学校提供指导和建议。短期集中访问和连续型访问是申请访问的两种类型。按照访问内容,可分为学校管理访问、教育课程管理访问、教学改善访问、学生指导相关的访问、特别支援教育访问、教员研修访问等。

指导行政事务与各种建议指导活动直接相关,包括:(1)参加事务局内的各种会议;(2)建议指导活动的企划与事务整理;(3)报告和发言。向教员和学校进行建议指导活动是指导主事的本职工作,但是根据一份调查报告显示,指导主事工作内容的七成被指导行政事务占据。① 建立在教育专业性之上的指导行政事务区别于一般行政事务,具有不可替代性。日本地方教育督导的工作现状是,大量的指导行政事务正在挤压指导主事的本职工作。因此有日本学者指出,《地教行法》应从更广的范围内重新审视指导主事的工作内容,增加"专门事项的指导相关的事务",更符合指导主事实际的工作状况。②

三、指导主事的总体规模

截至 2017 年,日本全国指导主事共计 11596 人,其中,专职指导主事 7321 人,约占总数的 63%。兼职指导主事共计 4275 人,约占总数的 37%。从日本教育行政调查结果中可以发现,近

---

① 老山由美:《指導行政機能と指導主事の職務に関する考察》,载《日本教育行政学会年報》2001 年第 22 期,第 60 页。

② 堀内孜:《指導主事の配置と職能成長》,载《日本教育経営学会紀要》1994 年第 36 期,第 120—122 页。

年来日本指导主事总人数呈上升趋势。专职指导主事人数较2009增加1374人，增幅达到23%，且一直处在上升趋势中。兼职指导主事总人数处在上下波动中，较2009年增加198人，总体增幅4.9%。

表7-1　日本地方督导人员人数的推移①

分类	2009年	2011年	2013年	2015年	2017年	增减
指导主事	5,947	6,154	6,405	6,864	7,321	1,374
补充指导主事	4,077	4,335	4,288	4,181	4,275	198
事务职员	52,720	51,913	51,237	51,301	53,074	354
技术职员	3,234	3,359	3,338	3,186	3,454	220

此外，专、兼职指导主事总人数差值正逐年扩大，2009年差值1870人，2017年差值达到3046人，接近兼职指导主事总人数的7/10。可见，日本近年来在督导工作上更倾向于聘用专业人员。从指导主事人均事务职员配比来看，2009年比值1∶5，2017年比值上升到1∶4.58。明显可以看出，近年来日本配合处理督导事务的职员增长速度滞后于督导规模的扩大。

四、教育指导体制的分类

我国学者较为普遍的从行政隶属关系上，将日本教育督导体制分为两个层次三个级别。两个层次中的一层是文部科学省的视学官及视学委员制度，一层是地方教育委员会的指导主事制度。三个级别是指与日本行政区划一致的教育督导分类，即文部科学

① 文部科学省. 平成29年教育行政调查[EB/OL]. http://www.mext.go.jp/b_menu/toukei/001/005/1406079.htm.

省的中央督导、都道府县的地方督导和市、町、村的地方督导。但就目前的日本教育督导情况来看，实施教育建议、指导和帮助的机构，并不唯一固定在教育行政机关，事实是学校内部也存在专门对其他教员提供指导和建议的指导教师。因此本文从更广范围出发，根据教育督导者工作性质的不同，划分两种教育督导体制。一种是以教育指导行政为中心的教育行政机关的指导体制，一种是以学校教育活动为中心的学校的指导体制。

(一) 教育行政机关的指导体制

教育指导行政，在不同层次的教育行政机关中普遍存在，主要具有以下几种形式：(1)文部科学省对都道府县、市、町、村教育委员会的指导；(2)都道府县教育委员会对市、町、村教育委员会的指导；(3)教育委员会指导主事的指导。第 1、3 种已在前文作出说明，此处不再赘述，仅对第 2 种进行说明。

1999 年，日本市、町、村指导主事配置率仅为 31.5%。根据当时的一份全国调查报告显示，市教育委员会制定了配置率 76.2% 的硬性规定，但是实际町只达到 36.1%，而村仅有 28.9%，与理想目标相差甚远。特别是町、村教育委员会认为从自身的财政状况和人才状况来看，独立设置事务所都是无稽之谈。①

2005 年，中教审公布《地方分权时代教育委员会的理想状态》报告书。② 报告书指出，都道府县应向教育相对落后的市、町、村提供援助，以平衡市、町、村之间的教育落差。报告书对指导主事的派遣和配置作了特别说明，“对于指导主事配置困难的小规模

---

① 笹森健：《任命制下の市町村教育行政に関する研究》，酒井书店，1987 年版，第 204—205 页。

② 地方分権時代における教育委員会の在り方についてhttp://www.mext.go.jp/b_menu/shingi/chukyo/chukyo0/toushin/05012701.htm.

市、町、村，都道府县教育委员会必须采取向其派遣指导主事，或者在市、町、村教育委员会配置指导主事等援助措施”。都道府县教育委员会的援助方法一般是在全县划分若干个区域，并在每个区域里设置教育事务所。事务所负责所在区的教职员人事调整、指导主事派遣等工作。2016 年，73.2％的都道府县向市、町、村派遣指导主事，其中 59.6％应市、町、村的要求派遣。另有 17％选择用县费为市、町、村配置指导主事。[①]

此外，都道府县通过市、町、村合并，减少教育委员会数量的方式，大幅提升市、町、村指导主事的配置率。1998 年，市、町、村指导主事配置率为 31％，2001 年为 31.5％，2003 年为 34.4％，增幅并不明显。2004—2005 年，正值日本施行市、町、村旧《合并特例法》期间，因而 2005 年较 2003 年，增幅接近 10％。合并后的市、町、村被重新分配指导主事，一些原本未配置的市、町、村，由此开始配置指导主事。如表 7－2 所示，2003—2011 年，市、町、村合并活动频繁，此期间指导主事配置率上升迅速。

表 7－2　市、町、村教育委员会指导主事配置状况推移[②]

年份	2003	2005	2007	2009	2011	2013	2015	2017
教育委员会(个)	3,365	2,524	1,932	1,894	1,742	1,737	1,736	1,736
指导主事配置率	34.4％	44.1％	52.9％	57.6％	64.1％	65.7％	63.8％	72.1％

① 教育委員会の現状に関する調査(平成 28 年度間)[EB/OL]. http://www.mext.go.jp/a_menu/chihou/1399757.htm.

② 文部科学省. 教育行政調査[EB/OL]. http://www.mext.go.jp/b_menu/toukei/001/005/1270341.htm.

(二) 学校的指导体制

日本教育督导体制完善，除教育行政机关的指导外，学校内部配置指导教谕，专门对教员进行指导、建议和帮助。根据新修订的《学校教育法》，指导教谕的主要任务是管理儿童教育，以及就教育指导的改善与充实，向教员及其他职员提供必要的指导和建议。①

指导教谕一般由校内学科教员充任，在负责日常教学的同时，就学科指导、年级管理、学生指导等方面，向本校教员或邻近学校教员提供指导和建议。如表 7－3 所示，日本在公立小学、初中、高中以及特殊学校都配置了一定数量的指导教谕。目前，24 个都府县市配置了 2499 名指导教谕，其中女性约占半数。从总体发展趋势来看，指导教谕制度正在全日本普及。

表 7－3　指导教谕人数的推移②

年份	2008	2009	2010	2011	2012	2013	2014	2015	2016
总数	737	1,003	1,219	1,470	1,680	1,873	2,098	2,269	2,499
小学	357	474	551	657	737	828	935	1,023	1,100
初中	225	288	354	429	469	529	594	632	727
高中	124	189	249	307	381	407	452	482	521
特殊学校	31	52	65	77	93	109	117	132	151
已配置的都府县市	17	17	20	20	22	23	24	24	24

① 学校教育法第 27 条第 8 款、第 37 条第 10 款 http://www.kyoto-u.ac.jp/uni_int/kitei/reiki_honbun/w002RG00000944.html#e000000698.

② 文部科学省.公立学校教職員の人事行政の状況調査について[EB/OL]. http://www.mext.go.jp/a_menu/shotou/jinji/1318889.htm.

五、案例：以东京都教育督导系统为例

（一）东京都教育督导的组织形式

广义的东京都教育委员会（以下简称“都教委”）包括教育委员会和教育厅（事务局）。都教委下辖62个市区町村教育委员会和2315所学校。教育厅负责处理教育委员会的事务，本厅设有5个部门，其中指导部作为教育督导部门，专门向东京都内的学校提供建议、指导和帮助。

表7-4　东京都教育厅组织结构与职能①

教育厅本部	总务部	教育行政管理
	都立学校教育部	都立学校管理
	地域教育支援部	终身学习、文化财产
	指导部	教育内容、教育方法的指导、建议
	人事部	学校职员人事
	福利厚生部	学校职员的福利保障、贷款发放
其他教育机关、设施		多摩教育事务所、驻外办事处、学校管理支援中心、教育研修机构、教育咨询机构、都立图书馆、社会教育设施

指导部包括指导企划科、义务教育科、特殊教育科、高中教育科，4个分别对各级各类教育进行指导和建议的科室，以及1个负责统筹领导的科室。

设置在本厅之外的东京都教职员研修中心、东京都教育咨询

① 東京都教育委員会. 教育委員会[教育庁][EB/OL]. http://www.metro.tokyo.jp/tosei/tosei/soshikijoho/soshiki/kyoiku.html.

中心虽然未像本厅一样设置专门的指导部或指导科，但其仍设有指导主事的职位，正常发挥着指导和建议功能。东京都教职员研修中心旨在提高全体教员的资质与能力，下设 2 个部门（研修部和企划部）、6 个科室。其中研修部配置主任指导主事 2 名，下设科室共配置统括指导主事 14 名，指导主事 39 名。企划部配置统括指导主事 2 名，指导主事 4 名。[①] 东京都教育咨询中心的核心功能之一是“向学校提供援助”，其援助业务涉及师生关系处理、突发事件处理、问题学生指导等学校心理健康建设方面的指导和建议。根据《东京都教育咨询中心事务处理规则》，教育咨询中心可配置统括指导主事、指导主事。[②]

表 7－5　指导部组织结构与职能[③]

管理科	1)督导事务的综合管理；2)学科用书的选定
指导企划科	1)教育督导的企划、立案、调整；2)对人权教育、教育管理、教育课程、安全教育、信息教育、体育及健康教育、国际教育、生活指导教育进行指导和建议
义务教育指导科	1)对小学、初中、幼儿园的教育课程与教育内容进行指导；2)对个人发展指导、教育评价、道德教育、环境教育进行指导
特殊教育指导科	1)对特别支援教育的教育课程、教育内容进行指导；2)残障儿童、学生的入学协商
高中教育指导科	1)对高中教育的教育课程、教育内容进行指导；2)对专门教育、定时制函授教育的指导；3)高中教育改革

① 東京都教職員研修センター. 平成 30 年度事業概要[EB/OL]. http://www.kyoiku-kensyu.metro.tokyo.jp/11center_info/overview/index.html.

②《东京都教育咨询中心事务处理规则》第 2 条第 2 款、第 2 条第 4 款，2001 年. 出自東京都教育委員会. http://www.kyoiku.metro.tokyo.jp/static/reiki_int/reiki_honbun/g1011908001.html.

③ 同上。

此外，都教委在立川市设有多摩教育事务所，与多摩地区的市、町、村教育委员会联络。教育事务所内置指导科，向市、町、村立学校提供教育指导和建议。指导、建议的范围包括教育课程、生活指导、进路指导、学校经营、教育方法、道德教育、特别活动以及以提高多摩地区教育水平为目的的各项事业。在边远地区的大岛町、八丈町、三宅村设有驻外办事处，对辖区内町村教育事务的妥当处理提供必要的指导、建议和援助。办事处组织规模较小，一般配置1～3名补充指导主事。

概括起来，都教委教育督导组织形式具有以下特点：

(1) 规范性。本厅指导部下属各个科室权责分配明确，每个科室的督导工作没有交叉重复，从而保证了督导效率。

(2) 注重基层联系性。设置驻外机构，作为联系都教委和基层教育督导事宜的中介。驻外机构在尊重地方特性的同时，密切保持着与都教委本厅的联络。

关于教育督导内容，体现了全面性和细致性。在内容层次上，涵盖幼儿园、小学、初中、高中、特殊学校。在内容广度上，从整体性的学校管理、教育方针、教育评价等内容，直至安全教育、人权教育、国际教育等学生个人发展内容皆有涉及，反映了都教委对教育督导重要性的透彻认识。

（二）东京都指导主事制度的现状

东京的指导主事分布在都教委、区市町教育委员会、都教育咨询中心等部门。指导主事在都教委与区市、町、村教育委员会，负责教育措施的规划与拟订、议会问询应对等指导行政的核心事务。在区市、町、村教育委员会中，从事关于学习指导、学生指导的指导与建议、学校经营上的支援、研修会的策划与实施等事务。在都教育咨询中心，则接受教职员的咨询、时常以讲师的身份对学校进行研修访问。任职于多摩教育事务所的指导主事，经常在都市统括指导主事会、都市指导主事会或者多摩区教育委员会主办的各种研修会上进行指导与建议。考虑到偏远地区教员研修困难的问题，驻外办事处的指导主事主要承担当地各类教职员研修指导业务。以上在与所管理的学校与教员的直接接触中，作为专业人员提供指导与建议最为重要。

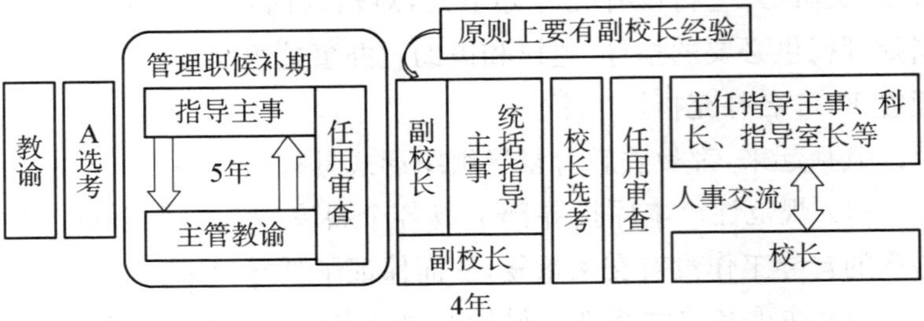

2007年东京都教育委员会任用制度（部分）

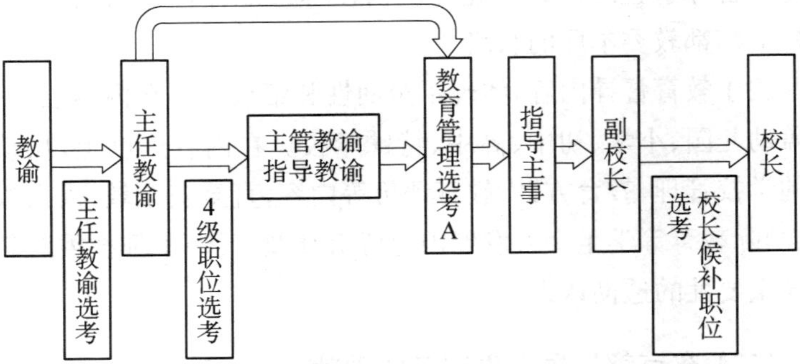

2017年东京都教育委员会任用制度（部分）

图 7－1　东京都教育委员会任用制度[①]

---

① 東京都教育委員会. これからの教育管理職・指導主事の選考・育成制度について[EB/OL]. Http://www. kyoiku. metro. tokyo. jp/staff/personnel/screening/study_on_management/files/study_on_management_01/houkoku. pdf 東京都教職員研修センター. 平成 30 年度事業概要[EB/OL]. http://www. kyoiku-kensyu. metro. tokyo. jp/11center_info/overview/index. html.

如上所述，指导主事的工作内容依任职部门的不同而有所不同，大致包括3项核心工作，分别是“教育措施的拟定”“学校经营的支援”“学习指导与生活指导相关的指导和建议”。学校经营的支援，包括学校访问、教育课程实施状况的检查与评价、学校事故应对等；学习指导与生活指导相关的指导和建议，包括研修会与主任会的策划与运营、校内研究会的指导与建议、教育咨询、入学指导业务等。而在教育行政问题复杂化、多样化的背景下，指导主事工作重心愈加偏向教育措施的拟定、议会应对等教育行政事务的处理，指导主事也由此承担着支撑东京教育行政的重要职责。

以上工作要求指导主事同时具备“一般管理能力”“教育素养”“学科指导相关的专业能力”。都教委尤其看重“一般管理能力”，规定东京都的指导主事需具有策划力、理解力、沟通力等管理能力以及学校经营管理方面的经验。因而，东京都指导主事任用资格与《地教行法》的规定相比，圈定在更小范围。从公立学校教员限定到公立学校管理层。

范围的缩小，并不意味着资质和能力符合要求，就可以直接任职。东京都教育督导系统配有一套公开、透明的考试选拔制度。指导主事的招募面向全社会公开，符合报考要求的主任教谕、主管教谕或者指导教谕，通过管理职A类考试后，直接任命为指导主事。

值得一提的是，2017年与2007年相比，指导主事选拔路径发生了较大的变化。通过对比都教委不同时期的晋升流程图，发现指导主事的选拔起点提高至学校管理层，同时由于主任教谕、指导教谕的导入，使得指导主事的选拔路径更加多样化。总的来说，日本基础教育十分重视教育行政分权，公立学校高层领导实际握有相当的行政话语权。从学校管理层中选拔指导主事，无疑可以减小都教委开展督导工作的阻力，同时保证了督导人员的素质。

（三）东京都教育督导具体要求

1. 教育委员会内容

在具体细节上，以东京都为例，教育委员会设有指导企划科，涉及到教育指导的企划、立案、调整，人权教育、教育课程、教育经营、安全教育、信息教育、健康教育、生活指导、体育大会、各级教育课程、内容、改革等，十分全面。

2. 指导主事选拔、职能与工作

地方指导主事职能大概有如下内容，督导课程开展、校长主任教师的研修指导、特定学校调研、教师职业品德与业务能力调查、处理学生各种问题。

其中指导主事的职务分配为主任指导主事（地方教育局设 1 名）——统括指导主事（若干）——指导主事（若干），三环起到连接教育行政官员与学校的纽带作用。

其中指导主事与学校教务主任之间可相互流通，统括指导主事和副校长相互流通，主任指导主事与校长相互流通。想借此加强学校领导与地方教育局的互动，使教育专家成为学校运营和发展的中坚力量，降低官僚行政的可能。但从中可以看出，又有些太过分权，将实际权力过多赋予中小学高层领导，未来可能会走向集权。

其中指导主事大体有两类职责，一是向学校提出指导和建议，二是从事教委事务局内的事务。前者是以学校访问为核心的，其他还有：向研修中心等举办的研修提出指导，开发适应各地实际情况的课程，向各学校的研究活动提出指导和建议，编写研究报告和学生指导所需要的各种资料，编写和发送向各学校下发的通知文件等。后者是指制定和执行行政性政策措施所涉及到的各种业务。[①]

3. 督导资质

1949 年《指导主事的职务》提出指导主事应当有广博的知识，1956《关于地方教育行政的组织及运营法》，规定指导主事应该是对课程、教学及其他有关学校教育的专门事项具有经验者。同时还可以有兼职指导主事，通常由大学以外的公立学校教员担任。[②]

督导选拔对象大多是有相应的知识、技术和见识的专家，要求既专又全，既要对某一学科有深刻的研究和经验，又要熟悉掌握课程和教学法、教育心理法、教育法令制度、管理规则、学校工作的特点和内容等，同时还要学习和掌握教育科研的新成果，与时俱进。同样的在德识才学各方面也要十分优秀、出类拔萃。在品德上要有真实的友谊，对他人的问题和感情能给予理解，有敏锐的洞察力和批判力，有理解和协助他人的亲切心，对他人的观点和工作有宽容心，不惜时间和经历帮助他人，能尊重所有的人。

4. 督导选拔方式

一般是“推荐＋面试”，文部省的视学官通常要通过国家公务员考试，委任和解职由文部大臣批准。地方的教育指导主事通过考试或推荐产生，教委的教育长掌握考试权和推荐权。指导主事虽然是公务员，经教育长批准，但是其任免仍需依法执行。同时还有一部分在编教师可以做兼职的指导主事。

5. 督导工作方法

日本战前主要采用走访学校的方式，调查研究学校的课程、教学方法，教材的使用情况、学校环境等。走访学校氛围邀请和计划

---

① 钱一呈主编. 外国教育督导与评价制度研究[M]. 2006. 北京：中央广播电视大学出版社。

② 李建民，肖甦. 新世纪日本教育督导改革探析[J]. 比较教育研究，2007，(07)：17—21.

走访，一般都对学校进行观摩，与校长和教师进行座谈，对学校的教学情况、课程设置、学生指导记录等进行检查，最后开座谈会来共同商讨改进学校工作的方法。

后来针对学校访问，东京都就分为一般访问与指导访问，一般访问是指将全部公立学校为对象就学校运营的各项问题与学校教师和领导广泛交流意见并进行指导，后者是以全部公立学校为对象就特定教育问题或研究课题进行深入讨论。①

（四）东京都学校指导制度的实践

东京都在 2008 年出台《东京都教员人才培养基本方针》，同时公布了《OJT 指南》，作为人才培养的行动方针。第 3 版《OJT 指南》（以下简称“OJT”），特别强调了指导教谕在教员在职培训中的重要作用。指导教谕通过四种途径，向教员提供指导、建议和帮助。

第一种是都内模范授课。指导教谕在所属学校，每年至少进行三回以上的模范授课。模范授课的对象是都内学科背景相同的公立学校教员。授课结束后，马上召开研究讨论会，指导教谕就授课要点、教学技术等方面与参会者交换意见，并给予相应的指导和建议。其他学校的代表（学校管理层中具有同一学科背景者）在全部内容结束后，通过校内 OJT 等途径，向教员传授模范授课上学到的内容，以此提高教员的教学水平。

第二种是校内 OJT。指导教谕向校内学科背景相同的教员提供教学方面的指导和建议。第三种是个别谈话。指导教谕接受都内公立学校教员的个别咨询，向其提供指导和建议。第四种是授课支援。希望获得指导教谕援助的学校，向指导教谕所在学校的

① 钱一呈. 外国教育督导与评价制度研究[M]. 2006. 北京：中央广播电视大学出版社。

校长提出申请。申请获批后，指导教谕访问该校，通过授课观察、担任研修讲师、研究讨论等方式支援该校的校内 OJT。

总的概括起来，东京都学校指导制度具有明显的发散性与层级性特点，除校际之间指导职能互有交叉外，通过模范授课的形式，形成学校指导的层级模式，将指导、建议的影响范围最终辐射到都内的所有学校。

第四节　日本教育督导制度的特点及其启示

总体来说，日本现代教育督导制度主要呈现以下四方面的特点。

第一，服务性。日本现代教育督导制度的涉及范围，限定于学校教育中的教育教学活动，大致限定于"学校经营"，而不包括"教育行政"，即日本教育督导只"督学"而不"督政"。其出发点和落脚点都是希望通过提出建议，改善学校教育质量，而不是检查、比较学校质量的高低。督导内容秉承"视而不督，导而不令[①]"的原则，因而服务性特色十分突出。

第二，独立性。日本中央教育督导与地方教育督导并不构成实质上的上下级关系，同时负责教育督导工作的事务局隶属于教育委员会，不受地方政府监管，因此具有更大的灵活性和自主性，在行政关系中相对独立。另外，教育督导工作的特殊性，要求督导人员在行使督导权时，不受外界各种人为因素的干扰，保持工作上的独立性。

第三，专业性。日本教育督导的专业性，表现在以下两方面：

---

① 发达国家督导内容比较[J]. 上海教育科研，1994(2)：42.

一是督导人员对教育专门事项进行指导、建议和帮助。因此自身必须具备相当的教育素养，并且不能远离教育现场，需对学校教育的实际状况十分清楚。二是多数地方教育委员会将学校教育实践、学校管理运营面的教育指导行政事务，特别委托给指导主事，同时将一些专业性不强的事务安排给其他事务局职员共同分担。以上，体现了督导人员作为教育指导行政的专业人员，其工作的不可替代性。

第四，广泛性。日本教育督导的广泛性，体现在督导对象及督导内容的广泛性。从督导对象来看，日本教育督导涵盖四个层级，分别是中央对地方的督导，都道府县对市、町、村的督导，市、町、村对下辖学校的督导和学校内部的督导。从督导内容来看，上到国家教育的宏观事项，下到学校教育的具体事项，都是日本教育督导的重要组成部分。

改革开放后，我国开始重新重视教育督导工作。经过 30 多年的发展，教育督导制度逐步走向完善。我国教育督导制度发展至今，最明显的特点是“督政”与“督学”结合，这与日本教育督导重视“督学”有所不同。2012 年《教育督导条例》，虽明确表明“国家实行督学制度”，但在实际操作中，“督学”的比重仍不及“督政”。由于主要目的是“督政”，其督导重点必然是教育政策方针贯彻情况等行政性内容，其次才是学校教育教学状况。总的来说，我国的教育督导侧重“发现问题”，日本的教育督导着力“解决问题”，因而对我国中小学教育而言，教育督学更有实际意义。日本教育督导制度可对我国产生以下几点启示：

1. 提高督导队伍的专业化程度

教育督导包括监督和指导两方面。如果教育督导的工作起点是指导，会要求督导人员具有专业性。参考日本视学官、视学委员、指导主事、指导教谕的任用标准可以发现，专业知识、教学经验、管理能力是日本督导人员的基础素养。目前我国教育督导的取向是偏重监督，而指导力度不足。督导队伍专业性的缺乏，会直接使督导问责机制的功效大打折扣。一方面，对学校的督导停留在负向评价，却又无法给出有效的整改方法。另一方面，使督导的标准和内容模糊混乱，直接限制督导作用的发挥。因此，通过扩充人员编制、引入资格任用制度、督导人员在职培训等方式，整体提升督导队伍的专业化水平是当务之急。

2. 规范教育督导机构设置

我国的教育督导机构，依照法律规定，归人民政府管辖。在行政隶属关系上，应受到人民政府和教育行政部门的双重领导。但从实际情况来看，教育督导机构挂靠在教育行政部门，接受同级教育行政部门的领导，在体制上形成实质的上下级关系。这种机构设置方式，决定了教育督导机构无法对同级教育行政机关进行督导，也无法直接对下级人民政府进行督导。教育督导机构无法突破体制限制，直接导致督导权威性与公正性被削弱。而日本的教育行政从政府的一般行政中分离出来，保证教育的中立性。负责教育督导的事务局是教育委员会下设的独立部门，可以不受制约地行使督导权。因此，教育督导机构和教育行政部门适度剥离，互相明确职权范围，是教育督导事业良性发展的重要前提。

3. 重视教育督导的民主性

前面提到，我国的教育督导侧重“发现问题”，并重视行政权威性。对学校而言，容易形成教育督导就是上级“找茬”“挑毛病”的心理，这对督导工作的深入十分不利。日本教育督导的落脚点是“解决问题”，偏重服务和指导，不易给学校造成心理上的负担。其次，我国教育督导方式无一例外都是自上而下，带有强制性命令的督导方式，容易使学校对督导产生抗拒心理。日本教育督导的核心环节是学校访问，除指导主事定期的计划访问外，学校可以主动要求指导主事到校访问。这种督导方式基于学校自愿性，双方的初衷都是为了改善学校教育质量，因而属于民主型的督导方式。总而言之，我国教育督导行政，应适当转变观念，向民主型观念靠拢。同时，在督导方式设置上，需更重视民主性原则。

第八章

发达国家教育督导实践的经验与启示

第一节　发达国家教育督导实践的经验

一、教育督导模式的多元化

自有皇家督学以来，英国对教育督导高度重视，实行国家集中统一管理的教育督导管理体制。其国家管理机构是教育、儿童服务及技能标准局和教育标准办公室。英国的督导依据标准进行，重视定量因素的分析，最后要求机构向公众或“市场”报告。

作为较早建立健全教育督导制度的国家之一，法国教育督导制度则具有特殊性——国家与地方共同督导教育的模式，始终基于对学校的外部评估，强调协作性，但由督导和学校共享，专注于学校表现，对结果进行优化，以提高公共教育服务质量。法国的教育督导工作由最初的监察和领导逐渐过渡到监督和指导，然后到现在的检查、指导、联络和参谋。

德国教育督导体制重心在州层面上。一方面把质量保证视为各州教育部长联席会议的一个工作重点；另一方面把各州之间的竞争视为质量发展的根本前提。

美国则是美国联邦、州和地方相互独立的督导体制，融入体制结构和指向政策实施与问责的教育督导，包括改革项目及其评估与督导，重在教育结果的测评和基于结果的教育督导。

澳大利亚建立的是三级教育督导制度，重心在州与学区，强调质量改善与指导服务。

日本教育督导涵盖四个层级，分别是中央对地方的督导，都道府县对市、町、村的督导，市、町、村对下辖学校的督导和学校内部的督导。

总体而言，发达国家教育督导强调“督学”而不“督政”，强调“指导”而不是“检查”，强调“监测”的同时提出改善性建议，强调发现问题的同时解决问题。反观我国的教育督导制度，自上而下强调行政权威性。鉴于此，我们可以借鉴发达国家教育督导的多元化模式，兼容英国、法国、德国、美国的优点与长处，在国家层面关注教育宏观层面的督导，包括教育立法、国家教育发展与改革规划等。在省市层面关注教育中观层面的督导，包括整体教育质量的标准监测、学校领导选拔、教师专业发展、学校教学人员的配备、在学校改革过程中给予学校的帮助和咨询。在学校层面关注学校的改进和课程教学质量的改善。

二、教育督导机构的法治化

英国非常重视教育督导的立法工作，督导制度从建立到几次变革都有立法依据，这是英国教育督导工作顺利开展的法律保障。英国教育督导的法律、法规十分完备细致。国会颁布的《教育法案》中对督导的机构设置、职能、内容、程序、结果的效力等有专章的规定。而督导部门本身也出台了上百个文件来规范督导工作。英国教育督导依据的重要法律是2006年颁布了的《教育与视导法案》(Education and Inspection Act)。此法案将教育标准办公室改名为教育、儿童服务与技能标准办公室(Office for Standards in Education, Children's Services and Skills,简称依旧是 Ofsted)。Ofsted 的相关职能在法案中做了非常具体和清晰的陈述。此外,标准办公室同样对于视导或督导的标准进行了详细的规定与说明,使督导行为有法可依有据可依,而什么样的组织机构和人员具有督导的权力同样有了法律的规约。英国的督导督学在组织上独立于行政,不受到行政的影响。Ofsted 与教育部是平行的部门关系,而不是上下级关系,高级主任督学直接向教育和技能大臣负责,教育标准局是能单独行使职权的国家教育督导机构;其次,教育标准局作出判断和结论时不受到来自其他方面的干扰,提交的报告任何人(包括教育大臣)都不得更改。

法国是一个教育督导法制非常完备的国家。1802 年拿破仑政府颁布《国民教育总法》,在法律层面规定并设立了教育督导制度。此后法国教育督导制度开始经历不同的发展阶段,并逐渐形成比较完善的总督学、学区督学、省督学三级教育督导体制。国民教育总督导办(IGEN)直接领导并负责法国教育督导事宜,其职能在相关政策法律中得到明确。法国比较重要的法规有《国民教育总督学特别章程》《国家教育行政总督学章程》《地区——学区督学和国民教育督学特别章程》等,这是法国教育督导高效的法制保障。

德国教育督导可以追溯到 18 世纪末,德意志普鲁士邦用立法的形式宣布将学校归于国家管理并对其进行监督。1872 年,德国帝国中央政府就颁布《学校教育法》,进一步明确了国家对学校教育督导的职责和范围,并规定对学校教育督导的职权属于政府。1949 年 5 月,联邦德国成立时颁布的《基本法》确立了国家对学校教育的督导权:全部的学校教育事业置于国家的监督之下。德国政府对学校教育进行督导的目的是：保证分布在不同区域的同级同类学校的教学内容和水平的统一性，不允许学校脱离国家的管理。国家为保证对学校教育实施督导，采取了有效的组织和体制性的措施与办法：一是建立以州/直辖市政府、专区政府和县政府教育行政部门为主的三级督导机构和相应的监督机制；二是将绝大部分学校教师纳入国家直接聘用的公务员管理体系，以提高国家对教师的法规及行政监管力度；三是建立州际教育事业协调机构-各州文化教育部长联席会议。2006 年 6 月，德国各州教育部长联席会议进一步制定了《教育监控的综合战略》(Gesamt strategie zum bildungs monitoring，简称《综合战略》)，标志着德国教育评价政策的相对完善。

澳大利亚联邦宪法明确其"分权制"的管理体制，由州和地方一级政府管理教育事务，联邦政府则着力于蓝图和发展趋势的展望。如《阿德莱德宣言》(1999 年)、《墨尔本宣言》(2008 年)和《澳大利亚 2010》等报告，均强调澳大利亚学校教育要提升公平和卓越，使所有年轻的澳大利亚人成为成功的学习者、自信和创意的个人、行动和认可的公民。"要建立一个所有中小学都追求卓越的教育体系，让每个儿童都接受最优质的教育。"澳大利亚联邦政府的政策导向具有显著的指向性。各州政府在教育督导方面强调标准框架的建立与教育质量的改善。

日本 1874 年第一次颁布与督学有关的章程《督学局职制及事务章程》，设立大中小三级督学，受文部卿指挥，并规定了督学职责的权限。1908 年的《文部省视学官及文部省视学委员职务规程》、1947 年的《视学官视察指导规程》，规定视学官可就教育事业、教职员及学生活动状况、地方教育管理、教育设施、教育组织部门进行视察、建议和指导。日本现有的教育视学制度均有相应的法律依据。日本的相关法律强调：在督导应用上注重服务性，形成以指导教育教学为主要特征的地方督学体系。其教育督导机构不独立,但是督导职能独立发挥。

西班牙教育督导制度始于1858年。《西班牙宪章》明确提出"社会公共机构遵照相关法律的规定,对教育机构和学校进行检查和督导的义务与责任"。《教育系统总体组织法规》也规定,"社会公共管理机构应该为保障相关法律的执行和教育体系的质量改善履行督导职能"。2002年9月,荷兰正式颁布并实施了《教育督导法》,明确规定督导制度应在专业和独立的基础上运行,在对学校质量评价时,教育文化科学部不能对其进行任何干预。

三、教育督导重点的内在化

英国教育督导的核心价值在于保护学习者利益,基于过程开展以学校为单位的评估,以学校风险评估为起点,加强学校改进和质量改善。教育质量的标准包括五大领域:一是教师教的水平和学生学习的能力;二是课程;三是领导的视野和管理能力;四是学校是否安全和学生是否能及时得到帮助;五是学生的精神、道德取向和是否厌学等。英国教育标准局对学校督导评估的目标非常明确:帮助学校总结成绩,找出不足,以提高学校教育质量,实现每个学生发展的最大化增值。

法国教育督导除了督学督政外,其非常重要的内容是对教师个体的督导。传统上,教师被认为是教育系统质量的首要保证,认为一位优秀的教师,无论是学科专家,还是传授知识的专家,都将教出优秀的学生。因此,法国教育督导的任务集中在通过观察教师的课堂教学实践来考察教师教育教学能力并推动教师专业发展。此外,团队管理、工作环境、社会环境,特别是与父母的关系也是参数指标。

德国教育督导主要内容分三大块。其一是对执行教育法律方面的监督。对当地政府能否做到办学条件的保障进行监督;对其他行政部门在处理设立学校、提供教育用具等一系列教育外部事务中的工作情况的监督;根据各州颁布的教育法律条款衡量和检查教师的执行情况等。其二是对学校的专业进行督导。对教师的教育和教学工作情况的监督。其三是对学校的组织管理进行督导。近年来,德国使教育质量从输入转向关注结果,从内容转向注重能力,州教育部长联席会议决定在洪堡大学设立教育质量评价研究所,目的是改进基础教育质量。具体职能:一是研究基础教育阶段各学科的国家教育水平标准;二是开发设计用以德国国家教育质量监测考试的题库;三是在全德范围内抽取样本实施国家考试,对教育标准进行测量;四是开展各种与实施国家教育标准有关的研究,向联邦政府提供全国性常模和成绩测试结果。

基于能力标准的国家教育监测,德国主要监测以下方面的内容:一是进行国内、国际学业成绩比较,例如组织参加国际和欧洲学生教育质量评估项目(PISA项目)、经合组织(OECD)中学教师教学效果评估、欧盟语言能力评估即中学毕业后两门外语能力(英语和法语)测评;二是从对各州进行比较的角度来从国家层面监控教育标准的落实;三是联系教育标准来比较州范围内或州际的所有学校的成就水平;四是发布联邦和州的共同协作的综合的教育报告。

美国教育督导的重点内容有三方面:一是国家教育进展评估,对全国各学科进行评估,随机抽取一些学校进行学生质量测评,目的是制定国家级的发展战略;二是教育改革项目督导;三是指向教师专业发展和教学改进的教育督导。

澳大利亚强调联邦与州政策的实践导向性督导。州监学督导的重点包括:学校年度成绩报告、学校工作评估、学校概况、学生福利、教师福利、学生学习效果、学校领导与目标规划等。除外,基于绩效指标的督导有全国评估计划（National Assessment Program，简称 NAP），用来检测学生在国家目标上取得的成就。州层面同样强调基于评估的学校质量改善。

日本教育督导，上到国家教育的宏观事项，下到学校教育的具体事项，都是其教育督导的重要组成部分。中央督学人员在宏观层面就教育机构设置、学生指导、教育课程、学校教育管理等方面对地方教育委员会提出指导和建议。地方指导主事给予校长和教员以建议和指导，不得行使命令及监督，包括对学校教育课程、学习指导或者其他学校教育相关的专门事项进行指导。

在高等教育方面，英国高等教育从科研评估到教学评估，从内部审核到外部问责：走向风险管理。澳大利亚同样强调课程教学评估与风险管理评估，以及高等教育机构的自我评估报告。法国高等教育督导涉及高校合并评估、竞争力评估、科研质量评估以及财政审核等一系列内容。美国对于高等教育机构的督导集中于学术评议、学位项目质量检测、内部审计以及区域认证等内容。

四、教育督导人员的专业化

英国始终坚持建设和打造督导队伍的高度专业性，英国对督学的招聘和进入提出了严格的高标准要求，除了学历、教育经验之外，还要求督学必须要了解国家政策，是某一个学段、教育领域或问题的专家，并采取督学见习制度和导师制度，只有由经验丰富的督学作为导师进行一个时期的严格培训后，才能成为正式的督学。

英国标准局有 280 名皇家督学，2000 多名工作人员，享受政府公务员待遇。他们都是教育专家，也是国家公务人员，是标准局的终身雇员。在对学校进行督导的全过程当中，督学不能有任何来自中央、地方和学校行政管理人员的干预，强调督学的独立性，在督导过程中和督导报告的撰写和处理上不受行政的干预，以确保督导报告的独立性和向社会公开发布的权利；最后，在进行全面正式督导时，不能参与本地区学校的督导工作，必须跨区进行，以保证督导的客观与公正。

法国极为重视教育督导队伍建设，注重督导人员的选拔与任用，始终把提高教育督导人员的素质作为一项重点工作。有学者统计指出，法国在1830—1848年任命的总督学中，获博士学位的占比达23.6%，34%的督学毕业于高等师范学校。法国现有总督学220名，其中教育总督学156名，教育行政总督学60名，图书馆总督学4名。学区督学600名，省督学1600名。国民教育总督学主要从具有国家博士学位，具备指导研究导师资格，拥有大学教师职称、中学高级教师职称、或被承认的同等职衔的在国民教育领域服务十年以上的公务员中选拔。

由于美国是一个高度分权制国家，因而各州选拔督学的标准不尽相同，但都遵循着选拔精通教育理论和具有丰富实践经验专业人员的任用原则，同时定期培训是保障督学队伍高水平的重要手段。

德国督导人员的选拔采用的是招聘的方式，要求具备较高的知识水平、品德和组织能力，属于国家公职人员，终身不受解聘，工资由政府发放，工资优厚，社会地位高。

澳大利亚督学（学监）以水平较高的教育管理人员和优秀教师为主体组成，政府招聘合格后由州教育部部长任命。其基本要求包括熟悉本部门的政策和政策执行情况，善于发现和研究问题；责任心强，勇于承担责任，有创新意识以及具有确保高水平教育的能力和良好的人际关系等。

从日本视学官、视学委员、指导主事、指导教谕的任用标准可以发现，专业知识、教学经验、管理能力是日本督导人员的基础素养。

五、教育督导方法的科学化

英国强调现场访问与基于标准的督查报告。美国注重工具开发，注重数据的多样性和可靠性，从而增强教育督导的科学性。德国鼓励各州开发和探索评价工具，强调州与州之间的质量比较分析和国际质量检测分析。澳大利亚更强调学校自我督查体系且多方力量的参与。

法国教育督导最为显著的一个特征就是分工督导。国民教育总督学主要负责教学方面的督导事宜。教育总督学的日常督导方式主要有三种：一是按专业将每位督学编入不同的学科组，在这些组内总督学全面地开展对本学科的研究和建设，检查和保证本学科的教学质量；二是根据每年教育专题调研课题，以调研小组的方式，深入有关地区开展调研；三是担任学区通讯员的总督学按要求深入到某一学区，在地方督学的帮助下完成年度调研计划，同时要帮助制定所在学区督导的工作计划、指导和协调地方督导工作。国家教育行政总督学的工作分为三类，即日常督导、点上调研、专题研究。

发达国家教育督导的核心环节是学校访问与自我督查与评估，强调督导对象的自我督导与自我改进，定期提交与公布自我评估报告与改进建议。

第二节　发达国家教育督导实践的启示

启示一：建立多元化的教育督导模式。

一方面，我国地域差异巨大。东部、中部和西部地区的社会经济发展水平不均衡，教育发展水平也相差较大。例如，上海通过参与 OECD 组织的 PISA 测试来检验上海基础教育在世界中的位置，结果显示上海 PISA 成绩居被检测国家的前列。而在类似的国内的初中学业水平测试中，西部地区如新疆、青海、甘肃等的成绩就较低。

换言之，我国在教育督导的国家管理上亦可以学习分权制国家如美国德国的经验，中央出台相关教育督导的国家法律和指导性文件，地方基于指导性文件出台因地制宜符合自身教育发展的地方性法规。比如，上海等发达地区的教育督导要更加强调各级各类教育质量的督查和评估，而中西部教育督导更加强调推动其义务教育达标和教育现代化达标。

另一方面，基础教育、职业技术教育和高等教育等不同阶段和领域的情况同样存在差异。对于各级管理教育中的民办教育机构的经常性督导和督查，就是规范办学、保证质量以及保障学习者基本权益。而基础教育的督导，不仅仅要督促地方政府教育经费、校舍设施设备以及师资力量等的落实，还要督学，确保基础教育的质量。职业技术教育则在规范办学的基础上，在督导和评估中必须重视市场的力量和关键能力的导向。高等教育督导强调分类督导中建立与办学经费挂钩的目标管理和绩效评估。

启示二：完善教育督导相关立法，依法督导。

我国于 1991 年发布《教育督导暂行规定》，2012 年 9 月颁布了修改完善的《教育督导条例》，但从法律角度来看，“条例”是对法律的一个具体规定，属于行政法规，层次效力虽高于“暂行规定”但是仍处于较低水平，这却是我国迄今为止有关教育督导的最高层次立法。因此，学习发达国家的经验，当务之急是尽快颁布并实施《教育督导法》，并对教育督导的专业性和独立性进行法律规约。

地方层面亦可出台地方性法规，如《上海市教育督导条例》已由上海市第十四届人民代表大会常务委员会第十九次会议于2015年2月11日通过，自2015年5月1日起施行。一方面予以重视，另一方面有法可依。

启示三：建立教育督导以质量监测为导向的内在机制。

教育督导，不仅仅是督查，更重要的是引导教育变革促进学校质量改善，其任务一是在于通过发现问题而推动教师改善教学和专业发展，其二是就学校层面进行课程创新，其三是促进学校层面的行动研究，最终实现学校发展的共同目标。

在基础教育方面，教育督导的重心聚焦于学校内涵发展与质量提升，聚焦于学习者的成功与福利，聚焦于教师的教学实践与专业发展。就此而言，我们应该摆脱仍然关注大量外在的督导行为与督导现象，如走马观花不进课堂与只看文本不去观察等，督导必须回归关注教育本质、关注学校内涵发展、关注课堂教学质量、关注教师专业发展的本义。

就高等教育机构而言，则是要聚焦其学术水平与科研成就、教学质量与人才培养以及社会服务等体现核心竞争力的关键要素上。

启示四：教育督导人员必须专业化。

我国当前的督学基本上是由现任教育行政干部或退休领导、校长兼职担任，其引发的主要问题有三：一是教育督导的非独立性泛行政化倾向，二是教育督学的专业水平参差不齐，三是督导公信力不够而导致效力不够。

为此，我们要学习发达国家，提高教育督学的专业水平包括学历要求、专业能力、教育经验等，唯有建立教育督导的专业队伍，才能确保教育督导工作更加科学更加规范，因此，督导人员的人选应该参照发达国家从严要求、宁缺毋滥。

启示五：探索规范化科学化的督导方式方法。

对于学校的督导，有整体学校督导（Integral School Supervision，ISS)和定期学校督导(Regular School Supervision，RSS)两种途径。整体学校督导包括对于学校的发展规划、学校领导、课程教学、学校德育工作、学校文化建设、学校网络技术建设、学校师资队伍建设、教师福利、学生福利、学生到校率辍学率巩固率等进行系统的督查、督导与评估，最后对学校进行评估，总结经验，概括问题，提出改善建议等。定期学校督导着眼于质量的改善在定期的督查中强调指导服务，例如，诊断学听评课活动，其宗旨在于教学质量的改善和教师专业发展的推进。就督导职能而言，有全方位督导(full inspection)和专题督导(aspect evaluation)。全方位督导亦包括区域的和学校的全方位督导。专题督导如教学质量评估、学校安全督查等。

加强教育督导的相关研究工作，成立教育督导专门研究机构，推动教育督导走向科学化道路。一是加强教育督导包括其立法与政策等方面的宏观研究；二是加强教育督导的规范与流程研究，推动教育督导走向内在化和规范化；最后加强教育督导机构与管理、人员与队伍的研究。

主要参考文献

(一) 中文部分

1. 发达国家督导内容比较[J]. 上海教育科研，1994(2).
2. 顾明远. 外国教育督导[M]. 北京：人民教育出版社，2002.
3. 全小莲，郑容. 法国中央集权制度与中国法的比较研究[J]. 理论界，2006(6).
4. 张丹. 教学大纲本位的法国教材管理体系研究[J]，教师教育研究，2017，5(29).
5. 李帅军. 法国教育督导制度的历史、现状与特色[J]. 河南教育学院学报(哲学社会科学版)，2003，83(22).
6. 霍益萍. 法国教育督导制度[M]. 北京：人民教育出版社，2000.
7. 顾明远. 外国教育督导[M]. 北京：人民教育出版社，1993.
8. [荷]弗兰斯・F・范富格特. 国际高等教育政策比较研究[M]. 王承绪译. 杭州：浙江教育出版社，2001.
9. 周光礼. 构建中国特色高等教育体系：国家战略视角[J]. 中国高教研究，2020(7).
10. 杨文杰，范国睿. 教育督导制度改革：1977—2020——改革开放以来我国教育督导改革革的回顾与展望[J]. 教育发展研究，2017(21).
11. 搜狐教育. 2017 年澳洲“全球教育质量”排名世界第四！[EB/OL]. http://www.sohu.com/a/192152850_242904.
12. 教育督导团. 澳大利亚教育督导工作考察报告[J]. 教育督导与评估，2002，(1).
13. 曹小青. 西澳大利亚基础教育之印象[J]. 上海教育，2010(05).
14. 教育督导团. 澳大利亚教育督导工作考察报告[J]. 教育督导与评估，2002(1).
15. 程红兵. 澳大利亚的教育行政管理[J]. 教师博览，2002(01)：18 - 19.
16. 洪成文. 90 年代国外教育督导发展轨迹初探[J]. 比较教育研究，2001

(06).
17. 黄葳.教育督导学[M].北京：中国人民大学出版社，2010，12－13.
18. 教育督导团.澳大利亚教育督导工作考察报告[J].教育督导与评估，2002，(1).
19. 冯慧.澳大利亚教育行政组织研究及借鉴[J].中共郑州市委党校学报，2005(02).
20. 陶涛.澳大利亚的学监制度及其启示[J].吉林教育，2008，(33).
21. 罗朝猛．澳大利亚：教育督导以学校自我评估为主[N].现代教育报首都教育，(8).
22. 俞婷婕.澳大利亚教育督导的特点及启示[J].国家教育行政学院报，2007，(10).
23. 唐科莉.澳大利亚迈向教育质量新时代——“高等教育质量和标准署”与“技能质量署”的建立[EB/OL].http://www.szjy.gov.cn/item/11340.aspx.
24. 吕飞.澳大利亚第三级教育质量署与标准署质量监管研究[D].北京：首都师范大学，2012.
25. 陈欣，郝世文.澳大利亚高等教育问责和质量保证：2007年之后的新举措[J].外国教育研究，2013(4).
26. 周祥瑜，吕红.澳大利亚的职业教育质量保障体系——国家质量培训框架[J].职业技术教育(科教版)，2005(31).
27. 李聪.能力评估模式：澳大利亚职业教育培训的经验[J].江苏教育(职业教育版)，2011(2).
28. 马龙云.澳洲职业教育对我国实践教学的启示[J].继续教育研究，2010(2).
29. 匡瑛.高等职业教育发展与变革之比较研究[D].上海：华东师范大学，2005.
30. 曲铁华，陈旭远.加拿大的教育督导[J].外国教育研究，1994(4).
31. 邹安川.加拿大省级学区督导检查制度管窥——以不列颠哥伦比亚省第5学区为例[J].比较教育，2007(11).
32. 赵风波.加拿大的教育督导及相关评价研究[J].上海教育科研，2011(4).
33. 付川洋.加拿大教育督导的现状及启示[J].试题与研究，2019(21).
34. 李帅军.日本教育督导制度的历史、现状与特色[J].教育理论与实践，1991，11(6).
35. 李其龙、孙祖复.联邦德国教育改革·教育学文集[M].人民教育出版社，1991.
36. 本纳，彭正梅.超越知识取向的投入控制和能力取向的产出控制：论经验、学习和教学之间的关系[J].教育学报，2009(1).

（二）外文部分

1. Ala-Vähälä, T. & Saarinen, T. Building European-level quality assurance structures: Views from within ENQA [J]. Quality in Higher Education, 2009, 15(2): 89 - 103.
2. Buckley, A., Soilemetzidis, L. & Hillman, N. The HEPI-HEA 2015 student academic experience survey: Summary and recommendations. [EB/OL]. [2018 - 07 - 21]. https://www.hepi.ac.uk/. 2015.
3. Cullingford, C. Introducation: Some issues of inspection [M]. In C. Cullingford, Ed. An inspector calls: Ofsted and its effect on school standards. London: Kogan Page Limited, 1999: 7.
4. Department for Business, Innovation & Skills, Higher Education: Success as a knowledge economy. [EB/OL]. [2018 - 05 - 16]. https://www.gov.uk/government/publications/higher-education-success-as-a-knowledge-economy-white-paper.
5. Department for Education. Securing student success: Risk-based regulation for teaching excellence, social mobility and informed choice in higher education. [EB/OL]. [2017 - 12 - 22]. https://www.gov.uk/government/consultations/higher-education-teaching-excellence-social-mobility-and-student-choice.
6. ENQA. et. al. Standards and Guidelines for Quality Assurance in the European Higher Education Area (ESG). [EB/OL]. [2018 - 05 - 22]. http://www.enqa.eu/index.php/home/esg/.
7. Earley, P. Governing bodies and school inspection: potential for empowerment? [M]. In P. Earley (ed.) School improvement after inspection? School and LEA responses. London: Paul Chapman, 1998: 11 - 12.
8. Harris, N. Combining programme and institutional aspects in QA: U.K. in Costes, N. et. al., (eds). Programme-oriented and institutional-oriented approaches to quality assurance: New developments and mixed approaches. [EB/OL]. [2018 - 05 - 22]. http://www.enqa.eu/pubs.lasso.
9. HEFCE. A risk-based approach to quality assurance: Outcomes of consultation and next steps. [EB/OL]. [2018 - 05 - 22]. http://dera.ioe.ac.uk/15844/1/Risk-based%20quality%20assurance%20consultation%20outcomes.pdf.
10. Kis, V. Quality assurance in tertiary education: Current practices in OECD countries and a literature review on potential effects. [EB/OL]. [2018 - 05 - 22]. http://www.oecd.org/education/skills-beyond-school/

38006910. pdf.
11. Travers, M. The new bureaucracy: Quality assurance and its critics [M]. Bristol: The Policy Press, 2007: 20.
12. Thrupp, M. Exploring the politics of blames: School inspection and its contestation in New Zealand and England [J]. Comparative Education, 1998,34(2).
13. Ofqual. Regulatory Framework for National Assessment: National Curriculum and Early Years Foundation Stage [EB/OL]. https://www.gov.uk/government/publications/regulatory-framework-for-national-assessments, 2012-09-20/2017-02-14.
14. Ofsted. Strategic Plan 2014 - 2016 [EB/OL]. https://www.gov.uk/government/publications/raising-standards-improving-lives-ofsted-strategic-plan-2014-to-2016,2014-07-18/2017-02-14.
15. Ofsted. The Common Inspection Framework: Education Skills and Early Years [EB/OL]. https://www.gov.uk/government/publications/common-inspection-framework-education-skills-and-early-years-from-september-2015,2015-6-15/2017-02-14.
16. OfS. Securing student success: Regulatory framework for higher education in England. [EB/OL]. [2018-05-22]. https://www.officeforstudents.org.uk/media/1406/ofs2018_01.pdf.
17. OfS. Securing student success: Analysis of responses to consultation. [EB/OL]. [2018-02-28]. http://www.nationalarchives.gov.uk/doc/open-government-licence/version/3/.
18. Pol, M. et. al., ENQA agency review: Quality Assurance Agency for Higher Education (QAA). [EB/OL]. [2018-07-21]. http://www.enqa.eu/wp-content/uploads/2018/07/External-review-report-QAA-FINAL.pdf.
19. Parliament of the United Kingdom. Education Act 2011 [EB/OL]. http://www.legislation.gov.uk/ukpga/2011/21/contents/enacted/data.htm, 2017-02-14.
20. Parliament of the United Kingdom. the Education and Inspections Act 2006 [EB/OL]. http://www.legislation.gov.uk/ukpga/2006/40/contents,2017-02-14.
21. Parliament of the United Kingdom. Apprenticeships, Skills, Children and Learning Act 2009 [EB/OL]. http://www.legislation.gov.uk/ukpga/2009/22/contents, 2017-02-14.
22. QAA. Post-EU referendum: The UK, European Higher Education Area and the Bologna Process. [EB/OL]. [2018-05-16]. http://www.qaa.

ac. uk/docs/qaa/about-us/qaa-viewpoint-posteu. pdf? sfvrsn=593ef681_4

23. QAA. The Quality Assurance Agency for Higher Education, UK self-assessment report for review by ENQA. [EB/OL]. [2018 - 07 - 21]. http://www. qaa. ac. uk/docs/qaa/news/enqa-2018-self-assessment-report. pdf
24. Szabo, M. International quality reviews with an EQAR-registered agency. In A. Curaj et al. (eds), The European Higher Education Area [M]. Springer, Cham, 2015: 639 - 663.
25. Winkley, D. An examination of Ofsted [M]. In C. Cullingford (ed). An Inspector Calls: Ofsted and its effect on school standards. London: Kogan Page Limited, 1999: 32 - 58.
26. EURYDICE. Key features of the Education System [EB/OL] https://eacea. ec. europa. eu/national-policies/eurydice/content/france_en.
27. Anne Armand, Isobel Mc Gregor, etc. Quelles évolutions pour les inspections générales des ministères en charge de l'éducation nationale et de l'enseignement supérieur et de la recherche ? [R]. Rapport No. 2018 - 04. 2018(1).
28. Anne Armand, Isobel Mc Gregor, etc. Quelles évolutions pour les inspections générales des ministères en charge de l'éducation nationale et de l'enseignement supérieur et de la recherche ? [R]. Rapport No. 2018 - 04. 2018(1): 1 - 10.
29. Décret n° 2019 - 1001 du 27 septembre 2019 relatif au statut particulier du corps de l'inspection générale de l'éducation, du sport et de la recherche [EB/OL]. https://www. legifrance. gouv. fr/affichTexte. do? cidTexte=JORFTEXT000039146771&categorieLien=id 2019 - 09 - 29.
30. https://eacea. ec. europa. eu/national-policies/eurydice/france/organisation-and-governance_en
31. Inspection générale de l'administration, de l'éducation nationale et de la recherche, 《Quelles sont les évolutions pour les inspections générales et les ministères de l'éducation nationale et de l'enseignement supérieur et de recherche?》[EB/OL]. http://cache. media. education. gouv. fr/file/2018/96/8/IGEN-IGAENR-Rapport-2018-004-Evolutions-inspections-generales-ministeres-education-nationale-enseignement-superieur-recherche_962968. pdf
32. Inspection générale de l'administration, de l'éducation nationale et de la recherche, 《Le rapport d'activité 2016》[EB/OL]. http://cache. media. education. gouv. fr/file/2016/27/5/rapport _ activite _ IGAENR _ 2016-complet_777275. pdf

33. Ministerial Council on Education. Employment, Training and Youth Affairs. [EB/OL]. http://www. acara. edu. au/default. asp. Melbourne Declaration Educational Goals for Young Australians. 2010 - 12 - 08, 2013 - 03 - 15.
34. Miller, H. D. The Management of Change in Universities: Universities, State and Economy in Australia, Canada and United Kingdom [M]. Buckingham: Open University Press and Society for Research into Higher Education, 1995: 5 - 6.
35. The Teaching Standards Framework project Final report [EB/OL]. http://www. altc. edu. au/project-teaching-standards-framework-project-2010.
36. Tertiary Education Quality and Standards Agency Act 2011 Authorized Version Compilation No. 13, Compilation date: 23/8/17; Registered: 29/8/17.
37. https://www. teqsa. gov. au/corporate-plan-and-performance-reporting
38. Tertiary Education Quality and Standards Agency Act 2011 Authorised Version Compilation No. 13. Compilation date: 23/8/17; Registered: 29/8/17.
39. Josie Misko, Sian Halliday-Wynes. Tracking Our Success: How TAFE Institutes Evaluate Their Effectiveness and Efficiency [EB/OL]. (2017 - 03 - 04)[2017 - 10 - 14]. https://www. ncver. edu. au/__data/assets/file/0021/8382/tracking-our-success-2169. pdf.
40. 文部科学省. 学制百年史[EB/OL]. http://www. mext. go. jp/b_menu/Hakusho/html/others/detail/1317552. htm, 2018 - 11 - 24.
41. 文部科学省. 平成 29 年度教育行政調査[EB/OL]. http://www. mext. go. jp/b_menu/toukei/001/005/1406079. htm, 2018 - 06.
42. 文部科学省. 教育委員会の現状に関する調査[EB/OL]. http://www. mext. go. jp/a_menu/chihou/1399757. htm, 2018 - 11 - 24.
43. 文部科学省. 公立学校教職員の人事行政の状況調査について[EB/OL]. http://www. mext. go. jp/a_menu/shotou/jinji/1318889. htm, 2018 - 11 - 24.
44. 文部科学省組織規則[EB/OL]. http://elaws. e-gov. go. jp/search/elawsSearch/elaws_search/lsg0500/detail? lawId=413M60000080001#424.
45. 地方教育行政の組織及び運営に関する法律[EB/OL]. http://elaws. e-gov. go. jp/search/elawsSearch/elaws_search/lsg0500/detail? lawId=331AC0000000162#B.
46. 地方教育行政の組織及び運営に関する法律施行令[EB/OL]. http://

elaws. e-gov. go. jp/search/elawsSearch/elaws _ search/lsg0500/detail? lawId=331CO0000000221.
47. 文部省設置法[EB/OL]. http://www. shugiin. go. jp/internet/itdb_ housei. nsf/html/houritsu/00519490531146. htm.
48. 学校教育法[EB/OL]. http://www. kyoto-u. ac. jp/uni_int/kitei/reiki_ honbun/w002RG00000944. html#e000000911.
49. 教育委員会法[EB/OL]. http://www. shugiin. go. jp/internet/itdb_ housei. nsf/html/houritsu/00219480715170. htm.
50. 教育公務員特例法[EB/OL]. http://elaws. e-gov. go. jp/search/elawsSearch/elaws_search/lsg0500/detail? lawId=324AC0000000001.
51. 東京都教育委員会[EB/OL]. http://www. kyoiku. metro. tokyo. jp.
52. 東京都教育委員会. OJTガイドライン[EB/OL]. http://www. kyoiku. metro. tokyo. jp/staff/personnel/training/files/development_policy/27ojt-gaidorain. pdf,2015-10.
53. 東京都教職員研修センター. 平成 30 年度事業概要[EB/OL]. http://www. kyoiku-kensyu. metro. tokyo. jp/11center _ info/overview/index. html,2018-11-24.
54. 東京都教育委員会. これからの教育管理職・指導主事の選考・育成制度について[EB/OL]. http://www. Kyoiku. metro. tokyo. jp/staff/personnel/screening/study_on_management/files/study_on_management_01/houkoku. pdf,2018-11-24.
55. 老山由美. 指導行政機能と指導主事の職務に関する一考察[J]. 日本教育行政学会年報,1996,22.
56. 高橋寛人. 戦後日本における指導主事制度の誕生とHollingshead(CIE教育課員)[J]. 教育学研究,1988,55(4).
57. 堀内孜. 指導主事の配置と職能成長[J]. 日本教育経営学会紀要[J]. 日本教育経営学会紀要,1994,36.
58. 平田宗史. わが国の地方視学制度の成立過程[J]. 福岡教育大学紀要,1977,27(4).
59. 押田貴久. 地方分権改革における都道府県と市、町、村の関係の見直し一教育事務所の統廃合と指導主事の配置-[J]. 神奈川大学心理・教育研究論集,2012,31.
60. 笹森健. 任命制下の市、町、村教育行政に関する研究[M]. 東京:酒井書店,1987.
61. 文部省内教育法研究会. 教育委員会・理論と運営[M]. 東京:時事通信社,1949.
62. KMK. Grundsätzliche Überlegungen zu Leistungsvergleichen innerhalb der Bundesrepublik Deutschland-Konstanzer Beschluss. http://www.

kmk. org/fileadmin/veroeffentlichungen_beschluesse/1997/1997_10_24-Konstanzer-Beschluss. pdf，2020 - 04 - 12.

63. Avenarius，H. et al.：Bildungsbericht für Deutschland. Erste Befunde，Opladen 2003，S. 108f.

64. Zur Entwicklung nationaler Bildungsstandards Expertise，Bonn，Berlin 2007. S. 177.

65. KMK. dokumentation-statistik. https://www. kmk. org/dokumentation-statistik/beschluesse-und-veroeffentlichungen/bildung-schule/allgemeine-bildung. html#c2630，2020 - 04 - 12.

66. KMK. Gesamtstrategie der Kultusministerkonferenz zum Bildungsmonitoring. https://www. kmk. org/fileadmin/Dateien/pdf/PresseUndAktuelles/Beschluesse_Veroeffentlichungen/Bildungsmonitoring_Broschuere_Endf. pdf，2020 - 04 - 13.

67. Zur Entwicklung nationaler Bildungsstandards Expertise，Bonn，Berlin 2007. S. 24 - 25.

68. KMK. Bildungsstandards im Fach Deutsch für den Primarbereich. https://www. kmk. org/fileadmin/veroeffentlichungen_beschluesse/2004/2004_10_15-Bildungsstandards-Deutsch-Primar. pdf，2020 - 04 - 13.

69. KMK，Das Bildungswesen in der Bundesrepublik Deutschland 2011/2012，2013，S. 222 - 223.

70. Spinner，Kaspar H. (2008)：Bildungsstandards und Literaturunterricht. In：Zeitschrift für 71. KMK. Gesamtstrategie der Kultusministerkonferenz zum Bildungsmonitoring. https://www. kmk. org/fileadmin/Dateien/pdf/PresseUndAktuelles/Beschluesse_Veroeffentlichungen/Bildungsmonitoring_Broschuere_Endf. pdf，2020 - 04 - 13.

72. Rolf Wernstedt，Marei John-Ohnesorg (Hrsg.) Bildungsstandards als Instrument schulischer Qualitätsentwicklung. bub Bonner Universitäts-Buchdruckerei，2009，S. 17.

73. Zur Entwicklung nationaler Bildungsstandards Expertise，Bonn，Berlin 2007. 77f.

后 记

2020年这个庚子之年对于地球上任何一个人而言，均具有前所未有的挑战。一场突如其来的新冠疫情，冲击人类的生存，严重影响人们的衣食住行、学习与工作，威胁着人们的身心健康。如今，尽管我们论及后疫情时代的来临，但是一方面疫情仍然没有结束，另一方面即便结束我们也回不到疫情之前的时代。

疫情的发生，构成了一个足以改变未来世界运转方式的关键点，足以改变人类生存与生活状态的关键事件。疫情意味着：疫情之后一切坚固的东西都烟消云散了。后疫情是对于疫情之后的不稳定世界的特殊界定。疫情过后，我们期望平平安安；渴求灾难不会再来。我们心中的世界：太阳照样升起，世界没有病毒，人类心灵深处干干净净。

尽管本人对于教育研究的领域涉及比较广泛，包括个性化教育、比较课程与教学、世界教育思潮、国际视野下的教师专业发展、中外教育电影鉴赏以及学校变革与学校规划等诸多的领域；本人已经研究并出版的著作有《个性化教学论》《世界教育大系・中等教育卷》《当代教师人文素质研究：国际视野与本土实践》《多元文化与课程》《网络文化・课程开发》以及《新课程与教师专业发展》等七部，公开论文发表也有近百篇。

本人对于教育体制机制以及治理结构等方面的研究兴趣，由来已久,其中自然包括教育督导领域。本人1985年考入华东师范大学教育学系就读学校教育专业本科,毕业后在师范院校担任公共教育学教学工作三年,上世纪90年代又选择回到华东师范大学攻读比较教育学的硕士学位,一方面是对母校浓厚学术氛围的眷念,另一方面则是对发达国家教育制度了解与研究的兴趣。

教育领域的学术志趣首先是对教育思想与思潮的系统认知与深度思考;其次是对现代教育制度包括学校教育制度的系统性认知与建构。其中,必然包括教育法制、教育治理与教育督导的理性思考与实践反思。而2014—2015年作为中组部博士服务团成员挂职新疆喀什地区教育局副局长的一年时间里,经常下县下乡督查督导基础教育和职业教育教育方方面面的事务,一方面增进了对于教育督导的感性认知和实践体验,另一方面更推动了本人对发达国家教育督导的理性思考与研究的冲动。

本项目《发达国家教育督导制度与实践》系2018年上海市教育委员会委托的财政本级项目,本人能够作为负责人与主持人,首先要感谢上海市人民政府教育督导室对本人及华东师范大学国际与比较教育研究所同仁的信任,项目不仅仅达成了本人对发达国家教育督导领域专业化深度研究的心愿,而且最终有了今天研究成果的出版。

在这里,我首先要感谢原上海市人民政府教育督导室张兴老师,自始至终,张老师给予本人及项目全方位的指导,他还多次带领督导室同事来华东师范大学督查与指导项目研究工作及推动研究进展,2019年项目通过专家结项论证,在此也感谢参与论证的专家们。

本研究成果中,沈伟老师负责第一章英国基础教育质量的监督导与撰写;张丹老师负责第二章法国教育督导制度与实践的研究与撰写;彭正梅老师领衔与顾娟、彭韬共同负责第三章德国基础教育质量的监测督导制度与实践的研究与撰写；郑太年老师负责第四章第一节美国基础教育督导制度与实践研究的撰写，沈文洁负责第四章第二节美国高等教育督导部分的研究与撰写；邓志伟负责第五章澳大利亚教育督导制度与实践研究并负责前言与第八章的撰写；邓志伟、计莹斐和黄蓉负责第六章加拿大教育督导制度与实践研究；胡国勇老师负责第七章日本教育督导制度与实践研究。

作为本项目的主持人和本书稿的署名人，本人负责全书的统稿，感谢参与负责英国、法国、德国、美国、加拿大和日本这六个国家教育督导的制度与实践研究的同仁们，谢谢大家，是你们的共同参与、共同投入以及共同智慧，才使得书稿得以如期交与上海三联书店，感谢上海三联书店姚望星老师的帮助与推动；感谢在此过程中为本项目研究付出劳动的比较所和督导室的同仁们。

由于时间仓促以及共同成果的缘故，尽管在统稿与校对过程中花费大量的时间和精力，却仍然难免存在某些方面的错误与瑕疵，敬请批评指正。

今天是 2020 年的最后一天，祝愿大家在 2021 年健康快乐！

邓志伟

2020 年 12 月于上海

图书在版编目(CIP)数据

发达国家教育督导制度与实践研究/邓志伟等著.—上海：上海三联书店,2022.1
ISBN 978-7-5426-7475-3

Ⅰ.①发…　Ⅱ.①邓…　Ⅲ.①发达国家－教育视导－研究
Ⅳ.①G464

中国版本图书馆CIP数据核字(2021)第234039号

发达国家教育督导制度与实践研究

著　　者／邓志伟 等

责任编辑／姚望星
装帧设计／徐　徐
监　　制／姚　军
责任校对／张大伟

出版发行／上海三联书店
(200030)中国上海市漕溪北路331号A座6楼
邮购电话／021-22895540
印　　刷／上海惠敦印务科技有限公司

版　　次／2022年1月第1版
印　　次／2022年1月第1次印刷
开　　本／890mm×1240mm　1/32
字　　数／200千字
印　　张／8.625
书　　号／ISBN 978-7-5426-7475-3/G·1622
定　　价／48.00元

敬启读者，如发现本书有印装质量问题，请与印刷厂联系 021-63779028